Joachim Kaiser

Who's who in Mozarts Meisteropern

Joachim Kaiser

WHO'S WHO
in Mozarts Meisteropern

Mit 32 Abbildungen

Piper
München / Zürich

Dieses Buch erschien zuerst 1984 unter dem Titel »Mein Name ist Sarastro – Die Gestalten in Mozarts Meisteropern von Alfonso bis Zerlina«. Die Neuausgabe wurde um den Text »Über den neuen Umgang mit Mozart-Opern« erweitert, außerdem im Bildteil verändert.

Dem Freunde
Jean-Pierre Ponnelle
gewidmet als Dank für viele
Mozart-Gespräche

ISBN 3-492-03940-5
6., erweiterte Auflage 1997

Satz: Kösel, Kempten
Druck und Bindung: Pustet, Regensburg

Inhalt

Inhalt nach Opern geordnet

Zum Geleit

Über den neuen Umgang mit Mozart-Opern

In den zwölf Jahren, die dieses – mittlerweile ein wenig erweiterte – Mozart-Buch existiert, scheint sich etwas Grundsätzliches verändert zu haben. Ich widmete es 1984 Jean-Pierre Ponnelle, dem unvergessenen Freund und Gesprächspartner, der 1988 starb. Damals bestimmte Ponnelles werktreuer, phantasievoller (manchmal vielleicht etwas zu glatter) Inszenierungsstil die Mozart-Szene in Salzburg und anderswo. »Mozart ist der Chef« – befand Ponnelle kategorisch.

Abweichende, freie, kühne, absichtsvoll anachronistische Mozart-Inszenierungen gab es gewiß schon immer. Es reizte unternehmungslustige Regisseure, gegen die Konvention der »Così«-Rokokoscherze aufzubegehren, die »Zauberflöte« neu zu sehen. Das war nötig und richtig, solange solche »Gegen-den-Strich«-Inszenierungen *Ausnahmen* darstellten. Gewissermaßen die *Regel* zwar nicht bestätigten, aber doch voraussetzten, gegen die sie vergnügt verstießen.

Existiert in unserer musischen Öffentlichkeit das Gefühl für solche Regeln, Konventionen und Mozart-Umgangsformen überhaupt noch als Selbstverständlichkeit? Die Entwicklung des Regisseur-Theaters nicht nur in Deutschland hat dazu geführt, daß Theatertexte und Partituren für phantasiebegabte Neuschöpfer nicht mehr Endzweck sind. Sondern nur Ausgangspunkt für freie, in sich zusammenhängende, aber weder an Ort, Zeit und Kostümvorschriften streng gebundene Interpretationen. »Welche Geschichte«, so fragen manche Kritiker und Zuschauer, »will uns der Regisseur erzählen im Zusammenhang mit dem gegebenen

Werk?« – das dann oft bloß Anlaß ist für fabelhafte oder auch fürchterliche Assoziationen.

Erlaubt ist, was gefällt, gelingt, frappiert. »Così« kann im amerikanischen Coffee-Shop spielen, wo junge Leute des 20. Jahrhunderts sich italienisch ansingen und ehrwürdige Moralprobleme haben. Don Giovanni und Leporello können eineiige schwarze Zwillinge sein; der Figaro kann in einem Kohlenkeller heiraten …

Ob man dergleichen für möglich und nötig hält oder für absurde Ablenkung und feige Ausflucht, ist nicht mehr die Frage. Selbstbewußte Freiheit unternehmungslustigen Regietheaters hat sich durchgesetzt. Und die »Konvention« muß schon mit Glut und Passion geboten werden, um nicht langweilig konventionell zu wirken.

Nun hilft der Rat, das von einer kühnen Inszenierung verwirrte Publikum könne ja den Text zur Kenntnis nehmen, nicht immer. Man muß es gelernt haben, Partituren zu lesen, sich Noten, Handlungen, Worte exakt vorzustellen bei der Lektüre oder beim Schallplatten-Hören.

Rechtfertigt diese neue Situation nicht in einst unvorhersehbarer Weise den strikten Positivismus meines »Who's who«? Ich habe nur belegbare, konkrete Einzelheiten und Absichten zusammenzufügen versucht. Spekulationen dürfen immer erst anfangen, wenn man weiß, daß Mozart und Da Ponte den Don Giovanni als »giovane cavaliere« (jungen Edelmann) wollten und nicht als alternden, erfolglosen Homosexuellen.

So wird hier nicht mehr, aber auch nicht weniger geboten als eine bewahrende, fixierende Ergänzung, ein textbezogener Einspruch. Nicht um stupide Rechthaberei geht es dabei – für mich, für Sängerinnen, Sänger, Dirigenten, Regisseure, Bühnenbildner, Opernbesucher –, sondern einzig um Mozarts lebendige Wahrheit.

München, im Dezember 1996 J. K.

Vorwort

> »Dann spielt R. uns aus Mozart's ›Entführung‹ und ›Figaro‹ – die alten Ausgaben von Simrock machen ihm Freude –; wie Pr. N. bemerkt, man sagte, Mozart habe die Intrigen-Musik erfunden, sagt R., im Gegenteil, er hat die Intrigen in Melodie aufgelöst. Man muß nur das übrigens ausgezeichnete Stück von Beaumarchais mit den Opern Mozart's vergleichen, dort sind es schlaue, witzige, berechnende Menschen, die geistvoll miteinander handeln und reden, bei Mozart sind es verklärte, leidende, klagende Wesen.«
>
> *(aus den Tagebüchern der Cosima Wagner, Notiz vom 12. Februar 1870)*[1]

I

Mozart »ist der größte Realist des musikalischen Dramas«, schwärmt Hermann Abert (in der von ihm völlig neu bearbeiteten Ausgabe von Otto Jahns grundlegendem Werk), und er fährt fort: »seine Gestalten stehen ausschließlich auf dem Boden der Wirklichkeit und sind allein auf sie bezogen.«[2] Darf man das wirklich so einschränkungslos behaupten? Ging nicht andererseits auch Richard Wagner etwas weit, als er dem »Professor Nietzsche«, wie es Cosimas Tagebuch-Eintragung so plastisch festhält, mit der Überlegenheit des reifen Musikers gegenüber dem jungen Intellektuellen widersprach, sentimentalisch widersprach, und Figuren wie die Gräfin, die Susanne, den Figaro zu *leidenden, klagenden Wesen* verklärte?

Mozarts Meisteropern, zwischen 1781 und 1791 komponiert, sind mehr als die Summen von Charakteren. Sie nehmen es ja mit einer Formtradition auf, die in Mozarts Jugendjahren blühte, aber am Ende seines Lebens wohl etwas gealtert, fernergerückt war: mit der italienischen

Tradition der Opera seria *(Idomeneo, Titus)*. Sie erweitern die Opera buffa zum Welttheater von Shakespeare-Format *(Le nozze di Figaro, Don Giovanni, Così fan tutte)*. Sie begründen eigentlich das deutsche Singspiel und steigern es ins Heiter-Erhaben-Humane *(Die Entführung aus dem Serail, Die Zauberflöte)*.

Doch hat nicht, so dürfte mancher lebenslängliche Liebhaber dieser Werke jetzt hinzufügen, jede große Oper Mozarts ihren alles umgreifenden eigenen »Ton«, trotz der Verschiedenheit der in ihr auftretenden Figuren? Mit dem Ton soll nicht nur gemeint sein, daß diese Opern jeweils in einer bestimmten Haupttonart stehen, die sich von der Ouvertüre bis zum Finale spannt (was beispielsweise beim Musikdramatiker Wagner nicht der Fall ist). Doch auch wenn es nicht exakt beweisbar sein sollte: daß die Finali von *Così* in einem anderen Idiom, einem anderen »Ton« gehalten sind als die beiden großen Finali des *Figaro* oder gar des *Don Giovanni*, leugnet wohl niemand. Jede Mozart-Oper ist, trotz aller gelegentlichen Analogien und Mischtendenzen, ein spezifischer Kosmos. Die Figuren stiften diesen Kosmos, dessen Teil sie sind, durch ihr So-Sein und So-Singen mit. Nicht sie allein stiften ihn. Er ist, vom Vorspiel an, als Umgreifendes und durch alle Einzelheiten Vermitteltes, da. Ich möchte eine forcierte Metapher wagen für das, was sich nüchterner Verbalisierbarkeit zu entziehen scheint: In Mozarts Meisteropern stellt das jeweilige aus Instrumenten und Singstimmen sich tonsprachlich ergebende Idiom gewissermaßen die Wasser des Lebens her. In diesem Allgemeinen schwimmen, bewegen sich die Figuren, die zugleich ein Teil von ihm sind. Wie tief sie mit ihrem Wesensleib in dies Wasser reichen, wie charakteristisch-selbständig sie dabei zugleich auch aus ihm herausragen: aus dieser Unbestimmtheitsrelation konstituiert sich die Dialektik Mozartscher Musikdramatik.

II

Der Leser spürt, wie hier gewagte und vage Formulierungen unvermeidbar scheinen, wenn wir über die Stellung des Menschen in Mozarts Melodienkosmos spekulieren. Ich gestehe, daß mir – je älter ich werde, desto mehr – alles souverän verfügende Definieren und Bereden der Dämonie des *Idomeneo,* der Weihe der *Zauberflöte,* des *Don-Giovanni*-Eros oder des revolutionären *Figaro*-Geistes immer vorlauter, immer versimpelnder erscheint. Darum wage ich mich in diesem Buch, das zum Nachschlagen animieren und zum Weiterblättern verführen will, nicht an die so schwer ergründbaren Totalitäten, sondern »nur« an die Menschen, deren im einzelnen begrenzte, gewaltige Energien zum kaum mehr Faßbaren zusammenschießen.

Dabei stellt die Sekundärliteratur über Mozart-Opern doch wirklich fast so etwas dar wie einen wissenschaftlichen Glücksfall. Was mit Jahn/Aberts nach wie vor grundlegender, ehrfurchtgebietend gelehrter Studie nicht begann und mit Anna Amalie Aberts wohltuend knapp informierendem, kenntnisreichem Buch *Die Opern Mozarts*[3] nicht aufhörte, was in mannigfachen Einzeluntersuchungen, Mozart-Jahrbüchern, Gesamtausgaben erarbeitet wurde, was wir Forschern wie Edward J. Dent, dem von Wolfgang Hildesheimer ungerecht heftig attackierten Bernhard Paumgartner, wie Ernst Lert, Alfred Einstein und Aloys Greither, was wir dem glänzenden Schriftsteller Hildesheimer selbst, den engagierten rororo-Opernbüchern und darüber hinaus unendlich vielen leidenschaftlich beteiligten Musikologen, Soziologen, Essayisten oder Philosophen verdanken: davon ist viel zu lernen, darauf darf die Zunft eigentlich stolz sein. Mozarts Genie hat eben nicht nur viel Gelehrsamkeit, sondern offenbar auch tätige Gegenliebe provoziert...

Als mir – in Gesprächen mit Regisseuren, vor allem mit

meinem Freunde Jean-Pierre Ponnelle, und in vielen hundert Aufführungen, die ich erlebte – immer deutlicher wurde, wie musikdramatisch frei der erwachsene Mozart mit den Formen der (heiteren) Buffa, der ihr typologisch an und für sich kraß entgegengesetzten Seria sowie denen des deutschen Singspiels verfuhr, als ich zu ahnen begann, daß »irgendwie« doch alles, was Mozarts Figuren in Ensembles, Arien oder Rezitativen singen und sagen, ganz selbstverständlich nur zu ihnen zu gehören, nur zum jeweils einzelnen zu passen scheint, da drängte sich die Versuchung auf, Mozarts offenbaren Charakterisierungsreichtum nun einmal gewissermaßen bar nachzuzählen. (Denn selbst nahezu identische, von mehreren Personen nacheinander benutzte Floskeln – sie sind bemerkenswerterweise selten ganz identisch – bringt unser vom charakterisierenden Sympathie- oder Antipathielenker Mozart unwiderstehlich gesteuertes Bewußtsein dazu, doch scheinbar notwendig und unverkennbar eben zur Überspanntheit der Donna Anna und dann zum Schwanken der Donna Elvira zu passen.) Mozart verführt zur Hypothese, seine Gestalten seien Charaktere, seien lebendige, je verschiedene Personen, müßten sich mithin beschreiben lassen, als wären sie wirklich, wenn auch gewiß nicht nur realistisch-psychologisch. Daß Mozart mehr tat in seinen Opern, als nur Individuen mit spezifischen Eigenschaften zu behängen, ist eine Selbstverständlichkeit. Aber weil er (stets auch) Musikdramatiker war, hat er – aus Wort und Ton – eigentümliche Charaktere geschaffen.

Dieses Lexikon Mozartscher Opernfiguren fragt einseitig und eindringlich: Was besagen Text, Handlungsführung, Regieanweisung, Komposition und dramatischer Kontext über die singenden (oder nur redenden) Menschen der Meisteropern? Ich blieb dabei so nah wie möglich am Buchstaben, am komponierten Sachverhalt. Spekulationen darüber, ob Figaro sich später scheiden läßt, ob die vom unbefriedigenden *Così*-Schluß enttäuschten Männer homosexuell oder gar impotent würden (man ermißt schwerlich, über was alles bereits nachgegrübelt worden ist von Regisseuren, Schriftstellern, Mozartianern), habe ich mir versagt. Sondern nur darauf geachtet, welchen charaktergebenden, personenbeschreibenden Sinn jede wörtliche, gestische, tonliche, am Anfang oder Ende disponierte, irgendwie auffallende Verlautbarung, Handlung und Haltung meinen könnte. Und wie sich dies alles in der Gestalt zur oft spannenden, widersprüchlichen personalen Einheit zusammenfügt.

Mozarts Figuren als Menschen zu beschreiben, die in einer Art »Who is who?« vorkommen, welches alle – also nicht nur die »wichtigen« – Personen der sieben Meisteropern katalogisiert: das war mein Ziel. Die Rollen sind natürlich nicht dafür ersonnen, hier isoliert, als Einzelmenschen, als Individuen, in einer Porträtgalerie ausgestellt zu werden ... Aber sie halten es aus! Es macht Spaß und lehrt staunen, Mozart gottähnliche Schöpferkräfte zu unterstellen und dann – gleichsam im Musikpsychiater-Kittel – nachzuschauen, ob die vielen Dutzend Seelen sich tatsächlich voneinander unterscheiden in der Brust dieses Opernkosmos.

Das Alphabet ist tückisch. Es erzwingt Vollständigkeit. Der Quasilexikograph darf sich nicht nur da äußern, wo ihm sowieso etwas einfällt, auffällt, sondern er muß auch Figuren ernst nehmen, die ihm nicht recht zusagen, vor denen er sich – mir ging es beispielsweise mit Despina, Arbace, Titus so – zunächst ganz gern gedrückt hätte. Übrigens wäre es ein Irrtum, anzunehmen, bei den harmlosen Märchenfiguren der *Zauberflöte* sei die Charakterisierungsarbeit doch wohl ziemlich mühsam, bei einem so differenzierten Stück wie dem *Figaro* dafür um so leichter. Es verhält sich eher umgekehrt. Die Königin der Nacht und Pamina, Sarastro und

Tamino heben sich weit offener voneinander ab als etwa Susanna von der Gräfin.

Alles in allem, und abgesehen von einigen der unwichtigeren *Idomeneo*-Figuren, stellen die Mozartschen Charaktere durchaus mehr dar als nur gleichsam die Ausfüllung gattungsspezifischer Regeln, Erwartungen und Kontrastschemata. Das gilt zumal für die Frauenrollen. Im *Idomeneo,* im *Titus,* im *Don Giovanni,* in *Così* sind die Frauen noch interessanter als die Männer. Ich widerspreche da Wolfgang Osthoff[4], der in einem großen Essay über die Opera buffa im Zusammenhang mit *Così* und *Figaro* die Ansicht vertritt, »überlegener und geistreicher zeigen sich meistens die Männer«. Das stimmt sicherlich nicht bei *Idomeneo, Titus, Don Giovanni* und *Così,* aber es wäre sogar für *Figaro, Entführung* und *Zauberflöte* anzweifelbar – wo man vielleicht ein »unentschieden« konstatieren sollte. In den meisten Opern Mozarts agieren die Frauen, wie auffälligerweise auch bei Richard Strauss und Wagner, temperamentvoller, aufregender, charakteristischer. Ob – um eine soziologische These zu wiederholen – die dramatischen oder hochdramatischen Soprane der Musikdramen tatsächlich gewissermaßen die Emanzipation vorwegnehmen?

Mit solchen Überlegungen leugnen wir nicht im mindesten, daß dem von Kindheit an erfahrenen Fachmann Mozart die gattungsspezifischen Forderungen selbstverständlich genau bekannt waren. Er legte sich genau durchkalkulierte Personenverzeichnisse an; er schrieb am 7. Mai 1783 aus Wien an den Vater: »...ich möchte gar zu gerne mich auch in einer Welschen opera zeigen. – mithin dächte ich, wenn nicht *Varesco* wegen der Münchner opera noch böse ist – so könnte er mir ein Neues buch auf 7 Personnen schreiben. – basta; sie werden am besten wissen ob das zu machen wäre; – er könnte unterdessen seine gedanken hinschreiben. und in Salzburg dann wollten wir sie zusammen ausarbeitten. – das nothwendigste dabey aber ist. recht *Comisch* im ganzen. und wenn es dann möglich wäre 2 *gleich gute frauenzimmer Rollen* hinein zu bringen. – die eine müsste Seria, die andere aber Mezzo Carattere seyn – aber *an güte* – müssten beide Rollen ganz gleich seyn. – das dritte frauenzimmer kann aber ganz Buffa seyn, wie auch alle Männer wenn es nöthig ist.«[5]

Solche Forderungen zeigen, daß Mozart den Schematismus der Form professionell ernst nahm (und auch hier mehr über die Weiber nachdenkt als über die Männer). Nur: wenn Mozart komponiert, steigen die Figuren aus ihren typologischen Kästchen heraus. Donna Elvira ist nicht nur buffahaft komisch und belustigend, Monostatos ist nicht nur lüstern und komisch, Osmin ist nicht nur grob-drollig und rachsüchtig.

III

Nun hat Mozart – darauf gründet sich ja die Professionalität des Fünfundzwanzigjährigen – aber vor 1781 bereits ein gutes Dutzend dramatischer Werke komponiert, mehrere Seriaopern, mit denen er zwischen 1770 und 1772 (also zwischen seinem vierzehnten und sechzehnten Lebensjahr!) eine »Erfolgsserie« in Mailand erreichte, wie sie »ihm in seinem ganzen späteren Leben nicht wieder zuteil geworden« ist. Nicht nur begabte, schöne, sondern vom ersten Takt an unverkennbar mozartisch, also genialisch inspirierte Musik enthält ja bereits das dramatische Oratorium *Die Schuldigkeit des ersten Gebots* (KV 35)! Komponiert von einem Elfjährigen in Salzburg – nur klingt eben die Arie der »Gerechtigkeit« in ihrer Weise so vollendet-melodiös, daß jeder noch so erwachsene Opernkomponist froh sein müßte über solche Einfälle. Die Giuditta der »Azione sacra« in zwei Teilen von Pietro Metastasio, also die im Sommer 1771 entstandene Musik zu *La Betulia liberata* (KV 118) enthält große, bewußt wiederholte c-Moll-Musik für Chor und Tenorsolo, Gesten, die tatsächlich erst vom d-Moll-Klavierkonzert KV 466 wiederaufgenommen und weitergetrieben werden sollten. Und wer würde in *Bastien und Bastienne,* in *Lucio Silla,* in der *Finta giardiniera (Die Gärtnerin aus Liebe)* nicht überwältigend Reizvolles zu finden wissen?

Ich gestehe, daß ich dessen, was ich nun vorbringe, nicht (mehr) ganz sicher bin. Wichtige Aufführungen oder Einspielungen von *Lucio Silla* und *Il re pastore (Der König als Hirte)* haben mich ein wenig schwankend gemacht. Gleichwohl bekenne ich mich noch zu der Überzeugung, daß man die Figuren der opernhaften Werke, welche zwischen Mozarts elftem und neunzehntem Lebensjahr entstanden, nicht als musikdramatische Charaktere verstehen und interpretieren kann. Sie singen oft wunderschöne, gelegentlich auch ein wenig charakterisierende Musik, gar keine Frage; aber ob sie in dem Maße selbständig sind, beschreibbar, sich als lebendig-dramatische Einheit präsentieren wie eben Elektra, Ilia und Idamantes aus *Idomeneo* und wie dann alle Gestalten zwischen *Entführung* und *Zauberflöte* – das möchte ich nach wie vor bezweifeln. Darum gilt das Buch nur den Menschen der sieben vollendeten Meisteropern.

Wie sehr sich Mozart in ihnen zugleich dem jeweiligen Formschema verbunden zeigt und es überwindet, erweist bereits eine kurze Überlegung. Mozart schafft ideale Opern – aber eben nicht »Idealtypen«.

Als Idealtypus (im Sinne Max Webers) gilt beispielsweise, was die Opera seria betrifft, die vollkommen verständliche Darbietung musikalisierten Sprechtheaters. Die wichtigen dichterischen Texte sollen im Rezitativ begreiflich gemacht werden. Man hatte besondere (und hochgeehrte) Sänger für die Arien, die in der Seria nicht auf »Handlung« zielten, sondern den Affekt darstellen sollten. Gleichzeitiges Sprechen mehrerer, also Ensembles, verstieß gegen dies Prinzip der Verständlichkeit von Dichtung und der isolierten Darbietung reiner Affekte. Dem Rezitativ folgt die Arie – »Dialog« bedeutet »nacheinander«, aber nicht »zusammen«. Ensemblesätze, Chöre, Tänze sind in der Opera seria exterritoriale Ausnahmen. Daran hielt sich Mozart nun bereits im *Idomeneo* nicht mehr, wo er Französisches (die vielen Tanzszenen der Tragédie lyrique, die dort als Divertissements eine prägende Rolle spielen – der junge Mozart hatte das in Paris bereits kennengelernt), Ensemblesätze und Chöre durchaus mischend hinzufügte. Das szenenartige große Chorfinale des ersten *Titus*-Aktes ist gleichfalls nicht »rein« seriahaft.

Aber mischte Mozart nicht auch und erst recht, als er das »deutsche Singspiel« künstlerisch bereicherte? Joseph II. war gar nicht so im Unrecht, sich über die »vielen Noten« der *Entführung* zu entrüsten; denn der ehrgeizige Mozart drängte über die vermeintlich singspielhaft schlichten Gegebenheiten des Genres weit hinaus, wenn er der Konstanze, auch dem Belmonte und dem Osmin Partien schrieb, die einen beträchtlichen seelischen Ambitus hatten und heute noch für überaus schwierig, heikel und virtuos gelten! Die *Zauberflöte* endlich geriet zur regelrechten Weltanschauungsoper, zur Darstellung einer »Idee« (nicht Ideologie). Was die Koloraturarien der Königin der Nacht angeht, so nahm Mozart überhaupt keine Rücksicht auf die vorhersehbaren Fähigkeiten von des Singspiels Sänger-Schauspielern. Mit vermeintlich »Singspielhaftem« hat das alles wenig zu tun. Die *Zauberflöte* bietet zwar Singspielhaftes – aber sie übersteigt es auch.

Die Buffaopern schließlich stellen sich bei Mozart nicht nur als jene spätere, schnellere, jüngere Gegenform zur Seria dar, als ein Genre, das – auf frühbürgerliche Unterhaltung zielend – Amüsantes im Sinne haben mochte. Bei

Mozart wölbt sich kein wolkenlos blauer Theaterhimmel über der Welt des komischen Spiels, wobei wir »Heutigen« vielleicht aus guten Gründen manches allzu sentimental empfinden, was Mozart eher hart komisch gewollt hat.

Das Happy-End verstand sich in der Buffa von selbst. Alle Buffaopern gehen glücklich aus. Eben darum darf man im *Don Giovanni* den Sextettschluß, der sich ans Publikum wendet und die Harmonie wiederherzustellen sucht, nicht streichen. Leicht lassen sich in den Buffafiguren die alten Typen wiedererkennen. Aber der Herzschlag dieser Musik ist eben mehr als bloß lustig. Mozarts Mitleidsfähigkeit, auch seine durchdringende Lach- und Verlachbereitschaft, macht aus Typen unendlich widerspruchsvolle, differenzierte – darum noch längst nicht auf bloße »Psychologie« reduzierbare – singende Menschen: gleichviel, ob wir an Susannas erhofftes Glück und gegenwärtige Not (die eben etwas anderes ist als der Zorn einer Colombine), an Cherubinos Pubertät, an des Grafen mehr als nur sportive, besitzergreifende Leidenschaft denken. Sinnfälliger läßt sich der Widerspruch so umschreiben: Nicht der plane Handlungsablauf – mit Rollentausch, Verkleidungsscherzen, heftigen Tempobeschleunigungen und jähem Innehalten – richtet sich nach dem, was man Realismus, Wirklichkeitsnähe, Wahrscheinlichkeit nennt, ohne doch viel Genaueres damit zu meinen, als daß man Libretti, die gar zu selbstsicher auf dergleichen verzichten, für »albern« hält oder märchenhaft (»opernhaft«). Doch die Reaktionen der »Figuren« auf solche der Wirklichkeit nicht verpflichteten Theatersituationen können gleichwohl psychologisch aufschlußreich sein, realistisch nachvollziehbar. Zwischen Opernabsurdität und Charakterwahrheit fand Mozart eine in der Geschichte der Musik nie wieder so selbstverständlich erreichte Mitte. Übers Orakel in *Idomeneo* schrieb er, und dieser modifizierte Illusionismus war auch in den späteren Opern immer wieder angestrebt: »Die Stimme muß schreckbar sein, sie muß eindringen; man muß glauben, es sei wirklich so.« *Titus*, ein Jahrzehnt später, legt dann freilich den Gedanken nahe, daß, wenn man sich nur demütig in die scheinbar wenig interessante, wenig dissonante, dafür demonstrativ diatonische Musik versenkt, es für Mozart vielleicht sogar nicht nur die musikdramatisch direkte, pointiert bestimmende Charakterisierung gibt, sondern *auch* eine ästhetisch-indirekte, die freilich, um Goethe zu zitieren, den meisten Geheimnis bleibt.

Mozarts anthropologischer Heißhunger trieb ihn dazu, Figuren zu erschaffen, die keine typischen Marionetten eines wohlkalkuliert abschnurrenden Komödienvorgangs waren. Charaktere erweitern die vorgegebenen, von Mozart übernommenen Formen im Augenblick erreichter Meisterschaft – also was die Oper betrifft, seit 1781 – zu spezifischen Mischformen. »Leidende, klagende Wesen« wehren sich dagegen, als handelnde Menschen zur Funktion der jeweiligen Oper zu gerinnen. Sie begehren charakteristisch auf – und machen die jeweilige Opernform zur Funktion ihres Seins, Sehnens, Wollens. Mozarts singende Menschen sind mehr als nur Bestandteile einer Operneinheit. Sind auch sie selbst.

Diese These will unsere alphabetische Porträtfolge informativ belegen. Und überdies hoffentlich auch ein wenig Lesespaß bereiten.

München, im Februar 1984 J. K.

Zur erweiterten Neuausgabe:

Zum Mozart-Jahr erscheint diese Neuauflage des vom Publikum und von der Kritik so freundlich aufgenommenen Buches *Mein Name ist Sarastro.*

Der Text mußte um mehrere Figuren erweitert werden. Und zwar auf Wunsch und Drängen sorgfältiger Leser, denen nicht einleuchtete, warum die beiden Priester und die »zwei Geharnischten« aus der *Zauberflöte* fehlen und weshalb die Protagonisten des einaktigen Singspiels *Der Schauspieldirektor* in diesem auf seine Vollständigkeit pochenden *Who is who* nicht vorkommen.

Die Leser hatten recht. Mit leisem Seufzen ging ich an die Erweiterungsarbeit. Denn wenn jemand, wie die »Geharnischten«, nur einen Choral singt: auf welche Weise soll man dann wohl etwas über das Innenleben dieser Figuren ausmachen können...

Der *Schauspieldirektor* ist zwar eine Komposition aus Mozarts besten Wiener Jahren, enthält auch Musik oberen Ranges – aber zu Mozarts sieben Meisteropern zählt der Einakter nicht. Als »Werk« paßt er nicht in dieses Buch – seine Figuren indessen gehören durchaus in ein solches *Who's who.* Nach langem Brüten ist dieser *Schauspieldirektor*-Widerspruch dergestalt aufgelöst worden, daß Inhaltsangabe und Personencharakteristik im Anhang erscheinen.

Hoffentlich gelingt es dem Text auch weiterhin, ernste Informationen zu vermitteln und ein wenig heiteres Lesevergnügen zu bereiten.

München, im April 1990 J.K.

Don Alfonso

Baß. Ein Skeptiker. Weiß genau, daß alle jungen Frauen untreu sind. Schwankt zwischen Ironie, rechthaberischem Zynismus, Verträglichkeit. Eher Spieler als Spielverderber. Alt und ein wenig dürr.

Aus: *Così fan tutte*

Daß er einer anderen Generation angehört als die übrigen fünf *Così*-Figuren, steht schon im Personenverzeichnis: »alter Philosoph«. Einmal, ganz kurz, verrät's auch die Musik. Wenn Don Alfonso seinen Weizen aufgehen, die Wette zu seinen Gunsten ausgehen sieht, dann stimmt er am Ende eines längeren Rezitativs plötzlich (unmittelbar vor der zehnten Szene des zweiten Akts) im Sechsachteltakt eine hier auffällig altmodisch wirkende, zitatartige barocke Sicilianomelodie an: »daß der ein rechter Tor ist, welcher den Vogel kauft, der noch auf dem Dach pfeift.« Das klingt behaglich, durchaus zopfig und siegessicher. Es ist ein Stilzitat und bedeutet: Don Alfonso kommt anderswoher als die jungen Offiziere und Damen, die er mit überlegenem Scharfsinn manipuliert. (Dr. Bartolo aus Rossinis *Barbiere di Siviglia* hat auch sein Vergnügen an einer »altmodischen« Sechsachteltakt-Arietta, die dem Publikum vor Ohren führt, welche Musik in der Jugend des alten Herrn einst Mode war; auch Beckmessers Lautenlied aus Wagners *Meistersingern von Nürnberg* ist solch ein Generationsunterschiede demonstrierender Stilwitz.)

Doch Mozart charakterisiert den Don Alfonso keineswegs nur mit diesen sechs recht unauffälligen Takten als »Außenstehenden«, als »Fremdling«, als älteren Freund, der aber nicht ganz zu den jungen Leuten gehört. Selbst daß Don Alfonso, wie es so manche komischen Opern-Alten tun, zum plärrenden, einen einzigen Ton wiederholenden Singen neigt, daß er oft nur nah beieinanderliegende Töne von sich gibt (schmaler Ambitus) – es macht noch nicht die ganze Charakterisierung dieses skeptischen »Weltweisen« aus. Nein, Mozart verfährt mit Don Alfonso strenger.

Zunächst: Warum der so geworden ist, wie er jetzt ist, dafür interessieren sich Text und Musik kaum. Don Alfonso weiß also über die Frauen schrecklich gut Bescheid. Die Weiber verhalten sich eben alle so treulos, es ist ihnen halt angeboren, man muß sie nehmen, wie sie sind. Und wenn man gar keine Illusionen mehr hat über weibliche Treue und weibliche Liebe, dann kommt man mit dem schwachen, aber hübschen und liebenswerten Geschlecht ganz gut zurecht. Prost, meine Herren ...

Eine ziemlich scheußliche Einstellung. Ob sie aus Haß entstand, aus Blasiertheit, aus einer Liebesenttäuschung, an der unser Freund ja eventuell auch selbst schuld gewesen sein könnte – wir erfahren nichts, mögen sich noch so unschöne Vermutungen aufdrängen.

Am Anfang zögert übrigens Don Alfonso noch, das Experiment zu wagen. Er will anscheinend kein Zerstörer, kein Störenfried sein. Aber wenn das Wettspiel begonnen ist – wahrscheinlich langweilt sich der unselig skeptische Alte in seiner dürren Überlegenheit, vielleicht braucht er ein wenig heißen Wirbel um sich, um seiner quälend kalten Vernunft ein bißchen entkommen zu können –, dann bedient er sich eines gut geölten Verstandes. Über Dialogpausen, welche den erschreckten, keine Worte findenden Offizieren passieren, die langsam zu ahnen beginnen, worauf sie sich eingelassen haben, parliert er elegant hinweg. Als Regisseur der Kuppelei spielt er intelligent mit, macht sich sogar ironisch darüber lustig, wie überzeugend er im Abschiedsterzett mitgetan, mitgetrauert habe (»Ich bin kein schlechter Schauspieler«). Gelegentlich entfährt ihm schwarzes Feuer, das heißt, eine heftige Verachtung fürs schöne Geschlecht bricht aus ihm heraus. Aber am Schluß wird auch er wieder nett und versöhnlich – weil man sich halt arrangieren muß (und er nicht ganz allein sein will).

Temperament ist für ihn eine Schwäche. Etwas vom Verstande nicht hinreichend Gesteuertes.

Und warum betrügen, seiner Ansicht nach, alle jungen Damen (falls sie die Chance dazu haben) die Männer? Antwort: Weil sie »aus Fleisch, Bein und Blut sind«. Keine Engel, sondern Frauen. Für diesen Satz nimmt die Oper an Don Alfonso Rache. Die Partitur führt vor, wie schrecklich es ihm fehlt an lebendigem Fleisch und heißem Blut.

Sie zeigt das, indem sie Don Alfonso vorenthält, was sie allen anderen, auch der weiß Gott nicht edlen Despina, gewährt: die Farben der Bläser! Von der Sinnlichkeit der Klarinette, der Behaglichkeit des Fagotts, der Innigkeit der Flöte, der Süße der Oboe, der Empfindsamkeit des Horns – von alledem wird Don Alfonso geradezu systematisch ausgeschlossen. Kaum öffnet er, allein, den Mund – hören die Orchesterfarben auf. Ihn begleiten immer »nur« Streicher – was aber in einem Kosmos, wo Bläser so differenziert mitspielen, wie es in *Così* der Fall ist, eine Verarmung, einen Lebensentzug, einen Makel bedeutet. Die anderen, von Bläsern umspielten, sind Frauen von Fleisch und Blut (verführbar gewiß), sind Offiziere (junge Leute von Temperament und Leichtfertigkeit). Nur er, Don Alfonso, bleibt hier ohne diese Farben des Lebendigen. Er ist immer bloß im Recht, witzig, vernünftig, reich, zum Schluß wieder versöhnlich. Es mag Schlimmere geben in Mozarts Welt. Aber keine Dürreren, Erstorbeneren. Beruht dieser Bläserentzug auf einem Zufall? Wenn Don Alfonso im Anfangsterzett abwiegeln will: »Laßt die Beweise« (Takt 33), dann schweigen Oboen und Fagotte genau in diesem Takt; bei Ferrandos und Guglielmos Antwort setzen sie wieder ein. Wenn Don Alfonso die

Weibertreue mit dem legendären Phönix aus Arabien scherzhaft vergleicht, dann schweigen während seiner sechs Anfangstakte wiederum die Bläser. Später treten sie dann freilich auch kurz hinzu. Aber sie verschwinden wieder, wenn Don Alfonso ironisch feststellt, es gäbe keinen solchen Phönix – und nun wolle man ihn gar glauben machen, daß gleich zwei auf einmal in Form eines edlen Schwesternpaares existieren. Bei seiner überstürzten f-Moll-Arie, die das Betrugsmanöver einleitet, hören wir wiederum nur trockene Streicherbegleitung, keinen einzigen Bläserton.

In alledem offenbart sich eine absichtsvolle Charakterisierungstendenz. Darum sollte man bei den wenigen Fällen, wo Don Alfonso doch mit Bläsern zusammenstößt, nicht etwas achselzuckend einschränken, Mozart sei eben kein Prinzipienreiter gewesen, seine Regeln gestatteten auch Ausnahmen, sondern man muß vielmehr umgekehrt fragen: Was könnten die Bläser hier meinen? Daß der Trockene nicht mehr nur Einzelperson sei, sondern Teil eines bläserbegleiteten Ensembles? Daß selbst er ein wenig fahles Feuer empfindet, er, dieser begüterte, in Wahrheit arme Don Alfonso?

Während die einen von Herzen, die anderen wenigstens vergnügungshalber »lieben«, findet er seine schlau-rechthaberische Befriedigung nur darin, triumphierend beweisen zu können, daß die Idee einer liebesfähigen und treuen jungen Frau idealistischer Schwindel sei.

Gräfin Almaviva

Sopran. Unglückliche, vernachlässigte, gleichwohl liebende Gattin des Grafen Almaviva. Findet gewiß ein wenig Ablenkung in Cherubinos ergebener, angenehmer Schwärmerei für sie. Riskiert, mutig und ängstlich, viel, um den Gatten zu beschämen, zurückzugewinnen.

Aus: *Le nozze di Figaro*

Während der turbulenten Streitereien, Verhüllungen und Entdeckungen des ersten Aktes ist sie nicht auf der Bühne. Daran nimmt sie einstweilen nicht teil. Sie stellt sich, nach einem langen und erhaben-lyrischen Vorspiel, mit ihrer Larghetto-Kavatine erst zu Beginn des zweiten Aktes vor, vom Gott Amor die Liebe ihres Gatten zurückerbittend – oder wenigstens den Tod.

Ein neuer Ton – der Ton vollkommenen Ernstes – ist mit ihr da. Der Ton einer weder pubertär übertriebenen noch buffonesk verspielten, noch selbstgefällig auftrumpfenden, sondern herzbewegenden Ernsthaftigkeit.

Schwer zu beantworten, aber doch zu bedenken, ob in der *Figaro*-Welt dieser bekenntnishafte Ton nicht durch ein negatives Indiz signalisiert wird, soweit es sich um Solostücke, Duette oder Terzette handelt; für die großen, vollen Ensemblesätze gilt diese Beobachtung natürlich nicht. Nämlich: durch die Abwesenheit der Flöten! In den beiden langsamen Arien der Gräfin – also auch der Dove-sono-Arie des dritten Aktes – fehlen die Flöten. Gleichfalls im Terzett des zweiten Aktes, dem wohl aufgewühltesten kurzen Ensemblesatz des ganzen Werkes. Wenn Cherubino seine verzweifelte Selbstdarstellung im ersten Akt gibt, fehlen die Flöten. In der artifiziell stilisierten, von Susanna mit einer Gitarre begleiteten, weniger »unmittelbaren« Kanzone des zweiten

Aktes jedoch ist die Flöte charakteristischerweise dabei. Dem Sopran der Susanna gibt Mozart, in deren beiden Soloarien, jedesmal eine Flöte mit. Nur eben der Gräfin nicht. Merkwürdiger Fall.

Man kann über der Gräfin luxuriöse Larmoyanz lächeln, man kann sich lustig machen über die unverstandene Frau, die sich in elegischem Jammer gefällt und so wirkt, als ob sie in erlesenen Einsamkeitsaugenblicken zu steter Migräne tendiere (nur bedauerlicherweise nicht zu der eher amüsanten, an welcher die *Rosenkavalier*-Feldmarschallin leidet: »Ich hatte diesen Morgen die Migräne«).

Man täte der *Figaro*-Gräfin mit solchem Spott bitteres Unrecht. Sie posiert nicht. Für sie geht es um Liebe ... oder wenigstens den Tod. Der Gedanke an den Tod wird im Verlauf ihrer Es-Dur-Arie immer inständiger. Das »O mi lascia almen morir« (oder laß mich wenigstens sterben) kommt dabei öfter vor als der vorangestellte Gegensatz »o mi rendi il mio tesoro« (Gib mir den Geliebten wieder, oder ...). Die Arme bringt da nicht nur häufiger ihren Todeswunsch zum Ausdruck, sondern heftiger. Der höchste Ton der Arie ist eine Fermate (As) auf dem wiederholten »morir«!

So verzweifelt ist sie, weil sie sich nicht mehr geliebt meint, wo sie liebt.

Diese blutjunge Frau – es ist wohl erst drei Jahre her, seit der Graf sie, die bezaubernde Rosine, eroberte – wird von der Reinheit ihrer Verzweiflung, ihres Unglücklichseins aber nicht depressiv gemacht oder stumpf-untätig. Gewiß schwärmt sie so namenlos innig, versonnen und nobel vom vergangenen Glück, als könne sie es durch solche Beschwörung wiederherstellen (C-Dur-Arie des dritten Aktes). Aber sie schwärmt nicht nur. Sie hofft auch und sie handelt. Für die Kraft ihres Hoffens zeugt im Allegroteil besagter Arie ein erhaben-stürmischer Moment. Bei der Bitte: »brächte doch meine Beständigkeit ... eine Hoffnung, das undankbare

Herz zu ändern« (es kommt an auf die Worte »una speranza di cangiar... eine Hoffnung, zu ändern«) drückt die Musik strahlend aus, was es mit der »Änderung«, dem Zurückführen in die Harmonie, hier auf sich hat. Die Gräfin führt nämlich zunächst einen reinen C-Dur-Dreiklang vor. Und zwar anfangs G-C, dann C-E. Schließlich dann nicht, wie logisch zu erwarten wäre, E-G, sondern E-A. Da ist etwas Neues, Unregelmäßiges. Die sechste Stufe mit ihren Moll-Untertönen statt der Quinte. Dieses hohe A wird nicht nur als Höhepunkt, als höchster Punkt der Arie erreicht und über einen strahlenden Takt lang ausgehalten, sondern es verändert sich beim »cangiar«, beim »ändern« also, dieses ferne A übers As zurück zum G und mündet dann in eine regelrechte C-Dur-Kadenz! Wir erleben hier unmittelbar mit, wie leuchtend sich die gewünschte Veränderung des Schmerzlich-Nichtdazugehörenden ins Nachhause der Dreiklangsharmonie vollzieht.

Die Gräfin weiß nur zu gut, daß ihr Gatte rasend eifersüchtig sein kann. Doch auch sie hat ein heftiges Herz. Das Rezitativ zu dieser C-Dur-Arie enthält Wendungen, die unüberhörbar erinnern an Rezitativmotive des Grafen (im dritten Akt entspricht das Rezitativ des Grafen, Nr. 18, Takt 30–40, dem Rezitativ der Gräfin, Nr. 20, Takt 4–9).

Wie dem auch sei: Rosina läßt sich also von ihrem Kummer nicht zu weinerlicher Untätigkeit verführen. Ihre Seelenlage hindert sie glücklicherweise keineswegs, sich um die Wiederherstellung ihrer Ehe zu kümmern. Sie schwankt zwischen Mut und besorgter Angst bei der Vorbereitung nicht unriskanter Verkleidungskomödien. Nicht nur besorgt wirkt diese Angst, sondern heftig, ja himmelhoch lodernd, wenn der Graf überraschend zurückkehrt, ein halb entkleideter Cherubino sich in Rosinas Kabinett verbirgt und die Katastrophe droht. Da erreichen die Koloraturen der Gräfin (in alten, falschen Fassungen sang das die Susanna; aber die Zofe hat in dem Moment weiß Gott weniger Grund zu expressiver Angstbekundung als ihre verzweifelte Herrin) sogar das hohe, das zweigestrichene C – und es ist beinahe um die Fassung der schrecklich Bedrohten geschehen…

Doch auch in höchster Not erweist die Gräfin sich als ebenbürtige Gegenspielerin des Grafen. Heftig in der Klemme, noch so offenkundig im Unrecht, bringt sie die Geistesgegenwart auf, schnippisch zu antworten: »Dieses Mädchen hat eher Sie verwirrt als mich selber«, wenn der Graf sie naheliegenderweise fragt, warum sie ausgerechnet wegen Susanna zittere. Dem von Barbarina bloßgestellten Gemahl flüstert sie maliziös zu: »Also gut: was sagen Sie jetzt?« An Konversationswitz fehlt es ihr nicht.

Und es schmeichelt ihr, hilft ihr wohl ein wenig im seelischen Leid, daß der junge Page Cherubino so für sie schwärmt. Ein Jammer, wie zurückhaltend er bleibt. Susannas Flirten mit dem Jungen macht sie durchaus eifersüchtig…

Die Klage und das sehnsuchtsvolle Glücksverlangen ihrer Seele ragen weit hinaus über alle Buffoverwirrungen des aufregenden Spiels im Schloß. Schwankt auch manchmal ihr Mut – nie schwankt ihr Gefühl. Zwar verzeiht sie sich selbst mühsam und nur ungläubig, daß sie dem Grafen verzeiht. Aber sie nimmt – dank der unwiderstehlichen Überredungskraft des Mozartschen Orchesters, der choralhaften Tutti, der auskomponierten Ekstase (zweiter Akt) und des von selig überströmenden Geigen bestätigten glücklichen Wiederfindens alles Getrennten (vierter Akt) – die Versöhnung an; die Liebe dessen, der eben noch für ihre Hand schwärmte (freilich im Glauben, den Körper Susannas vor sich zu haben). Nur wenige dunkle Tupfer bei der Modulation zum Allegro assai werfen kurze, verschwindende Schatten auf das Glück, das der Gräfin und dem Grafen am Ende von *Figaros Hochzeit* gegen alle Wahrscheinlichkeit mürrischer Lebenserfahrung von Mozart dennoch gegönnt und gespendet wird.

Graf Almaviva

Bariton. Ist gewohnt, daß in seinem Schloß alles so geht, wie er es will. Von der Gattin im Augenblick nur undeutlich gefesselt, will er jetzt deren Kammerzofe Susanna. »Drei gemeinsame Jahre machen eine Ehe sehr würdevoll«, sagt er (im Schauspieltext von Beaumarchais) nicht übermäßig galant zur Gräfin, nachdem er ihr seine immer noch bestehende Liebe bekundet hat. Susanna begehrt er heftig. Weder sein einst gegebenes allgemeines moralisches Versprechen, das veraltete »Herrenrecht« betreffend, noch der Kummer seiner Gemahlin oder gar Figaros Hochzeitswunsch können den erotischen Spiel- und Besitztrieb des jungen Grafen hemmen. Aber so leicht wie einstmals wird es großen Herren nicht mehr gemacht.

Aus: *Le nozze di Figaro*

Der Herr Graf«, so informiert Susanna ihren Figaro, »müde, nach fremden Schönheiten auf die Jagd zu gehen, will auch im Schloß noch einmal sein Glück versuchen, doch nicht auf seine Gattin, hör gut zu, kam ihm der Appetit.« Sondern: «Auf dein Susannchen.« Gesangslehrer Basilio besorgte die Kuppelei. Klare Verhältnisse.

Überdies: die Gräfin klagt über Vernachlässigung, Barbarina erzählt, wie nett der Herr Graf sie geherzt und geküßt und was er ihr alles dabei versprochen hat.

Deutlicher können Sympathien kaum gelenkt werden. Der Graf, ein junger Unhold, seiner Gattin total überdrüssig, liebelt mehr oder weniger leidenschaftlich im weiblichen Schloßpersonal herum. So hören wir's von den Beteiligten, so erleben wir's mit. Was sollte dagegen sprechen?

Zum Beispiel die Musik. Ihre großen, choralhaften Momente im zweiten und vierten Akt, wo zart, seelenvoll und passioniert die nach wie vor nicht völlig erkaltete Liebe des

Grafen zu seiner Gattin, seine Reue, sein guter Wille in Töne gebannt zu sein scheinen. Diese sanft-choralhaften Ensemblehöhepunkte lassen, wenn sie erklingen, keine Zweifel zu. Sie wirken nicht im mindesten ironisch, im mindesten oberflächlich, im mindesten reserviert.

Aber des Grafen offensichtliche Schürzenjägerei?

Es scheint, daß mehrere, sagen wir, Seelen in seiner Brust wohnen. Etwa vier. Es scheint, daß den Grafen verkennt, wer ihn nur aus Susannas oder Figaros Perspektive sieht.

Er ist ein junger, ungestümer Edelmann. Als Dietrich Fischer-Dieskau ihn verkörperte, meinten alle, Graf Almaviva sei mit einer Reitpeitsche auf die Welt gekommen. Widerstand gegen seine Wünsche oder Launen? Ganz unmöglich. Und nun sollte sich gar irgendein Diener eines Glückes erfreuen dürfen, das er vergeblich erstrebte... Almaviva muß seine weltgeschichtliche Lektion noch lernen.

Die Ehe mit der schönen Rosina fesselt ihn nicht – oder zumindest nicht sehr ausschließlich, darüber herrscht Klarheit. In diesem Aristokraten steckt eine leidenschaftliche erotische Dynamik. Sie ist heftiger (und eigentlich auch respektabler), als bloße Tändelei aus Langeweile oder sportlichem Ehrgeiz es wäre. Der Mann begehrt Susanna wirklich, bis zur Verzweiflung. Er will sie nicht nur »kaufen«, wie eine Dirne. Er will sie haben, ja bildet sich zumindest ein, sie zu lieben. Geld muß da nicht schaden. Nachdem Susanna ihm zu Beginn des dritten Aktes vorgespielt hat, sie werde kommen, demonstriert Almaviva, was »Vorlust« sei: dieses Glücksgefühl am verbalen Durchspielen und Durchreden eines bevorstehenden Stelldicheins. Nicht weniger als ein dutzendmal wiederholt er besessen: »Du kommst also in den Garten?«, »Du hältst dein Versprechen?« »Wirst kommen?« ... Der in diesem Duettino Nr. 17 des dritten Aktes sich dann anschließende A-Dur-Zwiegesang »Mein Herz schlägt vor

Entzücken« offenbart selige Übereinstimmung, harmonische Zweisamkeit – die sich aber in der Phantasie des Grafen ereignet. (Susanna, hier kokett, hat ja etwas ganz anderes vor.) Almaviva jedoch ist über beide Ohren entflammt.

Dies wäre die eine seiner zahlreichen Seelen. Sie macht ihn sympathisch.

Die andere Seite wirkt eher faszinierend als Sympathie erzeugend: Es ist die herrscherliche Allüre des mächtigen Aristokraten. Bleibt Figaro oft auffallend zurückhaltend, leise, so gibt der Herr Graf stets den Ton an. Etwa, wenn er im Terzett aus dem zweiten Akt das C-Dur und dann souverän das As-Dur bestimmt, wenn er in den Ensembleszenen heftig wird, wenn er in seiner Rachearie (»Ich soll ein Glück entbehren«) in aggressivem Forte verkündet, daß er Höllenqualen leidet, falls er verzichten muß. Da bedient er sich sogar einer rhythmisch und melodisch kämpferischen Geste, die später Carl Maria von Webers *Schwertlied* populär gemacht hat: »Du Schwert an meiner Linken« (dritter Akt, Arie Nr. 18, Takt 77–81), wobei übrigens Weber den charakteristischen Tonfall eher der Konvention des späten achtzehnten Jahrhunderts, auf die sich auch Mozart bezog, als Mozart selbst entnommen haben mag. Dieser selbstbesessene aristokratische Stolz des Grafen kennt auch Gehässigkeit: »Der Ärmste«, sagt er ironisch, wenn Cherubino wieder mal ertappt wird. Und weil er ja ganz genau weiß, daß ein Liebhaber im Kabinett versteckt ist, weil er die gehauchte Behauptung seiner Gattin, da verberge sich wohl Susanna, mit Recht für eine Ausrede hält, sagt er ironisch, nachdem man den Tatort verschlossen hat und sich gemeinsam aufmacht, ein paar Werkzeuge zu holen: »Susanna wartet dort, bis wir zurück sind.« »Alles wie verlassen«, befindet der Düpierte dann aber irrig-arglos bei der Wiederkunft. Die Handlung zahlt ihm seine Ironie freilich doppelt ironisch zurück: Infolge eines für den Grafen ungünstigen Zusammentreffens wartet Susanna dann wirklich. So kehrt sich auch in Mozart/Da Pontes konkret entpolitisiertem Drama die Spiritualität des Zufalls kritisch gegen des Grafen Hochmut. Dieser Hochmut läßt ihn schneidend dazwischenfahren, wenn die belastete Gattin etwas Entschuldigendes vorbringen möchte. »Sprecht«, sagt er. Aber das Forteorchester nimmt der verängstigten Gräfin die Luft. Sie hätte, ohne Wunder und sinnigen Zufall, keine Chance.

Sowie sich Almavivas Hochmut mit offenbar berechtigter Eifersucht verbindet, entsteht seine düsterste und gefahrbringendste Seele: Wahn macht den Ergrimmten düster und unansprechbar. Ein halbes dutzendmal nacheinander heisert Graf Almaviva sein »er sterbe«: Cherubino wäre verloren, müßte er wirklich aus jenem Kabinett. Der Ehekrach bei den Almavivas nimmt riesige Dimensionen an. Die Musik fragt nach dem Schicksal der Unschuld in dieser Welt.

Mit Almaviva, der othellohaft nur noch »er sterbe und sei nicht mehr der elende Grund meines Leidens« denken kann, ist über die göttlich-sinnvoll geordnete Welt bestimmt keine Diskussion möglich. Glaubt er im Finale des letzten Aktes seine Frau beim schamlosen Ehebruch in aller Öffentlichkeit und vor allen Leuten zu ertappen, dann wiederholt er nur mit sich steigernder Heftigkeit, er könne nicht verzeihen. Taktelang donnert mit dem Unisonoorchester sein »nein!«.

Aber alles das macht gleichwohl nicht denkunmöglich, daß Graf Almaviva nach wie vor fähig ist – vielleicht wie einer, der aus allen möglichen Träumen erwacht und plötzlich den Wert des Wirklichen begreift –, seine Gattin Rosina zu lieben. Dies ist die reinste, freilich auch die am meisten verschüttete seiner vielen Seelen ...

Am Ende der achten Szene des zweiten Aktes haben der Graf, die Gräfin und Susanna etwas gelernt: »Von diesem Augenblick an wird diese Seele mich« (singt die Gräfin), »sie«

(singt der Graf) »ganz verstehen.« Daß die Seelen nun endlich ganz zu verstehen vermögen, flüstern die Betreffenden zart, sotto voce. Sie tun es zu einer Ausnahmesteigerung nicht nur des *Figaro,* sondern der Operngeschichte. Das zunächst so unscheinbare Dreiklangsthema hat sich nach einer durchaus symphonischen Durchführung zu einer erhabenen Gestalt entwickelt (zweiter Akt, achte Szene, Takt 296–327). Es herrscht eine Spiritualität, wie sie nur aus der Erlesenheit reinster Instrumentalmusik und der Unbedingtheit vokaler Erfüllung sich ergeben kann. Eine Wundersekunde der entwickelnden Logik und des harmonischen Reichtums, des zarten choralhaften Verweilens und des großen Forte.

Die Musik ist hier nicht nur über jede »Ironie« hinaus, sondern sie bezeugt mit ihrer emotionalen Kraft, daß hier Menschen glücklich zu werden versuchen.

Der Graf meint es, zumindest im Augenblick, ganz ernst. Er verzeiht sogar Cherubino: Es soll Frieden sein.

Dieses Modell wiederholt sich am Ende. Almaviva – der eigenen Gattin, die er für Susanna hält, verliebte Komplimente machend, dann einsehend, daß er ihr Unrecht tat und ihrer List erlag – bittet wieder um Verzeihung und erhält sie. Diesmal ein Tuttichoral in G-Dur, von überschwenglichen Violinachteln gesegnet. Alles mündet in »Liebe, Zufriedenheit, Freude« und in ein Happy-End.

Nun kann man skeptisch sagen, der Handlungsverlauf beweise doch hinreichend, wie kurz die Versöhnungen dauern, wie ungültig sie sind. Aber schließt denn die Oper mit einem Fragezeichen? Oder mit einem offenkundig nur indirekten Happy-End? Gewiß nicht. So ist die umgekehrte Folgerung nicht weniger statthaft, und sie wird von der Musik beglaubigt. Nämlich: zwischen dem Grafen und der Gräfin gibt es immer wieder Spannungen. Aber sie werden am Ende überwunden. In Liebe und Harmonie.

Donna Anna

Sopran. Tochter des Komturs. Geriet in den Bannkreis Don Giovannis, der sie überwältigen wollte und ihren Vater tötete. Steht unter seelischem Überdruck. Höchst ausdrucksvoll und labil. Ihr Verlobter, Don Ottavio, kann ihr einstweilen nur wenig helfen. Die Hochzeit wird aufgeschoben. Ob Zeit alle Wunden heilt?

Aus: *Don Giovanni*

Daran gibt es keinen Zweifel: Don Giovanni hat diese junge Frau berührt. Körperlich berührt – während er sie zu überwältigen versuchte. In ihrem wilden, von panisch-schmerzlichen Orchesterakkorden begleiteten Rezitativ berichtet Donna Anna dem Don Ottavio, was der Unhold ihr antat in jener Nacht. Die Schilderung ist eindeutig in dem, was sie sagen will, aber nicht völlig eindeutig in dem, was sie besagt.

Donna Anna: »Schweigend nähert er sich mir, und er will mich umarmen. Ich versuche, mich zu befreien, er umklammert mich fester, ich schreie. Es kommt niemand. Mit einer Hand will er mir den Mund zuhalten, mit der anderen hält er mich so fest, daß ich mich schon überwältigt glaube.«

Don Ottavio: »Der Schändliche! Und dann?« Donna Anna: »Schließlich wuchs durch den Schmerz, durch das Entsetzen vor dem gemeinen Überfall derart meine Kraft, daß ich mich durch Drehen, Winden und Biegen von ihm löste.« Don Ottavio: »Ach, ich atme auf.«

»Es kommt niemand« oder »ich glaube mich schon überwältigt« – solche Aussagen deuten ein schreckliches Vergehen der Zeit an. Sie deuten die Möglichkeit von etwas Geschehendem an, worüber Donna Anna nicht spricht. Vielleicht, dann wäre sie Lügnerin, weil sie sich nicht erinnern will. Vielleicht, dann hätte sie sekundenlang das Bewußtsein verloren gehabt wie Kleists Marquise von O., weil sie die Überwältigung tatsächlich nicht erlebte, sondern nur körperlich tief verstört nach-fühlt.

Man kann das alles so deuten. Und man kann auch Donna Annas Beschreibung des Abwehrkampfes – »Drehen, Winden, Biegen« – seltsam erotisch gefärbt finden. (Gewiß, Don Juan ist, als Typus, kein Vergewaltiger. Aber die Eile, mit der man am Ende des ersten Aktes, im Schloß, Fräulein Zerlina ins Kabinett zerrt, der nicht etwa Lust-, sondern Angstschrei, welcher dann sehr schnell dem offenbar überfallenen Mädchen abgepreßt wird: solche Fakten belegen doch, daß der Verführer sein Liebes-»Vorspiel« zumindest nicht immer hübsch umfangreich und zeitraubend gestaltete.) Beim »Aufatmen« – ausgerechnet nach dem vielleicht heikelsten, zweideutigsten Moment von Donna Annas Erzählung – verhält sich Don Ottavio schon sehr positiv-optimistisch. Man kann darüber lächeln.

Aber obwohl Don Giovanni die Donna Anna irgendwie schlimm und gewaltsam berührte, so daß sie diese Berührung nicht vergessen kann und sich ihrer vor Beginn der großen Rezitativ-Erzählung plötzlich wegen einer vielleicht spontanen Handbewegung oder Wendung Don Giovannis schockhaft erinnert, zumal der noble, innige Verlobte seine edle Braut gewiß anders zu berühren, anzufassen pflegt, als Don Giovanni es bei seinem nächtlichen Überfall tat – wir dürfen nie vergessen, wie zweideutig das Verbum »berühren« selber ist. Eine Frau »berührt« haben meint im Deutschen, im Erlesen-Schriftdeutschen, sie besessen, sie erotisch geliebt haben. (»Ich habe fast jeden Tag gegessen, ich habe Frauen berührt«, sagt etwa Herr Teste in Max Rychners Valéry-Übersetzung.) Gleichwohl kann das Tätigkeitswort »berühren« natürlich auch nur den bloßen Körperkontakt bedeuten, wie er beim Streicheln, Streiten, Sichbegegnen, Kämpfen, Ringen entsteht. Auch dieser Kontakt kann von verletzender, bannend traumatisierender Wirkung sein.

Welche Überzeugungen wohl- oder übelmeinende Interpreten über Mozarts »Erotik« oder über vermeintlich »selbstverständliche weibliche Reaktionen« hegen zu dürfen glauben: man muß hier respektieren, daß Da Ponte und Mozart Donna Anna mit einem Geheimnis umgaben. Dieses Geheimnis liegt zum einen in der Vieldeutigkeit körperlicher »Berührung« beschlossen, zum anderen in der Affektwirkung, die der indirekt sogar von Donna Anna verschuldete Duelltod des Vaters auf diese entzündbare junge Tochter hat. Wer über Donna Anna ganz eindeutig befindet, setzt, was ihm für wahrscheinlich oder sicher gilt, an die Stelle dessen, was Mozart nicht völlig entschleierte, sondern Geheimnis ließ.

Diejenigen nämlich, die Donna Anna »eindeutig« finden, sich also überhaupt nicht beunruhigen über ihre Mischung aus Expressivität und Labilität, über ihre Forciertheit und über ihre Neigung, das Bewußtsein zu verlieren, außer sich zu geraten, den Duelltod des Vaters fast in einen Mord umzustilisieren – sie harmonisieren entschlossen das, was zumindest seltsam ist, weniger eindeutig als widersprüchlich. Die anderen indessen, die Donna Annas Seltsamkeiten ohne weiteres aus nur einem Punkt interpretieren – sie beuten ein komponiertes Geheimnis im Sinne allzu rascher Psychologie aus. Donna Anna versucht eben, sich zu entziehen: nicht nur dem Leib Don Giovannis und dem Drängen ihres Verlobten, auch der Feder ihrer Interpreten.

Wenn Donna Anna von jener Nacht berichtet – »es war schon ziemlich spät« –, dann ist ihr Rezitativ vom B-Dur im es-Moll angelangt, was wahrlich keine Don-Giovanni-Tonart darstellt. Das B wird freilich bald zum Ais umgedeutet, dann kann Mozart ins h-Moll modulieren, was wiederum der

D-Sphäre zumindest nahekommt. (Übrigens hat Chopin im langsamen Satz seines f-Moll-Klavierkonzerts, dessen Mitte ein gewaltiges Rezitativ ist, wortwörtlich die ersten es-Moll-Töne der Donna Anna zitiert, eingebaut. Chopin war bewundernder *Don-Giovanni*-Kenner: Bereits sein Opus 2 sind Variationen für Klavier und Orchester über »Là ci darem la mano«.) Vielleicht ist für die Charakterisierung Donna Annas bereits das Wort »Geheimnis« schon zu vollmundig und mystifizierend. In ihren jeweiligen Verhaltensweisen, die sich nur eben nicht ganz schlüssig ineinanderzufügen scheinen, verstehen wir Donna Anna sehr wohl. Und daß sie Augenblicke einer melodischen Inbrunst hat wie niemand sonst (etwa im Sextett des zweiten Aktes, wo sie unbeschreiblich herrlich ins c-Moll kadenziert: »Nur der Tod kann meine Tränen stillen«, Takt 45–61!), gehört gewiß auch zu ihrem Bilde.

Was immer sie auch erlitten hat: am Ende wirkt sie sicher, nicht mehr widerstrebend, ruhig. Auf die Bitte ihres Verlobten, sie solle nun endlich doch in die Ehe einwilligen – den Unhold hat mittlerweile der Teufel geholt, Ehrbeleidigung und Vatermord sind also gerächt –, auf diese Bitte antwortet Donna Anna mit einem Versprechen. Sie brauche noch ein Jahr der Beruhigung. Dann aber werde dem, der innig liebend bittet, treue Liebe gern nachgeben.

Also: nicht unmittelbar im Anschluß daran, daß Don Giovanni brutal und zerstörerisch in ihre Existenz eindrang, möchte sie heiraten; in zwölf Monaten aber glaubt sie, soweit zu sein.

Was spricht nun dagegen, daß Donna Anna hier, im herausgehobenen Moment, am äußersten Ende des Werkes, meint, was sie sagt? Überhaupt nichts. Dieses G-Dur-Larghetto-Duettieren von Donna Anna und Don Ottavio läßt musikalisch nicht den geringsten weiblichen Vorbehalt, nicht die geringste Differenz zwischen den beiden Verlobten erkennen. Im Gegenteil: wenn da etwas deutlich wird, dann ist es eine vollkommene Übereinstimmung der Haltungen, musikalischen Phrasen und Bewegungen. Reiner kann die Harmonie zweier Seelen nicht ausgedrückt werden. Die junge Frau nimmt ganz selbstverständlich und fast tongleich auf, was ihr Verlobter, der in den Anfangsszenen kaum je das Gespräch bestimmend begann, soeben äußerte. Die Kantilene des »Dem, der innig liebend bittet« klingt in Donna Annas Mund wie eine ruhige, sinn- und ausdrucksgleiche Reaktion auf Don Ottavios Bitte! Dann bleiben die beiden Stimmen innig und liniengleich zusammen (Takt 727 in der letzten Szene), und Mozart sorgt bei der Wiederholung des »Al desio« – die Takte 724–725 werden von den Takten 730–731 repetiert – sogar dafür, daß Donna Anna jetzt Don Ottavios Phrase übernimmt und Ottavio Annas Antwort wiederholt. Wenn musikalische Charakterisierung überhaupt einen Sinn haben und etwas besagen kann, dann muß das alles doch heißen: Die beiden sind eins und einig. Donna Anna liebt ihren Verlobten, verspricht ihm nach einem Trauer- und Beruhigungsjahr die Ehe. Und die Musik bestätigt diese Eintracht, diese widerspruchsfreie Harmonie.

Ein verhaltenes Happy-End also, nach grausamer Erschütterung. Bevor das Strafgericht an Don Giovanni vollzogen war, schien Donna Anna einer so ruhigen Einverständnishaltung (die hier echt und ungekünstelt wirkt) unfähig.

Auffällig nahe war sie von Anfang an dem Tod. Bereits ihr allererster Satz – sie versucht, den fliehenden Schurken festzuhalten – handelt vom Tod. Nämlich davon, daß sie für die Wahrheit ihr Leben einsetzen wolle. »Hoffe nicht, wenn du mich nicht tötest, daß ich dich je entkommen lasse.« Dann eilt sie – Konsequenz ist nicht ihre Stärke – ins Haus. Mit Dienern, die Fackeln tragen, und dem Verlobten kehrt sie auf den Kampfplatz zurück. Die düstere Bühne erleuchtet sich bei ihrer Wiederkehr magisch. Flackerndes Licht fällt auf den toten Vater.

Gleiche Helligkeit geht, fast zeremoniell hervorgerufen von fackeltragenden Bedienten, wiederum von Donna Anna und Don Ottavio aus, wenn Mozarts lichtsymbolisierende Trompetenmodulation von B-Dur nach D-Dur im Sextett des zweiten Aktes erklingt. (Dafür, diese Stelle – Sextett Takt 27–30 – erfunden zu haben, hätte Richard Strauss, wie der Dirigent Karl Böhm erzählte, gern eine ganze eigene Oper hergegeben. »Und er dachte sehr hoch von seinen Opern«, fügte Böhm hinzu.) Jetzt glänzt also Licht in der Vorhalle auf. Don Ottavio bittet die Geliebte, sie möge doch aufhören zu weinen. Sie führt seine gemessen schöne D-Dur-Kantilene überwältigt und überwältigend reich – es ist ein Ausnahmeaugenblick – weiter zu jener bereits erwähnten herrlichen Sequenz »Nur der Tod kann meine Tränen stillen«.

In ihrer vorletzten Szene begegnen wir Donna Anna in einem düsteren Gemach, wo ihr toter Vater liegt. Nein, heiraten könne sie jetzt nicht, bedeutet sie da ihrem Verlobten. »Aber der Vater...« Um seinetwillen unmöglich. Dann freilich gleich ein wieder anderes Argument: »Aber die Welt.« Es herrscht ein Überdruck in dieser jungen Frau, der sie um Verstand und Selbstkontrolle zu bringen droht.

Im Schmerz nach dem Duelltod des Vaters erkennt sie ihren Bräutigam nicht! Sie entschuldigt sich dafür verwirrt. Später, wenn sie, zusammen mit Donna Elvira und Don Ottavio, im Schlößchen Don Giovannis auf die beinahe verführte Zerlina trifft, verliert sie auch fast die Selbstkontrolle. In dieser vom Schicksal überforderten jungen Frau stecken unversöhnt nebeneinander: radikale Erregbarkeit, Exzentrik, Wildheit, Todesmut – und auf der anderen Seite psychische Labilität, Schwäche sowie die selbstverständliche Bereitschaft, den Vater und den Verlobten in ihrem Namen handeln zu lassen. Sie verhält sich dann so, wie's damals der

Brauch – aber eben noch hat sie Ottavio, der ihr Vater und Freund zugleich sein wollte, wie einen Untergebenen zum »Schwur« gezwungen.

In ihr rumort also ein Widerspruch aus flammendem Rachewillen und Labilität. Nicht ihr Verlobter, der innig-behutsame Don Ottavio, den man gelegentlich als »hamletisch zögernd« bespöttelt, sondern sie gleicht ein wenig jenem Dänenprinzen, der sich vor einer Aufgabe sah, die über seine Kräfte ging. Auch wenn Donna Anna heftig auf Rache dringt, in den Ensembles den Ton angibt – als bestimmende und wirksam agierende Frau erleben wir sie kaum. Seltsam: in den Ensembles, zusammen mit der viel selbständiger und kraftvoller handelnden Donna Elvira, ist sie dennoch nie die Unterlegene, Ausdrucksschwächere; sondern zumindest gleichberechtigt, meist führend. Selbst dann, wenn eigentlich Donna Elvira, wie unmittelbar vor dem Sextett des zweiten Aktes, das Opfer (von Leporello in Don Juans Maske) gewesen war und zumindest im Moment mehr Grund zur Klage hätte. Daß Elvira sich energischer verhält bei der Verfolgung Don Giovannis wie auch am Schluß, wenn sie den Unhold ein letztes Mal zu retten versucht – es widerspricht gewiß nicht der Annahme, Donna Anna sei zwar labiler, aber meist doch expressiver.

In der Rätselhaften liegt etwas herrlich Bestimmtes – die wunderbar fest aufstrebenden Sexten in ihrer D-Dur-Arie – und etwas Gehetztes, Keuchendes, Atemloses, wenn sie, in eben dieser Arie, fast keine Luft mehr bekommt, während sie den Todeskampf des Vaters erwähnt: »Bedenke die Wunde, die Schmerzen des Armen« (dreizehnte Szene des ersten Aktes, Takt 116–118).

In ihrem letzten großen Rezitativ und Rondo bestätigt die Klarinette zart, was Donna Anna dem Verlobten über ihre Treue versichert. Die Wilde fügt sich. Mozarts Musik zumindest hegt die Überzeugung, daß Donna Anna sich allmählich, in harmonischer Eintracht mit Don Ottavio, darüber trösten wird, daß ihr Vater starb und Don Giovanni sie berührte.

Annius

Sopran. Freund des Sextus, Geliebter der Servilia. Fügsame Figur zwischen temperamentvolleren Gegenspielern. Eigentlich Kastratenrolle des Secundo uomo. Infolge Kastratenmangels für Frauenstimme komponiert.

Aus: *La clemenza di Tito*

Annius liebt von Herzen Servilia und glaubt sich innig befreundet mit Sextus – doch als eigenständiger oder gar starker Charakter hebt er sich trotz zweier Soloarien und seiner Beteiligung an mannigfachen Ensemblesätzen wenig heraus. Ihm scheint daran gelegen, seine eigenen Wünsche stets den Absichten des Imperators Titus unterzuordnen.

Zunächst baut er auf die Hilfe des (mit Titus befreundeten) Sextus: Der soll vom Imperator die Erlaubnis für Annius erbitten, Servilia zu ehelichen.

Das simple, singspielhafte Duettino gleich am Anfang (Nr. 3) demonstriert eine völlige und entzückende Harmonie zwischen Sextus und Annius: den brüderlichen, freundschaftlichen Terzen- und Sexteneinklang.

Doch noch bevor der Imperator erfährt, daß Annius Servilia heiraten möchte, erwählt er sie selbst zur kaiserlichen Gemahlin: Widerstandslos will sich Annius nun in den für ihn gewiß schmerzlichen Imperatorwillen fügen. Einem römischen Kaiser widerspricht man nicht. Annius geht sogar so weit, das kurze Zögern seines Freundes Sextus vor Titus beschönigend zu erklären. Sextus wollte da offenbar für Annius noch etwas retten, wollte Servilia als unwürdig für den erhabenen Kaiser darstellen. Doch Annius gibt sich gleich geschlagen: »Wie hättest du eine Gattin wählen können, die deines Reiches und deiner selbst würdiger wäre? Tugend und Schönheit – alles das besitzt Servilia. Ich habe es ihr angesehen, daß sie zur Herrscherin geboren ist. Was ich stets ahnte, wird jetzt wahr.«

Verdutzt äußert Sextus dazu beiseite: »So spricht Annius? Träume oder wach ich?« Oder wollte der liebe, botmäßige Annius hier der kaiserlichen Karriere seiner Geliebten nicht selbstsüchtig im Wege stehen?

Doch was er dann singt, widerlegt Gott sei Dank sein sehr bescheidenes und vorsichtiges Leisetreten. Im Duett mit Servilia, die er verzweifelt zu verlassen vorhat, stimmt er eine von reiner und inniger Liebe sprechende A-Dur-Kantilene an, welche die Verbundenheit dieses Paares rührend dokumentiert. (Und dann klärt Servilia Titus über ihre immerwährende Liebe zu Annius und dessen Liebe zu ihr auf.)

Private Liebe einerseits, öffentliches Wohlverhalten andererseits: daraus wird für Annius nicht einmal ein Konflikt, sondern nur ein Kummer, den die Geliebte ausräumt.

Der konfliktscheue Annius hat auch keine Ahnung von seines Freundes Sextus hochverräterischen Absichten. Im Terzett mit Vitellia und Publius mißversteht er die Verzweiflung der erschreckten Vitellia (die soeben zu des Kaisers Braut erwählt wurde und doch weiß, zu welcher Untat gegen Titus sie ihren Sextus aufgestachelt hat!) völlig: Als Verwirrung aus Liebesfreude mißdeutet er die Angst der Heroine, die entsetzt ihre eifersüchtigen Pläne sich in schreckliche Tat umsetzen sieht. Scharfsinn und Mut sind nicht seine Stärke, wohl aber Innigkeit und Anpassungsfähigkeit.

Man darf solche Eigenschaften gewiß nicht mit Feigheit verwechseln. Hier bejaht jemand gläubig eine gottgegebene Hierarchie. Dieser Hierarchie, dieser Güte der Obrigkeit solle Sextus vertrauen und bleiben – also nicht fliehen –, heischt Annius in einer keineswegs von Ergriffenheit berstenden, sondern eher flüssigen, eindringlich beschwingt beschwörenden Allegrettoarie von seinem Freund. Vorbildliche Reue und Treue würden dann schon alles ins Lot bringen. Keineswegs opportunistisch übertrieben, sondern aufrichtig tönt der Schmerz, mit dem sich Annius um des Freundes willen an Titus wendet. »Auf unsere Schmerzen blick gnädig herab«, singt er, und seine verminderte Septime wirkt da ausdrucksvoll, die Kantilene greift weit aus und wagt Espressivokurven. Gegen Ende der Oper tritt Annius mithin für Momente aus dem Schatten, den hitzigere oder stärkere oder mächtigere Figuren sonst über ihn werfen.

Antonio

Baß. Obwohl Onkel Susannas und Vater Barbarinas, nimmt dieser Trunkenbold nicht für die bedrohten Liebenden oder für die Abhängigen der Figaro-Welt Partei, sondern für seinen Herrn, den bedrohlichen Grafen.

Aus: *Le nozze di Figaro*

Im fünfaktigen Drama Beaumarchais' *Der tolle Tag oder Figaros Hochzeit,* das die Vorlage jenes *Figaro*-Librettos bildet, welches Lorenzo Da Ponte für Mozart schrieb, entwikkelt der Gärtner Antonio gelegentlich eine gewisse proletarische Bravour. So antwortet er der Gräfin, die ihn tadelt, weil er ohne Anlaß betrunken sei, patzig, aber nicht unlogisch: »Ohne Durst trinken und jederzeit mit 'ner Frau ins Bett, das allein unterscheidet uns vom Tier, Madame.«

Solche Äußerungen hat ihm Da Ponte weggestrichen. Bei Mozart ist Antonio nicht phantasievoll beschwipst, sondern bloß weinerlich besoffen, wenn er auftritt und das schöne Lügengewebe beinahe zerreißt, mit dem Susanna und die Gräfin den Grafen gerade umgarnt haben. Antonios Alkoholismus schlägt sich musikalisch nieder als ziemlich monotones Plärren: Dieser Blumenfreund singt mehr als siebzig (!) einzelne Töne hintereinander, bevor ihm ein Intervall unterläuft, das größer ist als eine Sekunde. Nicht einmal zur Terz reicht es ihm lange Zeit. Fast durchweg hangelt er sich, heftig alkoholisiert, gleichsam jaulend von Sekunde zu Sekunde. Ob ihm übel würde, wenn er die Mühe größerer Tonsprünge zu leisten hätte?

Aber Figaro und die Seinen sollten sich über dieses Gärtners Promillezustand nicht beschweren. Der Alkohol macht den – hier eigentlich völlig zu Recht Argwöhnischen und

Gekränkten – Antonio nämlich leicht irritierbar. Und vertrauensselig. Nachdem Figaro behauptet hat, er selber wäre aus dem Fenster gesprungen und habe dabei Briefsachen verloren, reicht ihm Antonio töricht gutgläubig ohne weiteres die Papiere zurück.

Im Stadium größerer Nüchternheit ist dieser Gartenmensch gefährlicher. Dann verpetzt er Cherubino ironisch: »Verzeihung, so liegt Sevilla in meiner Wohnung. Dort wurde er als Frau verkleidet, und dort ließ er auch sein eigenes Kleid zurück.« Auch Figaro versucht er, unmittelbar vor dem Finale des dritten Aktes, schlau in Verlegenheit zu bringen. Antonios plärrende Monotonie klingt geistesschlichter als sein freieres, nüchterneres Rezitieren (in der neunten Szene des dritten Aktes); aber der Alkoholisierte ist natürlich leichter manipulierbar.

Allzusehr verachtet man ihn – den älteren, weinseligen Vater und Onkel – übrigens doch nicht. Im Augenblick höchsten Glückes, gleich nach dem seligen Sextett des dritten Aktes, sagt Susanna: »Nun wollen wir der Gräfin und Antonio die Neuigkeit berichten.« Auch dieser mürrische und beflissene Gärtner gehört halt dazu.

Arbace

Tenor. Vertrauter des Königs Idomeneo von Kreta. Macht guten Willens einen folgenreichen Vorschlag.
Aus: *Idomeneo*

»O lieber, treuer Arbace«, spricht der König seinen Ratgeber dankbar erleichert an, nachdem Arbace – nicht unüberlegt spontan, sondern nach kurzer Denkpause – den Rat erteilt hat, wie man sich aus der tragischen Situation herauszumogeln versuchen solle. Arbace weiß, daß der bedrängte Idomeneo dem Gott Neptun jene Person als Opfer versprach, der er als erster begegnen werde. Arbace weiß – als er es erfuhr, wurde er fast ohnmächtig –, daß der Königssohn Idamante diese erste Person war. Und Arbace fühlt auch die Nötigung, die im Verlangen des Königs liegt: »Gib mir einen Rat, rette mir meinen Sohn.« Darum rät er – was momentan hilfreich, aber für die Zukunft sehr gefährlich ist –, Idamante müßte »in einem anderen Land eine Zuflucht finden. Wenn er nur dem Volke verborgen bleibt. Inzwischen wird sich ein anderer Weg finden, Neptun zu besänftigen, irgendein anderer Gott wird für ihn sorgen.«

Der König soll also ein Gelübde brechen, das er einem Gott gab. Kaum hat Idomeneo von Arbace gehört, was er hören wollte, glaubt er, dem Ratgeber nun seine Ruhe verdanken zu können. Arbace wiederum, der im Rezitativ düsterbetroffen wirkte, reflektiert in seiner ersten Arie, einer C-Dur-Bravourarie fast ohne Trübungen, ganz allgemein die herausgehobene, die exponierte Situation, in der sich Könige befinden (selbst wenn sie gute Helfer haben). Leiden und Schmerz seien auf dem Thron unvermeidbar. »Er halte sich fern von ihm oder klage nicht.« Arbace ist dabei wahrlich fern von Zynismus oder Schadenfreude, er zweifelt nur eben überhaupt nicht an der gegebenen Ordnung. (Warum sollte er auch, ein treu ergebener Confident-Typus?) Seriaopern waren schließlich auch »Fürstenspiegel«: Das allgemein belehrende Fazit, welches da aus Szenen und Situationen gezogen wird, hat mit der Seelenlage dessen, der sich zum Sprachrohr einer sentenzfreudigen Konvention macht, nicht unbedingt etwas zu tun...

Im dritten Akt liegt dann offen zutage: Der Meergott ließ seiner doch nicht spotten. Das vorenthaltene Prinzenopfer fordert Tausende andere Opfer. Arbace erkennt, daß seine Rechnung, irgendein anderer Gott werde Neptun vielleicht versöhnen oder ablenken, nicht aufging. Er »erkennt« das nicht nur, er beklagt es in einem expressiven Adagiorezitativ, das von Tod, Verheerung, Entsetzen kündet und sogar von heftigem Zorn gegen den »tauben« Himmel.

Zum zweitenmal reflektiert nun Arbace in einer Arie die Situation. Sein empfindsam-betrachtendes A-Dur-Stück verrät: Er liebt seinen Herrn, den König, und dessen Sohn Idamante noch mehr als sein Vaterland Kreta. Falls Kreta schuldig geworden sei – solle es fallen. Aber den König und den Prinzen sollten die Götter retten. Arbace stellt da die Frage nach Schuld oder Unschuld gar nicht erst. (Er weiß ja Bescheid.)

Und darum ergänzt er: Wenn sein eigenes Blut zur Besänftigung des Götterzorns und zum Erbarmen für das Königreich etwas ausrichten könne, sei es den Göttern dargeboten.

Eine edle Figur zweiten Ranges. Gefühlvoll erschrocken über Idomeneos Gelübdeunglück, schmerzlich erschüttert über das Leid des Vaterlandes. Wenn Arbace während seiner Arienmonologe einen Blick in sein Inneres freigibt, zeigt sich freilich: Er ist völlig in Übereinstimmung mit den Gegebenheiten. Er fragt sich keinen Augenblick, sondern weiß sofort, was ein König zu tun und zu ertragen hat oder zu welchen Opfern derjenige bereit sein muß, der die Ehre genießt, »Confident« zu sein.

Barbarina

Sopran. Antonios Tochter, Nichte Susannas. Geht in Almavivas Schloß von Hand zu Hand. Liebt Cherubino, küßt den Grafen, ist ungeschickte Zwischenträgerin.
Aus: *Le nozze di Figaro*

Oft genug demonstrieren Dramatiker, daß Menschen nicht sind, was sie scheinen. Gewisse edle und hochherzige Haltungen werden kritisch – als Betrug oder Selbstbetrug – durchschaubar gemacht. Fiordiligi und Dorabella beispielsweise dürften am Ende von *Così fan tutte* ihrer selbst und ihrer Gefühle nicht mehr so heiter sicher sein, wie sie es zu Beginn waren.

Ganz anders geht Mozart mit Barbarina um. Dieses kindliche, aber auch abgefeimte, unbefangen plaudernde Geschöpf erscheint zunächst als kleines »Luder« und wird am Ende fast verklärt. Daß der Graf sie gern küßt und streichelt, plappert sie in Gegenwart der Gräfin ohne Ziererei aus – wie unangenehm es dem aristokratischen Ehemann auch gerade in dem Moment ist. Mit Cherubino »treibt« sie es gleichfalls, wird dabei vom Grafen erwischt. Cherubino, so verkündet sie kindlich, wolle sie heiraten, den Grafen wie ihre Katze lieben. Zur Liebesbotin taugt sie schlecht, verliert das Erkennungszeichen und erzählt ausgerechnet dem betroffenen Bräutigam, was der Auftraggeber ihr zu verschweigen befahl.

Also: ein naives, im Kreis seiner Jungmädchenfreundinnen bereits dominierendes, munter-unschuldig von Arm zu Arm gleitendes Schloßdirnchen. Wenn noch ein Kind, dann ein ziemlich frühreifes, wenn kein Kind mehr, dann ein ziemlich kindliches Nichtkind. Allzu brennend interessiert uns diese Kleine, von der drei Akte lang gelegentlich die

Rede ist und die ein paar Rezitativworte vorbringt, ohnehin kaum. Es fehlen ihr die Gegenwärtigkeit Despinas, das Fleisch und Blut Zerlinas, es fehlt ihr der eigene Ton: ihr, Barbarina, einer Mischung aus Offenherzigkeit, munterer Natürlichkeit und sanfter Verwahrlosung.

Aber dann folgt zu Beginn des vierten Aktes Barbarinas Cavatina: sechsunddreißig Takte, f-Moll. Kaum möglich, dieses Stück zum erstenmal zu hören und nicht tief gerührt zu sein. Nun schämt man sich der flotten Gehässigkeiten, mit denen man das Dirnchen so nebenher bedachte.

Barbarina ist in Not. Sie sucht eine Nadel, die sie verlor. Sie hat Schuld, sie hat Angst.

Mozart liefert etwas Wunderbares nach. Er fügt dem Bild jener Barbarina, die bisher wie ein bunter Schmetterling durch die Oper getaumelt war, eine dunkle Dimension hinzu. Wir ahnen etwas von animalischer Trauer, von der Melancholie auf dem Grund des naiven Triebes, von der Reinheit solchen Unglücklichseins.

Es ist ein f-Moll, das in sich selber kreist und selten auch nur in die Nähe eines direkten Ausbruchs gelangt: Dann spielen die Violinen sogleich Sechzehntel, während sonst eine Achtelbewegung still durchgehalten begleitet. Vollkommen einfache, trotzdem vollkommen unbanale Musik. Essenz und transpsychologisches Alibi eines Kindes, das gleich wieder ein bißchen keß, ein bißchen dumm und herzlich unbefangen plappern wird...

Doktor Bartolo

Baß. Intrigiert gegen Figaro, bis sich herausstellt, daß dieser sein verloren geglaubter Sohn ist. Später nimmt er sogar ein wenig gegen die Willkür des Grafen Partei. Hat, solange er böse ist, die charakteristischere und reichere Musik. Aber am Schluß immerhin einen Sohn und eine Gattin.

Aus: *Le nozze di Figaro*

Älterer Arzt, der sich aufführt wie ein Advokat. In einer Zeit, die noch gar nicht so lange vergangen ist, raubte ihm mit Figaros schlauer Hilfe ein junger Graf sein Mündel Rosina, das er gern selbst geheiratet hätte. Deshalb grollt Bartolo dem Figaro. Welcher Zutaten bedarf es für das Gericht der Rache? Bartolo führt sie in seiner »Vendetta«-Arie vor. Notwendig ist zunächst: pompöse Selbstsicherheit. Mangel an jeglichen Skrupeln. Darum tauchen in Bartolos Arie zum erstenmal Pauken und Trompeten auch in der Orchesterbegleitung auf: Rache ist ein Gericht, das wird stolz genossen. Wer »vergessen« kann – die Streicher schlängeln sich währenddessen illustrativ und eng –, zeigt »niedern« Sinn. Aber Stolz und pompöse Rücksichtslosigkeit sind noch keine hinreichenden Zutaten: man muß auch bereit sein, einen geradezu wirbelnden Fleiß in die Rachearbeit zu investieren. Bartolo malt das besessen aus, und seine Wendung, es werde bestimmt gelingen, hat dann etwas von einer zweifellosen, süffigen Devise.

Am Ende der Bartolo-Arie wird das fanfarenhafte Dreiklangsmotiv des Beginns wiederaufgenommen. Jetzt heißt es aber nicht: »Die Rache, oh die Rache!«, sondern: »Ganz Sevilla kennt Doktor Bartolo« – und Mozart führt das Anfangsmotiv nun charakteristisch weiter: zum triumphalen Schluß hin, der den Rächer wie seine Mandantin Marcellina gleichermaßen zu überzeugen scheint.

Im beleidigten Bartolo schwieg die Stimme der Natur, in Figaro freilich auch; denn nichts sagte dem aufgebrachten Älteren, nichts dem cleveren Jüngeren, daß sie beide durch die Bande des Blutes verbunden seien – Vater und Sohn. Als Vater, vom Leben ein wenig mitgenommen, nicht mehr rachsüchtig, sondern nur noch gerührt, wirkt Freund Bartolo etwas befangen. Aber doch so glücklich, daß er Marcellina endlich heiratet. Ungebrochen ist sein Rückgrat. Wenn Basilio erwägt, es sei der Lauf der Welt, daß Grafen junge Kammermädchen verführen, dann meutert der alte Doktor im Namen seines verbitterten Sohnes gegen aristokratische Willkür auf: »Soll er es denn still ertragen?« Jetzt steht Bartolo auf Figaros Seite. Aber in dessen Namen darf er keine Rachearien singen. Der Gutwillige ist längst Nebenfigur geworden...

Basilio

Tenor. Musikmeister im Schloß des Grafen Almaviva, wo er auch als Kuppler tätig ist.

Aus: *Le nozze di Figaro*

Als junger Mann, so versichert Basilio in seiner großen Arie aus dem vierten Akt, sei er auch ein feuriger Tor gewesen. Mittlerweile habe Erfahrung ihn belehrt, wie man sich als Ohnmächtiger unter Mächtigeren verhalten müsse. Wer phlegmatisch verzichtet auf Stolz und Würde, wer in eine häßliche Eselshaut schlüpft, der entgeht – übelriechend – den wölfischen Bedrohungen dieser gefährlichen Welt am besten, meint Basilio. An Abscheulichkeit fehlt es dem Verhalten des Musikmeisters in der Tat nicht. Er identifiziert sich ganz mit den Gelüsten seines Herrn. Das heißt, er leistet dem Grafen Kupplerdienste, spioniert herum, weiß vorsorglich Bescheid. Ein Höfling, ein Lakai, ein Denunziant des achtzehnten Jahrhunderts in Almavivas Schloß.

Susanna unterbreitet er die lukrativen Angebote des Grafen. Daß Cherubino seine Kanzonetta der Gräfin liebestollriskant widmen will, hat er auch schnell herausgebracht oder erschlossen. Und ihm entging nicht, wie dieser unvorsichtige Junge stundenlang um Susannas Zimmer herumschlich.

Basilio, ein geprügelter Hund, den das Leben zum Rückgratlosen gemacht hat? Jemand, der sich schlau und feige mit dem bösen Lauf der Welt verbündet, weil es sonst keine Chance für ihn gäbe?

So stellt er's dar. Aber er vergißt seine Besonderheiten, die ihn doch zu einem Minicharakter machen, freilich zu einem schäbigen. Basilio ist, wie so manche Musiker, nicht ohne Witz, ohne Häme. Den Spitznamen »Cherubino d'amore«

erfindet er. Aufs Elegant-Maliziöse versteht er sich höchst talentiert. Sein sehr sinnfälliges, etwas ölig fistelndes Motiv des »Diesmal kam ich, ungelegen« trägt er im Verlauf des Terzetts (erster Akt, Nr. 7), wo sich, nach unangenehmem Anfang, alles aufs günstigste für ihn fügt, zuerst erschrokken, dann abwartend, zum Schluß ironisch-boshaft vor, ohne es eigentlich zu verändern.

Er wirkt da keineswegs phlegmatisch, sondern vergnügt, zynisch. Daß ihm die Irrungen und Wirrungen der anderen Gelegenheit zu Bosheit und Schadenfreude geben – ist für ihn offenbar schöne Belohnung aufmerksamer Spitzeldienste. Gegen Vorwürfe wehrt er sich: Er lüge ja nicht. Er fügt sich eben nur den Machtverhältnissen. Er sagt immer weiter, was er erfährt. Und er mag sich nicht gern »Bösewicht« nennen lassen – nur weil er »Augen im Kopf hat«.

Seltsam, in *Figaros Hochzeit,* einem spirituellen Höhepunkt aller abendländischen Musik, ist ausgerechnet der *Musiker* Basilio die mit Abstand schäbigste und unsympathischste Figur.

Belmonte

Tenor. Hat ein Schiff und eine Befreiungsaktion organisiert, um seine Geliebte, deren Zofe und seinen Bedienten aus dem Landgut des Bassa Selim, wohin die drei verkauft wurden und wo sie nun gefangengehalten werden, nach Spanien zurückzubringen.

Aus: *Die Entführung aus dem Serail*

Ein selig Liebender. Schwärmt so von Herzen innig für seine Konstanze, daß die Realität, auf die er sich einläßt, und die Todesgefahr, in die er sich begibt, ihn kaum zu berühren vermögen. Wenn er zittert, wenn ihm bange wird, wenn er zweifelt, dann ist das weniger jene ordinäre Angst vor Gewalt und Tod, wie andere Sterbliche sie empfänden, sondern eher jene süße Mischung aus Bangen und Beglücktsein, wie sie zu einer großen, schrecklich bedrohten Liebe gehört.

Wer so lieben kann, dessen Sorgen und Nöte verklärt das Singspiel. Und zwar durchaus programmatisch! So erscheint die Melodie von Belmontes Auftrittsarie bereits in der Ouvertüre. Dort in c-Moll. Denn die Situation, in der Belmonte sich befindet, wenn er in fremdem Land die Geliebte entführen will, seine Unruhe, seine Worte: »Ich duldete der Leiden, o Liebe, allzuviel«, alles das legt jenes ausdrucksvolle c-Moll bis hin zum verminderten Septakkord wirklich nahe, wie es die Ouvertüre vorführt. Nur: wenn der liebende junge Mann selbst auftritt, dann trägt er die Melodie in Dur vor. Auch bei den Beschwörungen des Duldens und der Leiden spürt man von Moll-Schmerzen keinen Hauch mehr.

Die Liebe, von der Belmontes Arien vibrieren, ist ein zartes, schwärmerisches, gar nicht strettahaft auftrumpfendes, sondern innig empfundenes Gefühl. Allein – also nicht von Partnern zu Heftigkeiten, Wutausbrüchen oder Ekstasen provoziert – singt Belmonte meist in gemessenem Andantetempo (Arie Nr. 1, Arie Nr. 4). Die Arie Nr. 15 »Wenn der Freude Tränen fließen« steht sogar im Adagio, ihr rascherer Teil auch nur in verhaltenem Allegretto. Auch Belmontes letzte Soloarie, zu Beginn des dritten Aktes, ist ein (freilich an Koloraturen reiches) Andantestück. Jetzt, unmittelbar vor dem nächtlichen Entführungswagnis, hat er doch Angst. Sagt er. Aber in sein Singen, in sein idealisches Sichselbst-Ausdrücken, geht Furcht nicht ein.

Dafür macht der Eros Belmontes Töne um so schmelzendberedter. Herrliche Wendungen fallen aus der Bewegung des Schöngesangs betörend heraus, die ziemlich unbeholfenen Worte zu Bekenntnissen einer hingerissenen Seele steigernd. »Es wird mir so bange ... Es glüht mir die Wange ...« Belmonte umgibt oft ein Schimmer, ja eine Aura holder Verklärung.

Klug schwindeln, taktisch schlau auch auf unangenehme Zeitgenossen wie Osmin eingehen – das ist seine Sache nicht. Sorgen bereitet ihm nicht die riskante Situation, sondern bloß die einmal auftauchende vertrauensbange Frage, ob Konstanze ihm treu geblieben ... Als Entführungsorganisator benimmt er sich nicht sehr geschickt. Gebeten, er solle doch vorsichtiger sein (»Stimmen Sie den Ton ein bißchen herab«), antwortet er nur: »Ach, Pedrillo, wenn du die Liebe kenntest!«, was ja eine sanfte Unverschämtheit gegen Pedrillo, seinen Diener, einschließt, aber auch die Sicherheit eines hingerissen Liebenden, eigentlich alles zu dürfen, weil solcher Liebe die Schutzengel gefälligst helfen müssen.

Daß er stolz ist, steinreich, daß sein Knie sich »noch vor keinem Menschen gebeugt hat«, zeigt sich am Schluß. Da sagt er es selbst.

Aber den Hochmut eines spanischen Edelmannes vermag er auch am Anfang nicht zu verbergen, wenn er denkbar unklug mit Osmin verfährt. Schließlich sollte ihm daran gelegen sein, sich bei Osmin einzuschmeicheln (wie der schlaue Pedrillo es erfolglos versucht). Belmonte merkt man nur zu sehr an, wie wenig er es gewohnt ist, vorsichtig zu sein. »He Freund«, fragt er, »ist das nicht das Landhaus des Bassa Selim?« Osmin läßt sich in seinem Lied nicht unterbrechen. Belmonte wird sogleich direkter: »He, Alter, he! Hört Ihr nicht?« Da Osmin sich erlaubt, sein Liedchen zu Ende zu singen, läßt Belmonte sich sogar zu einem kleinen Zornesausbruch hinreißen. Er übernimmt nämlich den Anfang von Osmins Lied, bringt die Melodie aber in einen aufgeregt schnellen Viervierteltakt und singt dazu die unhöflichen Worte: »Verwünscht seist du samt deinem Liede; ich bin dein Singen nun schon müde.«

So denkt der Edelmann nicht daran, Osmin, der offensichtlich und eifersüchtig nichts für Pedrillo übrig hat, wenigstens ein bißchen nach dem Munde zu reden: Er verhält sich im Prestoduett wie ein gleichberechtigter Gegenspieler (der er nur eben im Moment, situativ, keineswegs ist). Osmin ahnt schnell, was der kecke Fremdling im Schilde führt. Er ergänzt Belmontes »Ich möchte gerne« ganz folgerichtig: »So hübsch von ferne ums Haus rumschleichen, und Mädchen stehlen?«

Damit hat der Wächter recht. Doch Belmonte, statt die Taktik zu ändern und einzulenken, entgegnet heftig: »Ihr seid besessen, sprecht voller Galle mir so vermessen ins Angesicht!«

In einem Land, wo dauernd von Marter und Folter die Rede ist (Osmin, Pedrillo), bewegt sich Belmonte wie eine Mischung aus Traumtänzer und ungeduldigem Prinzen. Sein Herz klopft hörbar, die erste umfängliche Koloratur wird vom Wort »liebevoll« provoziert. Die Sehnsucht und

Wiedersehensfreude greifen ihn an. (»Ach, laß mich zu mir selbst kommen.«) Aber den Schmelz seines Singens – »Ist der Liebe schönster Sold«: wie leben da die Pausen seligen Ein- und Ausatmens – tangiert das alles nicht. Und die Schwäche kurzen Mißtrauens, obwohl Konstanze dem Bassa Selim stets tapfer widerstanden habe, überwindet er rasch und reuig.

Der Geist des Singspiels ist mit denen, die hingebungsvoll zu lieben vermögen. Nicht der Verstand wird belohnt (den hat Osmin auch), sondern das Herz.

Wenn das Allerschlimmste passiert, die Entführung mißlungen, der Martertod beschlossene Sache ist – dann denken Belmonte und Konstanze nicht an die jeweils eigene Not, wie es Klügere und Geschicktere in solcher Lage denn doch täten, sondern nur an die Schmerzen des anderen. Und dann kommt das heroische Paar auf die Idee, der Liebestod zusammen mit dem Geliebten sei sogar selig und wonnevoll. Die Probe auf diese begeisterte Vermutung wird Belmonte und seiner Konstanze erlassen. Doch daß sie überhaupt so märchenhaft edel fühlen konnten, verdient bereits Märchenbelohnung. »Du linderst mir den Todesschmerz, und ach, ich reiße dich ins Grab!«, endet Belmontes großherziges Rezitativ; jeder empfindet nur wegen des anderen Schmerz – und zugleich wegen des anderen ist der eigene Schmerz gelindert, ja wie verflogen. Liebesbegeisterung macht den Jungen am Ende sogar kaltblütig und gerecht. »Tilge das Unrecht, so mein Vater dir angetan«, sagt er, ruhig und zu allem bereit, dem Bassa Selim ins Angesicht, er fügt sogar großmütig hinzu: »Ich erwarte alles und tadle dich nicht.«

Immerhin begreift Belmonte, daß die glückliche Wendung am Ende nicht selbstverständlich ist, sondern daß ein Wunder passierte. Er stimmt das Vaudeville an, den schwungvollen Dankgesang für Bassa Selims Huld, Größe und Edelmut.

Blonde

Sopran. Dienerin Konstanzes, feste Freundin Pedrillos, von der Liebe des Aufsehers Osmin verfolgt. Wird mit den Komplikationen, die aus solcher Beziehungsfülle entstehen, auf lustig-handfeste Weise fertig. Denn sie läßt sich auch in bedrängtester Lage nicht einschüchtern, ist eine freiheitsstolze Engländerin.

Aus: *Die Entführung aus dem Serail*

Alles, was Blondchen sagt und tut, verrät Lebenskraft, Zähigkeit, Munterkeit und Direktheit. Sie hat keine – oder erlaubt sich keine – Angst. Nicht mal vorm Sterben. Nach dem gescheiterten Entführungsversuch wird sie mit Pedrillo dem Strafgericht zugeführt. Pedrillo bedenkt entsetzt, was für Martern ihm bevorstehen. Dann wendet er sich an die Freundin: »Ach, Blondchen, Blondchen, was werden sie wohl mit dir anfangen?« Darauf antwortet sie, stoisch und fatalistisch: »Das gilt mir ganz gleich. Da es einmal gestorben sein muß, ist mir alles recht.«

Aber Courage zeigt dieses Mädchen nicht nur, wenn sowieso alles verloren scheint und Gejammer oder listige Verstellung auch keinen Sinn mehr hätte. Auch vorher – als sie ihre Lage durch Heuchelei oder Nachgiebigkeit gewiß hätte verbessern können – dachte Blondchen nicht daran, dem ihr balzend nachstellenden, furchterregenden Osmin irgend etwas vorzumachen, vorzuspielen.

Sie sagt ihm höchst direkt, Pedrillo sei ihr lieber als sein »Blasebalggesicht«. Osmin zieht sämtliche Register, auch die allertiefsten, seiner Männlichkeit. Singt grundgewaltige halbe Noten markerschütternden Ernstes. Er weiche nicht, sagt er zum gefangenen Blondchen, »bis du zu gehorchen mir schwörst«. Blondchen beeindruckt das überhaupt nicht.

Ungeniert führt sie keck ihr Brustregister vor, ahmt sie seine Tiefe nach und imitiert das Imponiergehabe des alten Brummbären spöttisch. Sie werde ihm nicht nachgeben, »und wenn du der Großmogul wärst«. Dann stößt sie ihn fort, und der eingeschüchterte Aufseher weicht »furchtsam« zurück.

Woher nimmt Blondchen eigentlich die Courage zu alledem? Ist sie so verwöhnt, so leichtfertig oder so dumm, platterdings nicht wirklich zu begreifen, in welcher heiklen Situation sie sich als Gefangene befindet? Oder gilt ihr Mut sowieso nicht, weil eine Singspiel-Koloratursoubrette, die bekanntlich immerfort munter und komisch und lustig-verliebt (und sonst gar nichts) zu sein hat, sich sowieso aufs Happy-End verlassen kann?

Gewiß, Blondchen steht dem Typ der Soubrette – was soviel wie Kammermädchen, Zofe, Dienerin bedeutet und eine Opernfach-Bezeichnung für den Rollenkreis der munteren Liebhaberin ist – offenbar nahe. Sie paßt ins Schema. In der *Entführung* bilden Belmonte und Konstanze das »hohe« Paar, und sie hegen auch die hohen Gefühle. Was bleibt da Pedrillo und Blondchen, also dem Dienerpaar, schon anderes übrig, als das lustigere, harmlosere, empfindungsflachere Buffogespann zu sein?

Übertreibung sei fern von uns: Blondchen stellt nun keineswegs das majestätische Gegenteil von jenem Typus dar, auf den Opernfach-Systemzwang, Regisseure und Koloratursoprane, die immerhin übers E verfügen, sie festgelegt haben. Eine heftige Heroine ist sie nachweislich kaum. Aber auch keine schicksallos-neckische Nichtigkeit. Doch wenn man der Versuchung nachgibt, in allem, was Blondchen singt, sagt und tut, immer nur Belege für muntere Soubrettenhaftigkeit zu erkennen (weil man sich vorschnell ein bequemes und konventionelles Bildnis von Blondchen gemacht hat), dann verunklärt sich eine wichtige

Differenz. Ein tapferes Mädchen wird reduziert zu einem konventionellen Figürchen. Die Verniedlichung fängt bereits damit an, daß alle dieses muntere und graziöse Fräulein Blondchen nennen. Der Diminutiv verharmlost. Wer sie liebt wie Pedrillo, den mag es dazu drängen, sie in zärtlicher Koseform anzureden. Aber als Mensch und Fräulein heißt sie Blonde.

Gutmütig, nämlich guten Mutes, gibt sie sich Mühe, die ganz und gar verzweifelte Konstanze aufzurichten. (»Hören Sie nur: ich verzage mein Lebtag nicht, es mag auch eine Sache noch so schlimm aussehen. Denn wer sich immer das Schlimmste vorstellt, ist auch wahrhaftig am schlimmsten dran.«) Ist sie darum wirklich bloß ein positives Püppchen? Auch aus ihrem stoischen Gleichmut gegenüber dem unabwendbaren Tod spricht keine typenbedingte Unerschütterbarkeit, sondern des Mädchens Überzeugung, daß ein freies Herz – »wenn schon die Freiheit verloren« – seine Freiheit trotzdem behält. Die junge Dame hat dafür ein Herkunftsargument: Sie sei Engländerin (stammt also beispielsweise nicht aus deutsch-kleinstaatlichen oder habsburgischen Untertanenverhältnissen).

Sentimental und trauervoll dürfen die anderen singen, klagen. Sie besitzt ein kräftigeres und muntreres Nervenkostüm. In ihrer Auftrittsarie »Durch Zärtlichkeit und Schmeicheln, Gefälligkeit und Scherzen erobert man die Herzen der guten Mädchen leicht« bedeutet sie dem Osmin, daß er es falsch anfängt. Poltern und Zanken bewirke, daß alle Liebe entweiche. Aufs »Entweichen« singt Blondchen einen gleichsam wegströmenden Zweiunddreißigstellauf. Sie tut es dreimal. Und sie hat die Kraft, diese Koloratur jedesmal noch ein bißchen umfänglicher und überzeugender auszuführen.

Sie lügt nicht. Sie ist furchtlos gegenüber Osmin und auch Pedrillo, der eine wohlverdiente Ohrfeige bezieht. Sollte es sich bei dieser Dame Dienerin gar um eine edeldenkende Idealistin handeln?

Das denn doch nicht. Blonde nutzt nur die Situation entschlossen aus. Ihre Drohung an Osmin: »Meine Gebieterin ... ist die Geliebte des Bassa, sein Augapfel, sein alles; und es kostet mich ein Wort, so hast du fünfzig auf die Fußsohlen«, zeigt, daß ihre Keckheit auch eine reale Basis besitzt. Ebenso realistisch weiß sie zwischen ihrer Lage und derjenigen ihrer Herrin zu unterscheiden: Sie stehe ja nicht ganz allein, habe immerhin Pedrillo zum Trost und zur Hand, während Konstanze sich ohne Belmontes Beistand des Bassa wehren müsse. Die Realistin Blonde ist auch keine tugendhafte Prinzipienreiterin. Sie hat zwar so viel Courage, daß Osmin mit Recht fürchtet, sie sei – falls man sie ließe – imstande, die türkischen Weiber umzufunktionieren, rebellisch zu machen ... Auf »Askese« schwört sie dabei gewiß nicht. Osmin erläutert sie fachkundig, er mache es falsch. Wenn man so häßlich aussieht und sich so heftig benimmt, dann könne keine Eroberung stattfinden. »Gefälligkeit und Scherze« richteten mehr aus. Er stelle sich nur eben unmöglich an. Später nennt sie ihn sogar ein unerträgliches Tier.

Sie denkt nicht daran, die absolute Treue zum höchsten Wert zu verklären. Caliban Osmin war nur eben keine wirkliche Versuchung. Falls hingegen ein so edler Mann wie der Bassa sich bemühe, dann bliebe allerdings noch zu fragen, ob man nur wegen des eigenen Verlobten die Gunst einer solchen Zuneigung verschmähen solle. Die lebensfrohe Dienerin Blonde meint kühl, Konstanze sei zu empfindsam. »Doch würd' ich nicht so zärteln wie sie. Die Männer verdienen's wahrlich nicht, daß man sich ihrenthalben zu Tode grämt. Vielleicht würd' ich muselmännisch denken« (also eben nicht monogam).

Englische Courage und plebejisch-handfester Realitätssinn treten in ihr zusammen, geben ihrer natürlichen Anmut humanen Hintergrund. Wieviel Kraft sich in ihrer Seele verbirgt, läßt sie im Moment des Glückes erkennen. Am Ende der Arie »Welche Freude, welche Lust« steigert sich ihr Schwung so sehr, daß sie gegen ein Forte-Orchestertutti ihr »Freud und Jubel prophezein« mit nahezu Händelschem Pathos singt. Strahlend groß, lapidar, unverspielt, glücklich. Sie ist eben kein Püppchen namens Blondchen, sondern ein Mensch namens Blonde.

Cherubino

Sopran. Page des Grafen Almaviva. Kommt seinem Herrn bei dessen Affären dazwischen – und wird deshalb vom Grafen, seinem auch militärischen Vorgesetzten, nach Sevilla befohlen. Cherubino läßt sich aber leicht dazu bestimmen, diesem Befehl nicht zu gehorchen und im Schloß zu bleiben, weil er so ziemlich alle Frauen der Figaro-Welt liebt und – leidend – die Liebe selber. Dafür wird er freilich von den Damen entsprechend verwöhnt. Gehässig nennt ihn der Musiklehrer Basilio »Cherubino d'amore«.

Aus: *Le nozze di Figaro*

Ein blutjunger Mensch. Gebeutelt von der Pubertät. Weil er mutig ist, aber keineswegs sehr geschickt, bringt er Damen, die ihn mögen, leicht in peinliche Situationen. Aber er ist nicht nur künstlerisch begabt – »welch schöne Stimme«, sagt die Gräfin nach seiner Ariette, und Susanna fügt schmeichelnd hinzu: »Oh, in Wahrheit macht er alles gut, was er tut« –, sondern schlechthin so liebenswert, daß Barbarina bittet, der Graf möge ihr Cherubino zum Manne geben, daß die Gräfin sich seine schwärmerischen Zärtlichkeiten nur zu bereitwillig gefallen läßt, ihm die Tränen trocknend, und daß Susanna, ein wenig eifersüchtig, wohlgefällig an dem Jüngling herumnestelt, während sie, einer Verkleidung wegen, seine Maße nimmt (so wie Figaro zu Beginn das Ehebett ausgemessen hatte).

Cherubino schmachtet die Gräfin errötend an. Weniger hohen Frauen gegenüber ist er keineswegs immer so gehemmt. (Übrigens stellt sich im letzten Stück der *Figaro*-Trilogie des Beaumarchais heraus, daß Cherubino die Gräfin keineswegs bloß harmlos anhimmelte. Doch Mozart hat

Ein zweiter Tartüffe oder Die Schuld der Mutter nicht gekannt. Dieses 1790 spielende Drama wurde erst 1792 uraufgeführt. Die Gräfin bekam da ein Kind von Cherubino.)

Einstweilen schwärmt also Cherubino die Gräfin aus züchtiger Ferne, andere Frauen dafür um so kecker an. Susanna gegenüber wird er im letzten Akt sogar frech. Er wisse nur zu gut, daß sie gegenüber dem Grafen keineswegs prüde sei, sagt er da (und ahnt nicht, die verkleidete Gräfin vor sich zu haben), »weshalb darf ich nicht tun, was der Graf wohl jederzeit macht?«. Eine ziemliche Unverschämtheit.

Cherubinos besinnungslose (er bringt sich selbst in Gefahr) und rücksichtslose (aber auch andere) Schürzenjägerei hat den Vergleich mit Don Juan herausgefordert, dessen pubertäre Vorform er darstelle, oder mit dem Grafen Almaviva, der ja auch kaum ein weibliches Wesen, abgesehen vielleicht von der Gattin, in Ruhe lasse. Solche Vergleiche kränken Cherubino. Dieser junge Mensch liebt weder aus Langeweile noch aus Vergnügungssucht, weder aus purer Jägerslust am Überwältigen noch aus erotischem Männlichkeitswahn. Cherubino geht es beim Lieben immer auch um die andere Person, um die Sehnsucht. Er ist hingerissen vom weiblichen Geschlecht, das ihn lockt, verwirrt, unglücklich und glücklich macht. Cherubino kalkuliert nicht, er spielt sich beim Lieben nicht stolz oder protzig auf. Er folgt einem Trieb, als dessen verwirrtes Objekt er sich erfährt.

Dabei kann er aller Welt ganz hübsch auf die Nerven gehen. Aber Mozarts Musik steigert die Gestalt. Dieser Cherubino d'amore rührt alle Frauen und auch alle menschlich gebliebenen Männer, die ihre Pubertät noch nicht völlig verdrängt haben. Die Eindeutigkeit, die hitzige Bedingungslosigkeit seines Liebenmüssens sind für Cherubino weder bloß rauschendes Vergnügen, lustige Lust, erotische Diesseitigkeit, noch das düstere Gegenteil von alledem, also wahnsinnige Passion, höllisches Feuer, unendliches Transzendierenmüssen. Cherubino lebt erotische Ambivalenz. Die süße Not. Hitze und Kälte. Spielen und Weinen. Frechheit und Scham. Flottes Selbstbewußtsein und völligen Selbstverlust. In ihm äußert sich der Eros, aber kein clever-vergnügungssüchtiger Wille. Einem höchst gegensätzlichen Trieb unterworfen und doch reinste Einheit sein – das ist das Wunder Cherubino.

Eine »Sehnsucht« (»un desio«), »die ich nicht erklären kann«, zwingt den jungen Mann, so verrät es der Mittelteil seiner Allegro-vivace-Arie aus dem ersten Akt, von Liebe zu reden, und zwar im Wachen und im Träumen. Viermal nacheinander folgt das »un desio«. Zuerst (wir sind in B-Dur) als kleine Terz, in schmerzlichem Moll, darauf als große Sext in aufleuchtendem Dur (höher als bis zu diesem G wird die Stimme im Verlauf der Arie nicht geführt). Danach wieder als kleine Mollterz, synkopisch geschärft, und dann noch einmal als große Sext.

Deutlicher als mit Hilfe dieses unwiderstehlich klingenden und kalkulierten Wechsels kann die Schmerz-Glück-Ambivalenz pubertären Sehnens schwerlich vorgeführt werden. Entsprechendes demonstriert in dieser leidenschaftlichen Aria parlante die Beziehung der Zeilen: »Ich rede von Lieb im Wachen / ich rede von Lieb im Träumen.« Statt die Verschiedenheit von Wachen und Träumen darzubieten, machen die Töne, die hier das »Parlo d'amor vegliando« und das »Parlo d'amor sognando« ausmalen, Traum und Wachen zu etwas Analogem, Gleichartigem.

Ob dergleichen als seelenmalende Programmusik bezeichnet oder zum formimmanenten hilfreichen Zufall verharmlost wird, ficht die Gestalt nicht an, wie sie aus solchen realistischen und zugleich verklärend überhöhenden Tönen entsteht. Auch in der Ariette »Euch, holde Frauen«, die Cherubino zu Beginn des zweiten Aktes der Gräfin vorträgt, während Susanna die Gitarre zupft, geht, trotz aller Versstrenge, die beziehungsvolle Affektausdeutung und -steigerung so weit, daß Übersetzungen meist verschleiern, wie nuanciert unauffällige Tonmalerei hier eine Seele darstellt. Was auf deutsch heißt: »Ich find' nicht Frieden, Tag oder Nacht, und doch, wie selig, solch Leiden macht« (»ma pur mi piace languir così«, wörtlich übersetzt: »Aber mir gefällt's, zu schmachten so«), das wird bei Mozart lebendig. Die einander unmittelbar folgenden Verben »piacere« und »languire« erscheinen in ihrem Affektunterschied auskomponiert: »gefallen« als Septakkord, »schmachten« als verminderter Septakkord!

Da Cherubino als einzigen »Gegner« den Grafen zu fürchten hat, da er vor seiner Patin, der Gräfin, noch schrecklich viel Ehrfurcht empfindet, da er offenbar recht gern in Barbarinas Kammer verschwindet oder die liebe Susanna küßt, gerät in Vergessenheit, daß er durchaus ein Aristokrat ist und keineswegs zu jenen Unterdrückten gehört, die eines schönen Revolutionstages »mit der Antichambre in den Salon« kommen werden. Dies aristokratische Selbstbewußtsein Cherubinos mag zumindest ein wenig den Opera-buffa-Umstand erklären, daß Cherubino einen deutlichen Befehl Graf Almavivas fast sorglos zu mißachten wagt.

Seltsamerweise nimmt der junge Mann während eines besonders exzentrischen Augenblicks die Situation seines Todes ziemlich wahrheitsgemäß vorweg – seines Todes, wie ihn später die erste Szene des zweiten Aktes von *Die Schuld der Mutter* darbieten wird.

In der *Hochzeit des Figaro* schmachtet Cherubino die Gräfin an, ist aber nicht imstande, sich zu erklären. Im zweiten Akt (kurz bevor der Graf bedrohlich an die Tür pocht) ruft Cherubino, aus Schmerz darüber, daß er die Gräfin nun befehlsgemäß verlassen muß, weinend aus: »O Himmel! Warum ist es nicht erlaubt zu sterben? Vielleicht, dem letzten Augenblick nahe ... wagte es dieser Mund!« Die Gräfin wehrt Cherubinos Sterbeschwärmerei ab mit einem »Seid vernünftig: was soll diese Verrücktheit«. Daß Cherubino keineswegs nur heroisch bramarbasiert hat, erweist sich rasch. Mutig springt er, um der Geliebten zu helfen, aus dem Fenster: »Bevor ich ihr schadete, spränge ich ins Feuer.«

Aus dem letzten, nach Mozarts Tod uraufgeführten Teil von Beaumarchais' *Figaro*-Trilogie geht hervor, was später geschah. Cherubino hat die Gräfin im Schloß ihres Gatten erfolgreich verführt. Er hat sie, die ihr Leben dann vorbildlich der Reue weihte, zur Mutter eines Kindes gemacht. Die Gräfin verbannte Cherubino aus ihrer Nähe. Er verhielt sich nicht unwürdig, sondern suchte den (»Liebes«-)Tod. Vom Schlachtfeld schrieb er an die Ewiggeliebte: »Da ich Sie nicht mehr sehen darf, ist mir das Leben verhaßt, und ich werde es mit Freuden beim Sturmangriff auf ein Fort verlieren, zu dem ich mich freiwillig gemeldet habe.« Der Brief hat einen Nachsatz, rührend und blutig: »Tödlich verwundet öffne ich den Brief noch einmal und schreibe Ihnen mit dem Blut dieses schmerzliche, ewige Adieu. Gedenken Sie...« Der Rest ist von Tränen verwischt.

Von alledem wußten Da Ponte und Mozart nichts. Aber bei ihnen begegnen wir Cherubino so feurig, vielgestaltig und trotz aller Eindeutigkeit so erfüllt von unendlichem Sehnen, daß selbst dieses empfindsam-kolportagehafte Schuld- und Liebestod-Ende der Beziehung Gräfin/Cherubino nicht ganz unerahnbar ist.

Don Curzio

Tenor. Ein Richter. Stottert und ist von der raschen Wendung im Prozeß Marcellina/Figaro etwas verwirrt.
Aus: *Le nozze di Figaro*

Jemand, der in einer Opera buffa die Welt des Rechts verkörpert, hat gefälligst zu stottern. Das soll nicht unbedingt Senilität oder Idiotie anzeigen, sondern eher: Bei Juristen haben wir es nicht mit gesunden, lebensvollen Menschen zu tun, sondern mit verknöcherten, zu täppischen Silbenwiederholungen gezwungenen Figuren. Feinere Opernbesucher mögen solche Scherze über körperliche Gebrechen nicht. Sie irren sentimental: Komische Kunst darf prinzipiell über alles lachen!

Aber sind derbe Verhöhnungen des Stotterns, Hinkens, Hüstelns oder Buckligseins – nicht schreckliche »Klamotte«? Antwort: gewiß. Nur: präzise Klamotte kann etwas Herrliches sein. Hier gab es für Mozart wohl noch einen spezifischen Grund, aus Don Curzio einen Stotterer zu machen. In der Uraufführung verkörperte derselbe Sänger, Michael O'Kelly (der interessante, freilich ziemlich eitle und ungenaue Erinnerungen an die Probenarbeit hinterlassen hat), sowohl den Don Curzio als auch den Basilio. Da war es schon um des Kontrastes und der sinnfälligen Unterscheidbarkeit sehr angebracht, wenn die eine Figur stotterte.

Übrigens sagt Don Curzio – er ist ja Richter – zweimal Entscheidendes. Zunächst verdonnert er Figaro, Marcellina zu heiraten: »Entweder er bezahlt sie« (was Figaro, der einen diesbezüglichen Schuldschein unterschrieben hat, nicht kann), »oder er heiratet sie.« Das ist die bisher schlimmste Wendung gegen Figaros und Susannas Glück. Sekunden später stellt derselbe Don Curzio allerdings fest: »Er« (nämlich Doktor Bartolo) »sein Vater, sie« (Marcellina) »seine Mutter. Die Heirat« (zwischen Figaro und Marcellina) »kann nicht stattfinden.«

Damit wäre das Happy-End eingeleitet. Don Curzio wird sogar erlaubt, ein kleines Terz-Quart-Motiv ins Sextett des dritten Aktes einzuführen. Ganz umsonst soll der Mann schließlich auch nicht gelebt haben. In diesem Sextett verstärkt zwar Don Curzio (im Tenor) die Stimme und Stimmung des Grafen gegen die Gruppe der vier Glücklichen; er wird auch zusammen mit dem Grafen abgehen, dem er gewiß gern dienlich gewesen wäre. Doch unwidersprechlich offenkundige Beweise haben auf diesen Richter Wirkung ausgeübt: Er bricht das Recht nicht, sondern er spricht es. Und er münzt im Ensemble des Grafen Worte auf den Grafen um: »Er zittert, er vergeht vor Zorn.«

Erste Dame

Sopran. Höchste Stimme eines Frauenterzetts, das auf Befehl der Königin der Nacht Quasi-Walküren-Arbeit leisten muß, wenn auch auf altwienerisch märchenhafte Weise.

Aus: *Die Zauberflöte*

Allein sein darf sie nie, obzwar sie es gern wäre. Zum Beispiel, wenn sie den Prinzen Tamino, der in entzükkender Ohnmacht vor ihr liegt, gleich so wunderschön findet. Da probiert sie aus, ob sie nicht doch »Führerin« ihres Frauenterzetts sei, schickt die anderen weg. »So geht und sagt es ihr, ich bleib indessen hier.« Doch sie hat zuwenig Autorität: Die schlauen Freundinnen durchschauen den Plan, gehen ärgerlicherweise keineswegs. Ehrenhalber singt sie dann zwar als letzte: »Ich sollte fort«, aber auch das ist kaum mehr als ein Eingeständnis, leider gar nichts erreichen zu können.

Übrigens lacht sie schadenfroh, nachdem sie den armen Papageno, der Wein erhoffte, mit Wasser bestraft hat. Scheint also kein sehr ernster Mensch zu sein. Erzählt giftige Gerüchte gern weiter. Daß sie mehr Solokantilenen vortragen darf als ihre Partnerinnen, denen sie von Anfang bis Ende in einem siamesischen Drillingsschicksal verbunden bleibt, auf diese Folge ihrer exponierten Sopranstimmlage sollte sie sich nicht allzuviel einbilden. Im übrigen ist sie eine waschechte, charmante und ziemlich egozentrische Wienerin.

Zweite Dame

Mezzosopran. Mittlere Figur eines Frauenterzetts, das auf Weisung der Königin der Nacht agiert.
Aus: *Die Zauberflöte*

Exponieren oder profilieren kann sie sich schwerlich, weil alles irgendwie Charakteristischere an ihre Kolleginnen delegiert scheint. Einmal unterbricht sie kühn die erste Dame – aber nach ihrem Minisatz fällt ihr gleich die dritte ins Wort. Auf Selbständigkeit ist nicht zu hoffen, aber Zuverlässigkeit gefordert. Sollte gut aussehen, denn ihre Partie, obschon nie sich heraushebend, ist keineswegs klein.

Dritte Dame

Alt. Tiefste Stimme eines Frauenterzetts. Nur der Königin der Nacht, keineswegs der ersten Dame untertan.

Aus: *Die Zauberflöte*

Scheint die ernsthafteste der drei Damen zu sein. Sie sagt dem Prinzen, wer seine Befreier waren. Sie ermutigt ihn: »Zittre nicht.« Sie überreicht ihm im Auftrag der Fürstin Paminas Porträt – und das muß er haben, schon wegen der Bildnisarie.

Wenn sie gerade berichten möchte, wie Sarastro, sich verwandelnd, Pamina raubte, fällt ihr leider die erste Dame ins Wort; sonst wüßten wir alles ganz genau. Ihr Alt erfüllt stets phantasievoll, als schweifende Grundlage, den Terzett-Tonraum, diesem sein Fundament bietend.

Despina

Koloratursoubrette. »Aufgeklärt« bis zu flinkester, rüdester Illusionslosigkeit. Kammerkätzchen mit Abgründen.
Aus: *Così fan tutte*

Auf Geld und Vergnügen kommt es an, sonst gilt nahezu nichts für dieses realistische Mädchen. Despina befleißigt sich wahrlich keiner empfindsamen oder beschönigenden Phraseologie. Man ermesse folgendes: Dorabella hat soeben ihre wild-schmerzliche Eumenidenarie gesungen, Fiordiligi erklärt der Zofe den Grund des Schmerzes; die Geliebten müßten ins Feld. Daraus leitet Despina kühl zwei Möglichkeiten ab. Entweder kommen sie lorbeerbekränzt wieder: fabelhaft. Und wenn sie fallen, was dann? Despinas Antwort: desto besser für sie, meine Damen. Zwei verlieren sie, alle anderen bleiben. Das ist schlagfertiger Zynismus und zugleich zungenschnelle Herzlosigkeit, Gefühllosigkeit.

Wie Männer zu nehmen sind, weiß sie genau; schon mit fünfzehn scheint sie's gekonnt zu haben. Liebe ist, so viel hat sie bisher erfahren, eine Bagatelle, man muß sich sein Vergnügen sichern, nur keine seelischen Unkosten. Von älteren Herren erwartet die Reizende wenig Gutes – außer, dieselben stürzen sich ihretwegen in reale Unkosten. Dann...

Die Kleine ist schlaue Kupplerin. Bei der Verführungsinszenierung wirkt Despina unheilvoll (für ihre Herrinnen) mit. Sie trägt ihre leichtfertigen Maximen so vor, daß die Damen sich mit ihren hohen Prinzipien ein wenig blöde vorkommen müssen. Einmal (»Schon ein Mädchen von fünfzehn Jahren«, Takt 88) passiert am Ende der Arie eine plötzliche Unterbrechung, so daß die Damen gewissermaßen ergänzen können, wie töricht diejenigen sind, die weniger gerissen handeln. Die Violinen halten inne, als forderten sie zum Weiterdenken auf. »Wünschen Sie vielleicht weiter Belehrung ...«, tändelt die Gerissene sodann.

Ein Typ der Opera buffa. Ein Typus, dem man nichts wirklich übelnehmen kann, soll, wird. Nur, sie geht schon verdammt weit in ihrer bedenkenlosen Kuppelei. Sie springt hilfreich für die Albaner ein, wenn es diesen doch die Sprache verschlägt, weil sie ein bißchen fühlen, worauf sie sich einlassen, was anzurichten sie im Begriffe sind. Despina ölt den Motor der Intrige. Sie hat doch ihre Freude dran, wie ein gewisser Mephisto – »und wenn«, verheißt Despina den Albanern, sie alles machen, was sie von ihnen wolle, »dann singen sie beide, noch eh der Morgen graut, Viktoria, sie haben ihr Vergnügen und ich rufe Gloria«. Mithin intrigiert sie offenbar nicht nur um des Geldes, sondern auch um des Spaßes, des Triumphes willen. Sie identifiziert sich mit denen, die zwei Tugenden kaputtmachen und eine Wette gewinnen wollen.

Bestechlichkeit, Abgebrühtheit, unwiderstehliche Munterkeit, dergleichen muß nicht moralisch gewertet werden, weil solche Haltungen in der Buffa eine andere Funktion, einen anderen »Stellenwert« haben als im wirklichen Leben.

In ihrem Rezitativ nach Fernandos Liebesarie erwähnt Despina übrigens den »diavolo«, den »Teufel«. Zu Beginn des zweiten Aktes schimpft Fiordiligi die Despina: »Che diavolo!« Der Teufel kommt im Reden und Singen von Despina häufiger vor. Ist man auf diesen Bezug erst einmal aufmerksam geworden, dann begegnet man – im Munde von Despina und Don Alfonso während des Prestos aus dem Quartett Nr. 22 – dem Teufel erstaunt immer wieder, oder auch dem »satanas«, in dessen Namen Despina flucht. Dorabella äußert Erschrecken über einen »infernalischen« Einfall Despinas. Ob Despina, deren Melodik auch als »schlangenhaft sich windend« charakterisiert werden konnte, nicht doch etwas mehr mit dem »Bösen« zu tun hat, als es auf den ersten, belustigten Blick scheint? Sie ist eine heitere Teufelin, deren Handeln Böses bewirkt und deren Amoral den betroffenen Schwestern kaum eine Chance, sich herauszuwinden, läßt. Dämonisches muß doch nicht immer in d-Moll auftrumpfen, mit Posaunen oder Höllenchören! Die sich ihrer Bosheit kaum bewußte, auf ihre brillante Geschicklichkeit stolze Despina hat mit dem Fürsten der Hölle gewiß wenig Ähnlichkeit. Aber etwas von der Unwiderstehlichkeit des Bösen ist doch in sie eingegangen. Wenn sie als dämonische Charge auftreten würde, könnte sie – weiß der Teufel! – nicht schlimmere Wirkungen erzeugen. Es existieren eben auch raffinierte Teufelinnen in Dur, denen ahnungslose Damen unterlegen und reiche Männer nicht überlegen sind. Freilich scheint unsere Despina nur ein bißchen angeteufelt; sonst gäbe sie am Schluß der Oper nicht verlegen zu, daß sie selbst auch reingelegt und getäuscht worden sei – was sie sich übelnimmt, während es sie menschlicher und sympathischer macht.

Dorabella

Mezzosopran. Sie ist die temperamentvollere, darum auch rascher verführbare jener beiden neapolitanischen Schwestern, die zu Opfern einer männlichen Wette werden.

Aus: *Così fan tutte*

Dorabella regt sich über alle Maßen auf, während Don Alfonso seine Schreckensbotschaft vorbereitet. Entsetzt unterstellt sie gleich das Allerschlimmste, was die zurückhaltendere Fiordiligi so rüde gar nicht auszusprechen wagen würde: »Ist er tot, mein Geliebter?« Und lange bevor Fiordiligi mit ihrer »Come scoglio«-Arie auf die Situation reagiert, hören wir Dorabellas erregte Szene. Einem stürmischen Rezitativ läßt sie ihre rasend-rasche »Eumeniden«-Arie folgen, wo die junge Frau am Ende – zu immer schärferen Dissonanzen des Orchesters – in jähem Crescendo nicht weniger als zwölfmal nacheinander, wie auf einen Verzweiflungslaut fixiert, ihren Ton Es hinausschreit. Direktere, affektvollere Raserei kommt in *Così fan tutte* nicht vor und auch sonst nur selten im Bereich Mozartscher Opern. Dorabella leidet also mit höchster Intensität.

Sie steigert sich dabei keineswegs nur irgendwie lustvoll extrovertiert in einen fabelhaften Ausbruch hinein! Sie glaubt ja an das Trennungsunglück! Sie weiß nicht, worüber die Zuschauer vergnügt informiert sind und was auf der Bühne, zumindest anfangs, die Herren der Schöpfung zum Lachen bringt. Sie ahnt eben nichts von Wette und Schwindel. Auf alle »Wissenden« mag Dorabellas ekstatischer Jungmädchenschmerz gewiß ein bißchen wie Parodie wirken (zumal heftige Theaterausbrüche oft dazu tendieren, Parodien ihrer selbst zu sein). Dorabellas

Schmerz hat aber einen durchaus vorhandenen subjektiven Grund (den Drahtzieher und Zuschauer als objektiven Schwindel belachen). Als Ausdruck echten Entsetzens ist Dorabellas Arie wahrlich nicht Karikatur, sondern Komposition.

Zunächst begegnen wir zwei sorglosen Schwestern, die im Garten am Meeresstrand (Golf von Neapel) unbefangen und entzückend für ihre Liebhaber schwärmen. Wenn sie beteuern, Gott Amor solle sie mit endloser Pein bestrafen, falls sie je untreu würden (wobei diese »endlose Pein« zwar lang ausgehalten, aber ganz heiter, lebhaft und nicht im mindesten schmerzlich, sondern höchst munter vorgebracht wird), dann klingt alles sehr lyrisch-lieblich. Daß im Andanteduett trotz aller sanften Gestimmtheit Dorabellas Kantilene von heftiger Geigenbewegung begleitet wird (Zweiunddreißigstelstakkati, wie sie zu Fiordiligis seelenvollem Gesang hier nicht ein einziges Mal vorkommen), ja daß Dorabella sogar die erste eindringliche Mollwendung vorträgt: alles das deutet gewisse Differenzierungen, Charakterunterschiede zwischen den Mädchen an, die man nicht als »Zufälle« wegwischen darf, weil sie Methode haben und von Mozart sind...

Die beiden Damen – wie übrigens auch ihre Liebhaber, wie auch manchmal die Intriganten Don Alfonso und Despina – treten oft paarweise auf, singen viel gemeinsam. Walter Dirks hat dafür die entzückende Formel von der »schwesterlichen Terz« gefunden. Die offenkundigen Gruppensymmetrien verführten viele Betrachter dazu, hier hauptsächlich Balletthaftes, Marionettenartiges erkennen zu wollen und kaum Charaktere.

Doch müssen Gestalten, die oft paarweise agieren und reagieren, die so ziemlich das gleiche mögen und erleiden, darum blasser, matter, weniger charakteristisch gestaltet sein? Gewissermaßen mehr musikalisch als dramatisch entworfen? Die Königin der Nacht und ihre Tochter Pamina oder Don Giovanni und Don Ottavio lassen sich gewiß leichter auseinanderhalten als Dorabella und Fiordiligi. Aber das erlaubt nicht unbedingt den Schluß, in *Così* seien die Charaktere weniger ausgeprägt. Man kann auch umgekehrt sagen: Wenn zwei Figuren vom gleichen Schicksal betroffen werden und wenn wir beobachten können, wie sie in analogem Rahmen mit ihrem Schicksal fertig werden oder nicht fertig werden – dann erleichtert die Ähnlichkeit der Herausforderung auch den Charaktervergleich, drängt ihn auf! Im Rahmen derselben Situation zeichnen sich nämlich die charakteristischen Verschiedenheiten des jeweiligen Verhaltens durchaus exakt und vergleichbar ab. In *Così* brauchen wir nicht ungleiche, völlig verschiedene Größen einander mühselig gegenüberzustellen, sondern zwei Schwestern und zwei junge Offiziere erscheinen hier unter gleichen Bedingungen im gleichen Experiment.

Man erlebt die Phasen eines exakten dramatischen Experimentverlaufs mit. Wann wird die Widerstandskraft der Frauen erschüttert, in welcher Weise und woraufhin werden sie zugänglicher, interessierter, unternehmungslustiger, »treuloser«? Was die Männer betrifft: Wann beginnen sie, während der »Spiele« etwas Feuer zu fangen? Wann und warum setzen sie sich allmählich nicht nur unverbindlich, sondern auch wütend und nachdrücklich dafür ein – das Spiel gegen ihre Bräute zu gewinnen? (Friedrich Dürrenmatt hat einmal August Strindbergs *Totentanz* umgearbeitet zum *Play Strindberg* und dabei Strindbergs Ehekampf darstellen lassen wie einen »Boxkampf in immer kürzeren Runden«. Auch in *Così* könnte man nach jeder Szenenrunde gleichsam den Punktrichter machen und fixieren, was die Männer erreicht haben, in welchem Maße sie die weiblichen Abwehrbastionen erschütterten und vielleicht selbst auch Feuer fingen.)

Zum bösen Spiel, das in *Così* gespielt wird, gehört, daß die Männer mit diebischem Vergnügen, ohne Mitgefühl ihren Abschied verkünden – und sich über die Herztöne der Verzweiflung bei den betrogenen Frauen nur amüsieren. Gehört vielleicht sogar die Exzentrizität der Verkleideten, umstandslos einen Selbstmordversuch vorzutäuschen, was schon eine verdammt derbe Kriegslist ist. Man kann den Damen, die nie auf die Idee kommen, düpiert zu werden, nachfühlen, daß dergleichen sie erschüttert – und sollte den Herren nicht einfach zugestehen, mit solchen Einsätzen zu pokern.

Der *Così*-Kampf fängt freilich doch nicht ganz so schokoladensüß und harmlos an, wie die Anfangsszenen zu klingen scheinen. Die Musik vertuscht, was die Damen in ihrem Seccorezitativ ungeniert ausplaudern. Nachdem Fiordiligi mitgeteilt hat, wie scherzhaft ihr zumute sei an diesem schönen Morgen und was für ein Prickeln sie befeuert, wird Dorabella deutlich. Sie sehne sich nach baldigster Ehe. Und sie hat dabei wirklich nichts Platonisches in den feurigen Sinnen, sondern, klarer ließe es sich kaum sagen, den Altar Hymens.

Die Damen sind also, ich wähle ein züchtiges Wort, von vornherein »erregt«. Dorabella offenbar sogar mehr als die Schwester. Sie wird schärfer begleitet im Duett und trägt auch die erste Mollwendung vor, ihr kommt jene große dramatische Arie zu, deren loderndes Feuer man nur einmal von Teresa Berganza oder gar von Agnes Baltsa erlebt haben muß, um lebenslang kuriert zu sein von der Unterstellung, da herrsche hauptsächlich Parodie, listige Karikatur, Affekthuberei ...

Wie die Musik den reinen Abschiedsschmerz der beiden Frauen mit ihrer Disposition zu erotischer Unruhe verschmilzt, das läßt sich, vielleicht, einem lyrischen Höhepunkt des Werkes ablauschen: dem gedämpften Terzett »Weht leiser, ihr Winde«. Auffallend, ja rätselvoll, daß sich magische Trugschlußharmonien gerade auf das Wort »desir« komponiert finden – was »Wunsch, Verlangen« heißt, hier gewiß in ganz unverfänglichem Kontext steht, aber doch seltsam unvergeßlich nachklingt.

Dorabella ist die Spontanere, die Raschere. Sie liebt den erfüllten Augenblick, liebt die Liebe sozusagen – hat auch sehr wohl mitgehört, wie der Chor die Ungebundenheit des Soldatenlebens besang. Und Despina sagt es ja gleichfalls: So wie die Männer zu ihrem Vergnügen kommen, müßten es – zumal wenn so reiche, hübsche, neue, verliebte Freier zur Stelle sind – die Frauen auch tun, larala. Erleichternderweise handelt es sich bei den Fremden nicht mal um wirklich Fremde. Sondern um Freunde Don Alfonsos.

Das Selbstmordgift wirkt. Wenn schon nicht in den Adern der Schwindelnden, so in den Seelen der beschwindelten Damen. Sie verlieren Fassung und Reserve – zu Rhythmen und Dissonanzen (Finale des ersten Akts, ab Takt 112), die in *Don Giovanni* vorkamen, als Donna Anna nach der Ermordung ihres Vaters so außer sich war, daß sie Don Ottavio, ihren Verlobten, kaum mehr erkannte. Im Mitleid mit den »Selbstmördern« steckt nun aber ein Gefühlspotential, das – wie die schlauen Herren zu Recht hoffen – in Liebe umschlagen kann.

Aber Dorabella denkt ja gar nicht an Liebe. Ganz ausgeschlossen. Nur – nach den seelischen Wechselbädern des ersten Aktes kann doch nicht plötzlich Leere, Melancholie eintreten. Schließlich bedeutet Abwechslung noch keine Sünde. Und das »Herz« verändert sich überhaupt nicht, da man doch nur ein wenig Unterhaltung sucht, um nicht vor Melancholie zu sterben.

Das heißt: für Dorabella hat sich, nach dem überzeugenden Selbstmordversuch, den die schlauen »Albaner« vortäuschten, und nach Despinas »teuflischen« Tugendzersetzungsversuchen, die Tugendperspektive geändert. Warum nicht mit diesen netten Herren sich unterhalten – wenn man es erstens nur obenhin meint und wenn man zweitens darauf vertrauen kann, daß die Zofe allen eventuellen Klatsch der Nachbarn unmöglich machen würde mit dem Hinweis, die fremden Besucher seien ihre, Despinas Freunde? Ein wenig seltsam mutet allerdings an, daß Dorabella sich weniger wegen der verfänglichen Sache selbst Gedanken macht als darüber, wie der Albaner-Besuch geschickt zu vertuschen wäre. Doch selbst bei diesen Alibiüberlegungen lodert ihr fraulich-stolzes Temperament einmal auf. »Es würde niemand glauben«, daß der Besuch der Albaner Fräulein Despina gilt – sagt Fräulein Dorabella. Warum eigentlich nicht? Despina spinnt doch ein ganz gutes Täuschungsnetz. Nun, darum nicht, weil Männer, die in ein Haus gehen, wo eine Dorabella lebt, natürlich zu Dorabella wollen und nicht zur Zofe. Meint Dorabella. Überzeugt und überzeugend.

Ob sie sich etwas vormacht mit der vielmals wiederholten Behauptung, es ginge ihr nur ums Vergnügen? Diese temperamentvolle Person ist weniger »leichtfertig« als vielmehr »entschieden«, rasch entschlossen ... Wenn die Schwestern ihre neuen Liebhaber unter sich aufzuteilen planen (Klarheit kann nie schaden) und Fiordiligi doch noch zögert – dann hat sich Dorabella längst entschlossen: »Ich erwähle mir den Braunen.« Ihre Entschlossenheit bezeugt auch der militärisch punktierte Rhythmus, den sie singt und das Orchester unterstützt. Doch in diesem Duett Nr. 20, zu Beginn des zweiten Aktes, kommt noch mehr ans Licht. Von Vergnügen, »diletto«, redet bloß noch der Text – die Musik beschwört seelisches Ergriffensein. Sie läßt nämlich Mozarts Lieblingssequenz fürs reine Glück, wie wir sie aus dem Sextett im dritten *Figaro*-Akt kennen (das Mozart selbst so besonders gemocht haben soll), im Takt 52–53 dieses Duetts vorkommen.

Nun strebt das *Così*-Experiment dem Ende zu. Dorabella, die wilder geklagt hatte, liebt jetzt auch umstandsloser. Aber sie verfällt Guglielmos Werben nicht ganz ohne retardierendes Moment.

Wenn Guglielmo nämlich wieder die alte Leier anstimmt und im Rezitativ vor dem entscheidenden Duett mitleidschindend behauptet, er fühle sich so schlecht, er müsse sterben, dann erweckt dieser repetierte Trick für eine Sekunde Dorabellas Mißtrauen. »Nientissimo« – gar nichts will sie ihm daraufhin gewähren. (Ob ihr Unbewußtes sie da mahnt, schon die wirkungsvoll sympathiestiftenden Selbstmordversuche der Albaner im ersten Akt hätten vielleicht auch nicht so ernst genommen werden dürfen?)

Die kritische Anwandlung vergeht. Jetzt läßt sie sogar als fraglich erscheinen, ob sie nur scherze (was der neue Liebhaber einmal beleidigt unterstellt).

Dann erfüllt sie die Glut des Sexus, dann geschieht die Vereinigung der Herzen, dann hat sie nicht nur als erste ihrem Liebhaber den Arm gewährt beim Gartenfest, sondern sie ist auch die erste, die sich bedingungslos ergibt und dann heiter-sicher ... von ihrer neuen Liebe singt.

So erscheint Dorabella als naives, reflexionsfernes, unmittelbares Temperament, als hitzige Trauerfähige und glühend Liebesbereite. Darum überzeugt die immer wieder vorgebrachte Argumentation nicht, Dorabella passe »eigentlich« besser zu ihrem neuen Partner, dem elegant-galanten Guglielmo, als zu ihrem tatsächlichen Verlobten, dem lyrischeren, empfindsamen Ferrando. Dieses Gefühlsgeschöpf steht dem unverkennbar schwärmerischen Tenor Ferrando näher als dem souveränen Kavalier Guglielmo.

Die Trauer, die man am Ende von *Così* plötzlich empfindet, rührt also nicht daher, daß nun eigentlich die »falschen« Paare zusammen seien. Sondern sie entsteht, weil hier eine kindlich-ideale Vorstellung von »ewiger Liebe« dem zynisch besserwisserischen, besserwissenden Realismus hat weichen müssen, daß man es bei Damen so genau nicht nehmen soll, und daß Männer, wenn auch aus gutgläubiger Rechthaberei, ohne weiteres imstande sind, mit den Seelen jener Frauen, die sie zu lieben meinen, ein schlimmes Spiel zu spielen. Mozarts Melodien lassen dabei den sogenannten »personalen Eros« anmutig hinter sich, im wesenlosen Scheine.

Elektra

Sopran. Tochter des Königs Agamemnon. Nachdem ihr Bruder Orest die Mutter ermordet hatte, mußte Elektra Argos verlassen. Sie floh nach Kreta. Dort verliebte sie sich in den Königssohn Idamante – und dessen Vater scheint die Verbindung zwischen der Prinzessin und seinem Sohne zu fördern.

Aus: *Idomeneo*

Daß sie stolz ist, eifersüchtig, zur Rache, zur heftigen Selbstbehauptung oder tragischen Selbstvernichtung bereit – daran läßt Elektra von vornherein keinerlei Zweifel. Eifernd erregt tadelt sie Idamante, er beleidige das ganze Griechenland, wenn er den besiegten Trojanern und Ilia die Freiheit geben wolle. Es bereitet ihr Wut, daß eine gefangene Sklavin (immerhin die Tochter des einst mächtigen Königs Priamos) überhaupt die Möglichkeit erhält, ihr die Zuneigung Idamantes streitig zu machen.

Elektra agiert mit jenem ungehemmten Affektzorn, zu dem sich die sanftere (überdies: gefangene, verschleppte, durch Unglück scheu gewordene) Ilia schwerlich aufraffen könnte. Die Atridentochter neigt auch dazu, alles auf sich zu beziehen. Bei der Nachricht vom Tode des Königs Idomeneo denkt sie nicht an Trauer oder Mitleid mit dem Sohn, sondern nur daran, daß Idamante ja nun vaterlos sei und sich mithin frei entscheiden könne bei der Gattinnenwahl; daß ihr jetzt also leider die Fürsprache des königlichen Schwiegervaters fehle.

Ist die von Furien, Eifersuchtsgefühlen und Rachegedanken stürmisch bewegte Elektra mithin ein reiner Opera-seria-»Typ«? Sieht man sie so, dann legt man sie auf einige absolute Affekte fest. Dann kann man aber kaum mehr die innere Fülle dieser Figur wahrnehmen, ernst nehmen. Alles, was nicht zum Typ paßt, fällt dann, wie Hermann Abert dekretiert, »aus dem Rahmen ihres Charakters«[6] heraus. Anna Amalie Abert geht in ihrem dichten, konzisen Buch *Die Opern Mozarts* noch einen kritischen Schritt weiter: »Eigenartig nimmt sich zwischen diesen beiden Leidenschaftsausbrüchen der Heroine« (also den Arien Nr. 4 und Nr. 29) »ihre schwärmerische, textlich wie musikalisch konventionell anmutende Liebesarie Nr. 13 ›Idol mio, se ritroso‹ aus, mit der der Komponist aufs deutlichste gezeigt hat, daß er an einer folgerichtigen Personencharakterisierung in dieser Oper nicht interessiert war, sondern immer nur die jeweilige Situation im Auge hatte.«[7]

Sollte es wirklich ein Zeichen mangelnden Mozartschen Interesses an folgerichtiger Personencharakterisierung sein, daß die rachebrausende, stolze Elektra manchmal auch weiche, schwärmerische, glücksverlangende Züge hat? Sie ist ja sogar in der Wut (die letzten Takte – 58–64 – von Elektras Rezitativ vor ihrer ersten Arie, wo sie wild jammert: »O Zorn! O Raserei! O Schmerz... Ich ertrag es nicht mehr«) fähig, überwältigend zarte, schmerzlich chromatische Töne zu finden, die auch nicht recht in den Raster rachebrausender Leidenschaftlichkeit passen. Komponierte Mozart dort, wo Elektra sich innig, schwärmerisch oder glücklich zu äußern scheint, nur die situativen Momente, aber nicht den Menschen?

Elektras stolze Wildheit und ihr teils herrisches, teils bescheiden-inständiges Verlangen nach Liebesglück hängen zusammen. Sind gewiß nicht psychologisch feinsinnig aus einander entwickelt, lassen sich aber in den Einklang einer Gestalt bringen.

Elektra agiert ja nicht immer als wüste Furie. Sie gibt sich auch Mühe, dem atridischen Verhängniszusammenhang zu entkommen, ganz normal und glücklich zu sein. Sie sucht ihre Lebensharmonie in der Ehe mit Idamante. Wenn der König den für die Liebende so angenehmen Befehl gibt, Idamante und Elektra sollten rasch außer Landes, dann fragt sich Elektra selig: »Chi mai del mio provò piacer più dolce?« (»Wer fühlte je süßere Wonne als ich?«) Beim Wörtchen »dolce« signalisiert eine zarte Streichergeste schwebendes, entzücktes Herzensglück. Diese Geste kehrt in Elektras folgender Arie »Idol mio« beziehungsvoll wieder, und zwar gerade in dem Augenblick, da Elektra sich – gar nicht sehr stolz, eher sogar demütig – davon zu überzeugen sucht, es werde ihrer liebenden Nähe schon gelingen, aus dem Herzen des Mannes, den sie ja nun besitzt, die Gefühle für die ferne Rivalin zu vertreiben.

Zu Beginn des dritten Aktes besingt Ilia zart-verhalten die »Zeffiretti lusinghieri«, die schmeichelnden Lüftchen, die zum Geliebten fliegen sollen. Kurz vorher wendet sich auch Elektra – aber wie anders, um wie vieles ernster, pathetischer!, Diminutive liegen ihr weniger – an die Lüfte. Sie tut es in dem Moment, da sie zusammen mit dem Geliebten das Schiff betreten will, welches sie aus Kreta fortbringen soll. Der Chor hatte vorher sein »Placido è il mar« angestimmt. Dann folgt als zweite Strophe Elektras »Soavi Zeffiri« (»Lieblicher Zephir ... beruhige des Nordwindes eisigen Zorn ... Dank deiner Zartheit soll sich über alles Liebe breiten ...«).

Elektra, die Winde liebevoll beschwörend, singt hier wahrlich keine konventionellen, nett-schwärmerischen Töne, sondern ihre Kantilene ist großer Mozart, ist erhaben und tief-beseelt (zweiter Akt, Chor Nr. 15, darin Elektras Solo, Takt 23–47). Man darf sie eben nicht nur auf einen starren Rache-, Intriganten- oder Eifersuchts-»Typ« reduzieren. Diese Atridin träumt manchmal auch einen Traum von Harmonie, der durchaus paßt zu ihrer heftigen, expressiven Seelenkraft. Nur gönnt ihr das Schicksal keinen Frieden, kein Glück. Dann wird Elektra wieder die »Wilde«. Manchmal scheint es, als ahne die Unselige das Verhängnis, das ihr zubereitet ist. Und am Ende, noch geheimnisvoller, als ob sie dieses Verhängnis sogar tragisch-arrogant begrüßt.

Daß Elektras Herbheit im Gegensatz steht zur noblen Zartheit, die Ilia und Idamante umgibt, läßt sich sogar in den Ensemblesätzen wenn schon nicht »beweisen«, so doch belegen, plausibel machen. Im Quartett Nr. 21 sind die Stimmen von Ilia und Idamante im entscheidenden Moment empfindsam, paarweise geführt gegen die herberen Töne Elektras und Idomeneos. Vielleicht kann man sogar sagen, daß Elektra im Terzett Nr. 16 zwar den Ton des geliebten Idamante aufnehmen will, daß ihre Kantilene aber anders begleitet (und mithin charakterisiert wird), als es bei Idamante der Fall war. Elektras Anfang wird von gestochenen Geigen-Stakkatotönen begleitet, die bei Idamante so nicht vorkamen.

Ahnt die Prinzessin – was ja kein Widerspruch zu ihrem Glücksverlangen wäre –, »Furchtbares wird geschehen«? Wenn sie sich allein weiß – erste Arie –, erfüllt sie eine kalt rasende, nicht geheure Furienwut. Und selbst im Moment einer offenbar glücklichen Wendung des Geschehens fragt die Atridin rührend und eigentlich unmotiviert in die Mollterz absinkend: »O Götter! Was wird nun?« (zweiter Akt, Terzett, Takt 58–60).

Aber dann verkündet die Orakelstimme nicht nur, daß Idamante gerettet und Idomeneo nicht mehr König sei, sondern auch, daß Ilia Idamantes Gemahlin sein solle. Elektra hat, als einzige Protagonistin, radikal verloren.

Sie wäre nicht Agamemnons Tochter, wenn sie das achselzuckend oder mit gesittetem Bedauern hinnähme. In ihrer letzten Arie geht es nur noch um die Todesart: »Nattern und Schlangen. / Oder ein Dolch wird das Leiden in mir beenden.«

Diese letzte Arie Elektras (Nr. 29a) hat Mozart vor der Münchner Uraufführung gestrichen, weil der dritte Akt ihm zu lang wurde – und weil es ihm dramaturgisch ungeschickt schien, die übrigen Protagonisten auf der Bühne tatenlos verweilen zu lassen, weil Elektra sich verzweifelt verströmt. Für die gestrichene Arie komponierte Mozart ein kurzes Rezitativ nach: die Essenz von Elektras Abgang. Dieses Rezitativ enthält einen Verzweiflungsausbruch in donnerndem D-Dur (Allegro assai)! Danach schwankt Elektras Rezitativmusik zwischen Dur und Moll, endet in undeutlichem Moll. Doch das grell gleißende Dur ist nicht ausgelöscht. Es hat die gleiche bestürzende Wirkung, die in Elektras (gestrichener) Verzweiflungsarie am Ende gewisse Stakkatopassagen ausüben, die darum doppelt irritierend klingen, weil die Elektra-Partie sonst kaum Koloraturen enthält. Irritierend deshalb, weil man aus der vom zweigestrichenen C im Stakkato heruntergesungenen Passage ein grelles Lachen heraushört, das dem aberwitzigen D-Dur des Rezitativs entspricht.

Die Atridin bricht nicht elend zusammen, wenn das Ende mit Schrecken da ist; mit der wahnsinnigen Arroganz der tragischen Heldin jubelt sie im Untergang.

Donna Elvira

Sopran. Flammend fest entschlossen, sich an Don Giovanni, der ihr die Ehe versprach, sie aber nach drei Tagen verließ, zu rächen – falls er nicht doch zu ihr zurückkehrt.
Aus: *Don Giovanni*

In Donna Elvira mischt sich Haß auf den Treulosen mit leidenschaftlichen Empfindungen für den trotz allem Geliebten. Anfangs ist sie – aktiver und selbständiger als etwa Donna Anna – Don Giovannis fanatische Verfolgerin. Im zweiten Akt wirkt sie weniger aggressiv, sondern – zumal im Sextett – passiver. Sie liebt eben immer noch, wenn auch mit schlechtem Gewissen. Am Ende zeigt sie sich mitleidig-entsagungsvoll bereit, auf Don Giovanni zu verzichten, wenn es ihr nur gelänge, ihn zur Sinnesänderung zu bewegen und so seine Seele zu retten. Erst Don Giovannis spöttische Ablehnung dieser flehentlichen Bitten gibt ihr die alte Wildheit zurück. Nachdem ihn die Hölle geholt hat, geht sie ins Kloster.

Um Donna Elvira ist nichts Kümmerliches, Verdrucktes, Kleinkariertes, Altjüngferliches. Noblesse und eifrige Willenskraft zeichnen diese junge Frau aus – die stark im Lieben ist und sehr stark zu sein versucht im Hassen. Rückhaltlos kämpft Donna Elvira um den Mann, den sie liebt – und gegen den Ruchlosen, dem sie das Handwerk legen will. Vor allem im ersten Akt erscheint sie nicht nur als eigentliche Gegenspielerin Don Giovannis, sondern auch als das typologische Gegenstück zu Donna Anna. Sie demonstriert die vehementen Energien ihres Liebens und Hassens offen und eindeutig (während bei der Tochter des Komturs manches verborgen bleibt, was ihr Zögern vielleicht begründet).

Donna Elvira kaschiert nichts und überspielt nichts. Sie

gerät nicht außer sich, gerät nicht in Absencen oder fast in Bewußtlosigkeit während der Verfolgungsabenteuer des ersten Aktes. Sie macht von vornherein kein Geheimnis daraus, daß sie dem Sünder unter gewissen Umständen verzeihen würde. »Wenn ich den Treulosen wiederfinde, und er zu mir nicht zurückkehrt« – dann erst wolle sie ihn schrecklich bestrafen, tönt sie in ihrer Auftrittsarie. Auch diesem Engel wäre eben der Sünder Don Giovanni, falls er nur Buße tut, lieber als neunundneunzig Gerechte...

Freilich verhöhnen Don Giovanni und sein Diener Leporello die noble junge Frau zu Beginn so gnadenlos mit Wort (Registerarie) und Tat (Don Giovanni macht sich schamlos davon; später verleumdet er die Verzweifelte als »Verrückte«), daß Donna Elvira schlechthin nicht anders kann, als mit fanatisch verfolgendem Haß zu reagieren. Ungeheuerlich und ironisch demütigt ja Leporellos Registerarie den Hochsinn jener Elvira, die so besonders zu sein meint und sich nun zur bloßen Nummer degradiert findet. Gleichwohl ist sie keineswegs immer nur Opfer. Es gelingt ihr nachhaltig, auch Don Giovanni blamiert dastehen zu lassen: Wie hübsch würde sich für den Unhold mit Zerlina alles fügen, wenn nicht stets die aufmerksame Donna Elvira wie ein himmlischer Polizist dazwischenführe.

Doch Donna Elvira scheint den Seelenstreß unbedingten Verfolgens und Bekämpfens nicht durchzuhalten. Sie kann ihr Mitleid mit dem geliebten Unhold nicht unterdrücken. Wenn wir ihr – nach dem für Don Giovanni so bedrohlichen Finale des ersten Aktes, wo sie die Anführerin der Verfolger war (Attila Csampai weist in seinem Essay »Mythos und historischer Augenblick in Mozarts ›Don Giovanni‹«[8] emphatisch auf die dominierende Rolle der Elvira hin) –, wenn wir also der Donna Elvira zu Beginn des zweiten Aktes begegnen, dann erleben wir sie im schwärmerischen, sanften Selbstgespräch: Sie redet ihrem Herzen zärtlich zu, nicht zu unruhvoll zu schlagen; Mitleid für das Scheusal wäre doch Sünde. Aber die Musik demonstriert, daß dieser scheinbare Zwiespalt längst entschieden ist. Inniges A-Dur belehrt uns, daß sich Donna Elviras liebendes Herz von Donna Elviras Racheratio gar nichts sagen läßt. Don Giovanni und Leporello haben es jedenfalls nicht allzu schwer, Donna Elviras unerloschene Liebesglut zum Feuer anzufachen. Offenbar steht dieser stolzen Frau auch mehr ihre Idee des Don Giovanni vor der Seele als dessen Realität: Ohne weiteres läßt sie sich von Leporellos Don-Giovanni-Maske täuschen. Schnöde kommentiert Leporello Donna Elviras verzeihendes Aufblühen: »Seht nur, die Verrückte glaubt ihm noch einmal.«

Wenn aber der Diener ent-larvt, der scheußlich demütigende Betrug offenbar ist, dann findet die schmählich Beleidigte auffallend wenig Worte, Töne oder Koloraturen der Betroffenheit, des Schmerzes und Hasses. Im großen Sextett dominiert – auch am Ende, nach der Aufklärung der Farce – stets die weit expressivere Donna Anna. Donna Elviras Racheintensität scheint hinweggeschmolzen. Ihre Es-Dur-Arie spiegelt bloß noch Zerrissenheit zwischen Zorn und Mitleid. Donna Elvira ist am Ende die einzige, für die Don Giovannis Höllenfahrt keinen reinen Triumph bedeutet. Während alle heiter ins Leben zurückkehren, erlöst, befreit und optimistisch, äußert sie ihren Entschluß, sich ins Kloster zurückzuziehen, in e-Moll (Larghetto der Scena ultima, Takt 740–742).

Etwas »Besonderes« kennzeichnet von vornherein Donna Elvira, die noch in der Situation grausamster Demütigung – verlassen, verzweifelt, verheult, der Verrücktheit bezichtigt – einen »aspetto nobile«, einen noblen Anblick bietet! Kein Wunder, daß Don Giovanni in sie und ihre Eroberung mehr Mühe zu investieren bereit sein mußte und war, als er für seine sonstigen Opfer aufbrachte.

Er drang also nicht nur in ihr Zimmer ein, er schmeichelte und schwur nicht nur mit wohlerworbener Kunstfertigkeit, sondern er versprach Donna Elvira die Ehe und lebte nach diesem Versprechen mit ihr zusammen – wenn auch nur drei Tage. Also nicht einmal eine halbe Woche, zugegeben. Aber selbst nur so lange brauchte sich Don Giovanni seinen anderen Jagdobjekten gewiß nicht zu widmen.

Unsere »Besondere« verhält sich im Unglück unkonventionell. Als Verlassene verkriecht sie sich nicht schamvoll und geräuschlos. Sondern sie begibt sich auf die Reise, auf die Suche. Wahrscheinlich ahnt sie, bei ihrer eigentlich ziemlich aussichtslosen Verfolgungsaktion, wo zum Beispiel der Gatte ein Schlößchen besitzt.

Sie geniert sich nicht, ihr Unglück laut zu bekennen, öffentlich als Betrogene und Verleumdete dazustehen. Don Giovanni meint natürlich, es müsse und werde der Lästigen peinlich sein, Aufsehen zu erregen, laut zu bezichtigen, Skandal zu provozieren. Aber da unterschätzt er Donna Elvira. Er kennt sie zuwenig. Keine Rede von Diskretion, von züchtigem Beiseitetreten, von kluger Vorsicht: »Deine Schuld und meinen Zustand will ich allen offen zeigen.«

Woher aber bezieht diese zugleich liebende und raubtierhaft gefährliche Frau eigentlich ihre Kraft?

Sie äußert sich anders als alle übrigen Figuren des *Don-Giovanni*-Kosmos. In ihr und um sie ist die Festigkeit einer älteren, einer archaischen Zeit. Der archaisierende Tonfall scheint – im Hinblick auf Donna Elvira – nicht nur ein Mittel zu sein, mit welchem Mozart ein Verhalten oder einen Charakterzug beschreibt, sondern dies archaische Air erscheint als grundsätzliches, immer wiederkehrendes Ausdrucksmittel. Daß die berühmte Warnarie an Zerlina höchst »barock« klingt, heftig und durchgehend punktiert – irgendwo zwischen französischer Ouvertüre, dem pompösen Beginn einer Bachschen Orchestersuite und Händel –, wurde oft bemerkt und ist unverkennbar. Aber Mozart hat nicht nur diese Arie Nr. 8 zum Stilexerzitium gemacht. Energisch punktierte, gebundene Rhythmen und barocke Sequenzen kennzeichnen bereits die Auftrittsarie Elviras (Arie Nr. 3, etwa Takt 30–34, 42–45) und gewiß auch – falls man in dieser Beziehung hellhörig geworden ist – die Melodie, mit welcher Donna Elvira das Quartett Nr. 9 beginnt.

Zu Anfang umgibt also die Donna Elvira Barockhaftes. Dieses Ungewöhnliche steht offenbar im Zusammenhang mit Elviras »besonderem« Charakter: ihrer Opferbereitschaft, ihrem glühenden Mut, ihrer »seria«haften und fanatisch-wilden Entschiedenheit. Alles das macht den barocken Ton glaubhaft naheliegend, alles das wird durchs Archaische seinerseits beglaubigt! Spätestens, wenn Donna Elvira sich zurückziehen will ins Kloster, wird offenbar, daß die Dimension des Archaisch-Barocken zugleich ein Symbol gewesen ist für tiefe Religiosität.

Freilich, daß Donna Elvira sich wahnhaft verrennt, daß sie bis zur offenen Absurdität hofft und glaubt, Don Giovanni werde sich womöglich doch noch bessern und sie wieder lieben: diese Seelensturheit braucht keineswegs metaphysisch erklärt zu werden, sie könnte durchaus zu tun haben mit Donna Elviras weiblichem Stolz. Schließlich hat sie ihn ja eben noch fasziniert und an den Rand der Ehe gedrängt. Ihr Weibliches, ihr »Duft«, regt ihn offenbar immer noch auf; ihre Gestalt zieht ihn immer noch an. Solange Don Giovanni Elvira für irgendeine unglückliche Schöne hält, wirkt er lebhaft bereit, sie zu »trösten«. Donna Elviras Stolz weiß nur eben nicht, daß dem Don Giovanni eine Frau, die er einmal gehabt hat, grenzenlos gleichgültig ist, wie sie überhaupt von dem realen Mann – den sie liebte, verlor, liebt, haßt, verfolgt, retten will – keine sehr konkrete Vorstellung zu besitzen scheint. Doch für eine religiöse und fanatische junge Spanierin braucht das kein Hinderungsgrund zu sein, enorme

Leidenschaft und Entschiedenheit an den Tag zu legen. (Im Gegenteil.)

Julia Varady und Kiri te Kanawa haben in den siebziger Jahren des zwanzigsten Jahrhunderts die Jugend, die Noblesse, den Ernst und die flammende Exzentrizität der Donna Elvira vorbildlich und unvergeßlich zu verkörpern, zu rehabilitieren gewußt, haben einen Frauencharakter geprägt, der im Kloster enden muß, nachdem die Welt seinem heißen Temperament so viel versprach und so viel versagte.

In der großen nachkomponierten Es-Dur-Arie mit dem Recitativo accompagnato (Nr. 21 b) kommt Mozart zu einem melancholischen Fazit über Donna Elvira. Das Rezitativ gleicht einem Psychogramm. Immer wieder: heftiges Auffahren, dann liebendes, sanftes Seufzen. Und die Arie, mit ihren Farbwechseln, enharmonischen Verwandlungen (nur Auserwählte können das ganz sauber singen), macht die eminent lyrische Gefühlsmischung besonders sinnfällig, wie sie für die Donna Elvira des zweiten Aktes charakteristisch ist – nun ziemlich fern der barocken Selbstsicherheit und Energie ihres Anfangs. Was nach alledem bleibt, ist ein letzter, mit Hohn und Flehen endender Versuch, den Geliebten zu retten. Und der traurig gefaßte Entschluß, dem wilden Herzen eine Welt, auf der Liebe so schlecht belohnt wird, in Klostereinsamkeit zu ersparen.

Ferrando

Tenor. Schwungvoller, schwärmerisch verliebter junger Offizier. Reagiert hitzig auf ironische Zweifel an der Geliebten oder gar auf Untreue.

Aus: *Così fan tutte*

Sein ungebremster Allegroimpuls führt direkt zum Konflikt. Glühend und als erster trägt er vor, was er – gegen Don Alfonsos Skepsis – von seiner Freundin hält. Im Hinblick auf Dorabellas Liebe versteht der sonst so Muntere gar keinen Spaß. Kaum hat Don Alfonso selbstgefällig den Witz vom Phönix von Arabien gemacht, kaum schickt er sich an, über die vertrauensvoll an weibliche Schwüre und Liebesseufzer glaubenden Offiziere zu lachen – da reißen Ferrandos Beherrschung und Geduld: Solchen Spott kann er einfach nicht ertragen.

Die Absolutheit einer Liebesüberzeugung, die dieser junge Offizier keiner Bezweiflung noch Begrinsung ausgesetzt sehen will, verschuldet die Wette. Ferrando ist eben seiner Dorabella abgöttisch sicher. Auch nachdem die Geliebte schon längst auf Guglielmos Werben hereingefallen ist, liegen ihm immer noch alle wirklichen Zweifel fern. »Mit Begeisterung« spricht er, kurz bevor er eines Schlimmeren belehrt wird, darüber, wie gut er Dorabellas erhabene Seele kenne ...

Der junge Mann verträgt offenbar keinen Spott, schwärmt himmelhoch. Will aber im eingetretenen tiefen Schadensfalle die Geliebte (und sich selbst) in ein mörderisches Unglück stürzen, merkt jedoch auch in der »Schande«, daß er die Ungetreue noch liebt. Ist er demnach albern, töricht oder gar dumm?

Nein, nur sehr verliebt und gar nicht zynisch. Die Schuld

der Männer des *Così*-Kosmos (eine solche Wettkomödie überhaupt zu veranstalten und den Freundinnen herben Abschiedskummer sowie kalkulierte Liebesnöte zu bereiten), diese Schuld findet bei Ferrando eine gewisse Entschuldigung in seinem eifrigen Überzeugungsschwung, in seiner Unfähigkeit, skeptisch, blasiert, mürrisch-vernünftig zu sein.

Wie strahlend legt er gleich zu Anfang los: Eine schöne Serenade wolle er seiner Göttin mit dem gewonnenen Wettgeld veranstalten. Verfügt er da nicht über genau den gleichen, hinreißenden Brioschwung, dem wir bei Dorabella, seiner Geliebten (in der »Eumeniden«-Arie), begegnen? Ferrando darf die trübungslose, reinste, edelste, unmittelbarste Liebesmelodie des Werkes singen. Während sein Freund noch einer womöglich ausfallenden Mahlzeit gedenkt, bekennt er, was der »Odem der Liebe« seiner Seele bedeute. Keinerlei Verstellung, Ironie, Rollenverhalten relativiert Ferrandos Andante cantabile: Seine glühend-zarte Konfession steht außerhalb der Buffohandlung, und darum ist es auch enorm falsch, die Arie umzustellen, später einzufügen, wie leider gelegentlich üblich.

Keiner Figur in *Così* wird – falls man sich überhaupt entschließt, zu streichen – normalerweise mehr weggenommen als dem Ferrando. Sein relativ schwaches Duettino Nr. 7 (zusammen mit Guglielmo), aber auch seine große B-Dur-Arie aus dem zweiten Akt fallen häufig fort.

Reiner Zufall? Im Duettino, das die zügige Anfangshandlung aufhält, ohne schrecklich viel Neues zu bringen (die vermeintlich Wegbefohlenen trösten die unglücklichen Damen harmlos), findet sich eine melodische Sequenz (ab Takt 28), die eine leichte Ähnlichkeit aufweist mit einer gleichfalls melodischen sequenzierenden Stelle aus dem D-Dur-Streichquintett KV 593. Mozart hat dieses Quintett im Dezember 1790 komponiert, mit *Così* war er im Januar

1791 fertig. Das Quintett entstand also offenbar während der *Così*-Komposition. Doch um wie vieles reicher und schöner führen erste Violine und Viola die Sequenz in der Wiederholung der Larghettoeinleitung des Quintetts vor (es beginnt vierzehn Takte vor Ende des ersten Satzes und nimmt fünf Takte ein), als wir sie in unserem Opernduett hören! Offenbar mochte Mozart da beim Komponieren nicht so depressiv aus sich herausgehen: Deshalb fiel das Stück ein wenig konventionell aus, weshalb es oft in Aufführungen ausfällt.

Der in diesem Duett zutage tretende Mangel an empfindsamer Emotionalität hängt mit dem Charakter Ferrandos zusammen. Daß der junge Offizier über Brio und Schwung verfügt, liegt auf der Hand. Daß er glühend, schwärmerisch und eindeutig verliebt fühlt, wahrlich auch. Wenn er jedoch als Albaner Verliebtheit in Fiordiligi erheucheln soll, dann hat er Schwierigkeiten. Komödienlust ergreift ihn, einen italienischen Offizier des achtzehnten Jahrhunderts, gelegentlich durchaus. Aber beim Gefühlsheucheln bleibt er eben ein wenig steif. Erst nachdem er vom Sockel seiner Sicherheit gestürzt, von Kummer, Scham, Zorn (und gewiß auch Neid auf den glücklicheren Guglielmo, dessen Geliebte beständiger scheint) erfüllt ist – dann gewinnt seine Werbekantilene jenen sinnlichen A-Dur-Überschwang, der »un' aura amorosa« (»Der Odem der Liebe«) prägte und dem im A-Dur-Duett Nr. 29 nicht nur Erzengel erlägen, sondern auch Fiordiligi begreiflicherweise erliegt: Bei Ferrandos »sehr zärtlichem« Larghetto »Wende auf mich dein holdes Auge« (»Volgi a me«) beginnt Fiordiligi bald zu zittern, Sekunden später ist sie besiegt. Jetzt hat Ferrando auch seine Rache für jenen Spott, den Guglielmo ihm eben noch zuteil werden ließ – und er erinnert den Freund mit Genugtuung und wörtlichem Zitat an die Demütigung, die er von ihm empfing.

So glühend singt der getreue und sich unbedroht glaubende Liebhaber gewiß noch nicht, wenn er »sehr fröhlich« zu seiner ersten Verführungsarie ansetzt. (»Der Odem der Liebe« war ja keine Verführungsarie gewesen, sondern ein kontemplatives, schwärmerisches Solostück.) Jetzt aber hat – Nr. 24 des zweiten Aktes – Ferrando die immerhin bereits seufzende und Blicke aussendende Fiordiligi vor sich. Zunächst klingt es, als entledige er sich flüssig eines Wettauftrags. Er hat es versprochen, tut sein Bestes. Viel Überzeugungskraft ist nicht dabei. Doch dann scheint es, als käme Ferrando zumindest ein wenig in Feuer. Die Musik gewinnt kurz an Dringlichkeit. Ruhigere, flehende Stellen werden zuerst nur von der Geige, später auch von der farbig-sinnlicheren Klarinette begleitet, wodurch sanftes Schmachten ins Spiel gerät. Aber an Etüdigem, Skalenhaftem, kurz: Kaltem verbleibt in dieser nicht gerade bewegenden oder herzlichen Verführungsarie doch noch so viel, daß Mozart selber im Autograph anmerkte, die Arie Nr. 24 könnte fortbleiben.

Ferrando, der stürmische Liebhaber, ist kein Spielverderber, aber eben auch kein sehr überzeugender Schauspieler seiner Gefühle – falls mehr benötigt wird als nur witzige, gutgelaunte Verstellung. Was emotional in Ferrando steckt, erfährt man erst, wenn es in ihm zum umfangreichen inneren Zusammenbruch gekommen ist: Kummer und bedrohte Liebe machen ihn dann pathetisch ausdrucksvoll; Erniedrigung und der Wunsch, dem Freund den Triumph zu verderben, geben ihm zart glühende Verführungstöne ein. Von den Männern des *Così*-Kosmos ist er der am wenigsten schlaue, hochmütige – dafür aber der am meisten sympathische.

Figaro

Baß. Kammerdiener des Grafen Almaviva, dem er einst half. Nun Gegenspieler seines Herrn, weil Almaviva die Hochzeit zwischen Figaro und Susanna aufschieben möchte, um selber noch das Jus primae noctis mit Susanna zu genießen. In den ersten beiden Akten veranlaßt Figaro strategisch klug Verwirrendes: einen (ironischen) Huldigungschor für die gräfliche Moral, eine dem Grafen zugespielte anonyme Bezichtigung der Gräfin. Almaviva soll nervös gemacht werden, soll keine Zeit finden, Figaros Hochzeit zu verhindern. Im vierten Akt empfindet sich Figaro dann selbst als Opfer, weil die Gräfin und Susanna es für überflüssig gehalten hatten, ihn in ihre Intrige einzuweihen. Seine Überlegenheit ist nicht unerschütterlich.

Aus: *Le nozze di Figaro*

Mut, mein Schatz« – mit dieser Aufforderung verabschiedet Figaro Susanna, nachdem er in der ersten Szene von ihr erfahren hat, was sich zusammenbraut. Sie antwortet: »Und du: Köpfchen.« Sollte sie zur Ängstlichkeit, er zur Begriffsstutzigkeit neigen?

Keine Frage: manchmal kapiert Susanna flinker als Figaro. Denn hier ist der Figaro kein hin und her wirbelnder Allerweltskerl, kein Brausekopf, kein Faktotum für alle und jeden. Wäre Figaro ein rasch sich erregender Schreihals, der sich schnell entflammt und beruhigt – Almaviva hätte es mit einem solchen Gegenspieler leichter. Aber Figaro – kein Tenor, sondern Charakterbaß oder Bariton – tendiert zum Leisen und Verhaltenen. Es dauert bei ihm auffällig lange, bis Zorn ihn auch einmal zum Forte animiert. Aber dann dauert auch Figaros Zorn, ist kein kurzes Strohfeuer, sondern zielbewußt und eigensinnig.

Anfangs hat Susanna ein wenig Mühe, Figaro über die von ihr sofort begriffenen Hintergründe des neuen Zimmers ins Bild zu setzen. Sorgfältig wiederholend mißt Figaro den Raum aus, während Susanna ihn bittet, sie und ihr Hütchen doch anzuschauen. Was wegen der Lage des Zimmers umstandslos geschehen könne, wenn die Glöckchen läuten, das muß die junge Frau ihrem künftigen Eheliebsten ausführlich und in g-Moll erläutern. Figaro selbst argwöhnte gar nichts, er hatte auch noch nicht bemerkt, daß der Graf Susanna nachstellt. Allmählich versteht er. Dann aber möchte er, in finsterem und langsamem Dur, den Rest hören.

Danach, Figaro ist allein, plötzlich ein klirrendes Forte. Über den ersten Takt des Seccorezitativs, dem dann Figaros Kavatine: »Wenn Sie tanzen wollen, Herr Graf« folgt, erschrickt man, vergißt dies Erschrecken und erschrickt in der nächsten *Figaro*-Aufführung wieder. Denn aus diesem Fortetakt sticht eine Mollparallele heraus. Ein Moll, wie es neu und überraschend wirkt im Zusammenhang mit Figaro. Des Kammerdieners Gefährlichkeit blitzt auf. Auch die Kavatine zeigt das. Eine Folie von vermeintlicher Harmlosigkeit – Allegretto, F-Dur, Dreiertakt –, die, während sie erklingt, aufzuglühen scheint in Wut und mobiler Aggressivität. Über Figaros unaustilgbare Verbissenheit belehrt dringlich das in Takt 16 hinzutretende, bös bekräftigende, wiederholte »si«. Danach ertönen in der Kavatine auch jene atemlosen charakteristischen Sekunden der *Figaro*-Welt, mit denen die Ouvertüre beginnt, das »Glöckchen« droht...

Figaro ist ein pfiffiger und gebildeter Mann, dem im Augenblick äußerster Erniedrigung Vergleiche aus der klassischen Mythologie zur Verfügung stehen; er braucht Zeit, sich zu erregen, sich zum Forte zu entschließen, heftig zu werden. Dabei gibt er sich wirklich nicht schwerblütig oder schwerfällig. Aber ins Fortefeuer kommt er am leichtesten, wenn er etwas vorspielt oder imitiert: zum Beispiel in der Kavatine einen Fechtkampf mit dem Grafen oder im Finale des ersten Aktes Glanz, Gloria und Malaise des Militärs, womit er Cherubino Angst einjagt.

Figaro ist wahrlich kein sentimental-geschwollener Schwärmer, sondern ein erwachsenes Mannsbild: ruhig, wachsam, mit allen Wassern des Sich-verstellen-Könnens gewaschen. Ein Zielbewußter mit heiterem Spieltrieb. Sein gelassener Realismus geht so weit, daß er, solange er keine Angst hat, den erotischen Appetit des Grafen auf Susanna ganz »natürlich« findet. In einem großen deutschen Revolutionsdrama, das wie die *Hochzeit des Figaro* auch in den achtziger Jahren des achtzehnten Jahrhunderts entstand, in Schillers *Kabale und Liebe,* beurteilt der bürgerliche Musikus Miller die adelige Begehrlichkeit eines jungen Barons genauso unerschüttert. Miller paßt die Beziehung seiner Tochter zu Ferdinand überhaupt nicht, aber er räumt ein: »Ich verdenks ihm gar nicht. Mensch ist Mensch. Das muß ich wissen.«

Figaro kann sich auf seine Geistesgegenwart verlassen, die nicht blitzschnell, aber doch hinreichend rasch funktioniert, wie im Finale des zweiten Aktes, wo Figaro die leisen Hinweise der bedrängten Damen nach kurzem Zögern aufnimmt, so daß der erbitterte Graf zwar den Betrug ahnt, aber nicht nachweisen kann. Figaro fühlt sich sicher genug, im Finale des dritten Aktes Susanna den Arm zu reichen für einen Tanz auf dem Vulkan. Er geht so weit, den ungeschickten Cherubino, der doch schon einiges auf dem Kerbholz hat, in eine Intrige einzubauen. Er fühlt sich stark genug, im Finale des zweiten Aktes, seine drei gefährlichen, vom Recht begünstigten Gegenspieler – Marcellina, Doktor Bartolo, Basilio – kurzerhand als »Narren« zu bezeichnen.

Dieser clevere, zum Scherzen bereite Mann verliert aber seinen kühlen Kopf ganz und gar, wenn er fürchtet, Susanna mißtrauen zu müssen. So realistisch, eine schlimme Realität ruhig auszuhalten (über die er vorher noch »scherzando« spekuliert hatte), ist der verliebte Figaro eben doch nicht. Er kommt nicht auf den Gedanken, seiner Susanna auch gegen den Augenschein ein bißchen zu vertrauen, was ihm sogar Marcellina empfiehlt. Von Eifersucht zerrissen, lacht er rigolettohaft bitter über sein Mißgeschick: Er hat ja lächelnd zugesehen, wie der Graf zu einem Stelldichein geladen worden war mittels genadelter Botschaft, und eben nicht geahnt, daß ausgerechnet von Susanna die Einladung kam. Nun reagiert er enthemmt. Wenn er vorbeigeht, und der Graf fragt mit verstellter Stimme, »wer geht da«?, antwortet er voller Wut, als sei er gar keine Person mehr: »Leute gehen da.« Höchst ungalant zeiht er Susanna bei der Gräfin des Ehebruchs mit ihrem Herrn Gemahl...

Aber Mozarts Musik mindert Figaros verbalen Zorn. Die Es-Dur-Arie im Moderato – »Öffnet nur die Augen, unvorsichtige, dumme Männer« – gehört als »Weiber«-Beschimpfung gewiß zunächst zum Buffatypus. Sie äußert allen Grimm beredt-buffonesk, bilderreich, ja elegant. Die Phrase »das Weitre verschweig ich, doch weiß es die Welt« hat geradezu etwas Kennerhaftes, Süffiges: Das ist kein wilder Affektausbruch (wie ihn die Königin der Nacht, Dorabella oder Osmin manchmal produziert).

Sondern? Nun, statt direkter Wut könnte es eher wieder ein Beispiel für Figaros Imitationstalent sein. So wie er Kriegslärm und schlechte Löhnung und einen Fechtkampf und die Sechsachteltakt-Phrase des betrunkenen Gärtners phantasievoll nachzuahmen wußte, so ahmt er hier die elegante Oberflächlichkeit einer betrügerischen Weiberwelt nach, was ihm fast keine Zeit mehr läßt für die Bekundung stürmischen eigenen Schmerzes, die am Ende der Arie (Tonwiederholungen Takt 68–70) unüberhörbar wird, worauf dann die Hörner des Orchesters den vermeintlich »Gehörnten« mitleidlos verulken...

Der verbiesterte Figaro verdient die Ohrfeigen, die er im Schlußakt bezieht. Schläge, Schimpftiraden aufs andere Geschlecht sind uralter Komödienbrauch. Voller Vergnügen hält Figaro, nachdem ihm die Unschuld seiner aufgebrachten Geliebten offenbar geworden ist, seine Wangen ihren Ohrfeigen hin: Nichts Angenehmeres kann ihm passieren.

Doch selbst bei Ohrfeigen unterscheidet die Musik, was Buffaklamotte und was tiefere Bedeutung sei. Bei den schadenfrohen, lustigen Worten, seine Neugier habe Figaro einen schönen Lohn eingebracht (nämlich eine eigentlich Cherubino zugedachte gräfliche Ohrfeige), schwingen sich alle Beteiligten auf zu einer akkordisch erhabenen, dunklen Vierstimmigkeit, zu einer pathetischen Chromatik (vierter Akt, zwölfte Szene, Takt 40–44). Die gewaltige Musik lacht nicht mit. Sie erinnert an etwas anderes: daran, wie heftig Figaro gerade an seiner Geliebten sündigt. Nicht um ein Verwechslungsmißgeschick geht es da, sondern um verklärte Klage.

Fiordiligi

Dramatischer Koloratursopran. Charaktervoller und heroischer (genauer gesagt: »amazonenhafter«) als ihre spontane Schwester Dorabella, kann sie ein wenig länger, aber keineswegs gänzlich dem melodischen Werben des Versuchers widerstehen. In ihrer verzweifelt wirren Tapferkeit mitleidswürdig. Seelenvollste Figur des Werkes.
Aus: *Così fan tutte*

Die abgestorbene Eiche steht im Sturm, / Doch die gesunde stürzt er schmetternd nieder, / Weil er in ihre Krone greifen kann«: So hat Heinrich von Kleist das Schicksal seiner Penthesilea zusammengefaßt. Wenn da nicht von Sturm die Rede wäre, dürfte man diese Verse gewiß nicht auch auf den Fall von Fräulein Fiordiligi beziehen. Doch in ihrem ersten großen Solostück – der heiklen Arie »Wie der Felsen, der ohne Schwanken trotzt den Wellen, des Sturms Gefahren« (»Come scoglio«) – nimmt Fiordiligi mit der konventionellen Fels-Sturm-Metapher ahnungsvoll vorweg, was sie nicht wissen kann: nämlich daß auch ihrer Seele Gefahren eines Sturms, eines stürmisch mozartischen Liebhabers bevorstehen. Diese Arie – sie beginnt im Andante maestoso, steigert sich dann übers Allegro zum Più allegro – hat mit dem buffonesken *Così*-Dramma-giocoso so viel zu tun wie Konstanzes »Martern aller Arten« mit einem deutschen Singspiel: also ziemlich wenig. Darum liegt es offenbar nahe – wie immer, wenn Mozart über den vermeintlich fest gegebenen Rahmen einer Gattung hinausdrängt und Mischtypen schafft –, in Fiordiligis hymnischem Hohelied weiblicher Entschlossenheit das Muster einer parodierten Serianummer zu unterstellen. Die junge Frau, die sowieso bald in den Armen ihres neuen Galans landen wird, nähme demnach hier den Mund lächerlich voll und verfiele unbewußt oder sogar aus Freude an der selbstberauschten Übertreibung in ein Idiom, dessen pathetische Affektsteifheit heiter deplaziert scheint, wodurch unsere felsenfeste Bekennerin sogleich verharmlost, wenn nicht komisch wirkte.

Ein Felsen – die Mädchen aus Neapel haben da Anschauung – ragt hoch aus dem Meer, setzt Naturgewalten seine unerschütterliche Kraft entgegen. Fiordiligi macht klar, wieviel Kraft auch hinter ihrem Affekt steckt, wie mächtig himmelhoch der Felsen ihrer Seele getürmt ist. Es gibt wenige Stücke in der Opernliteratur, in denen große pathetische Sprünge über eine oder manchmal auch zwei Oktaven eine solche Rolle spielen. Von kleinlicher Enge, von kümmerlicher Häkelei kann wirklich keine Rede sein. Das hohe C kommt vor. Offensichtlich will Mozart verhindern, daß bei alledem auch nur eine Andeutung von heiterem Koloratursopran-Zwitschern entsteht. Deshalb führt er Fiordiligis Stimme in dieser Arie manchmal sogar phasenweise auffallend tief. Damit aber diese Tiefe in aller ihrer Festigkeit und Fiordiligi-Unerschütterlichkeit erkennbar werde, kontrastiert er Fiordiligis tiefen Mezzokantilenen auffallend hoch gesetzte (mit Klarinetten und Bratschen unisono laufende) Violinen!

Fiordiligi, die Erhabene. Aber ihr »seelischer Ambitus«, um eine Formel des Geigers Gidon Kremer aufzugreifen, kennt nicht nur dieses eine Extrem. Im Abschiedsquintett findet sie am Ende Wendungen von unvergleichlich schmerzlicher Innigkeit (letzte vier Takte des Quintetts), die ihre Trauer hinausheben über das, was Schwester und Verlobte da vorzuführen wissen. Und läßt nicht der große Adagioteil ihres E-Dur-Rondos erkennen, wie tief schuldbewußt – mitten im Verführungskarussell gleichsam zur Besinnung gelangend – Fiordiligi ihren vermeintlich fernen Verlobten um »Verzeihung« zu bitten suchte?

Sie ist ein Mädchen der großen Gefühle, der großen Innigkeit. Leichtfertigkeit ward ihr nicht in die Wiege gelegt. Aber die lernt sich rasch, zumal in Neapel, falls der Tag mit einem »seltsamen Prickeln des Blutes« begann. Die Verführer des *Così*-Kosmos brechen kein harmloses Blümchen, sondern einen starken Charakter.

Sie ist nicht wendig, braucht für Ängste oder Entschlüsse etwas länger als die spontanere Dorabella. Oder sollte Fiordiligi nur etwas gefühlskälter sein als die schnell klagende, rasch aufbrausende Dorabella? Sollte sie ein wenig ängstlicher, konventioneller empfinden, sich schwerer entschließen?

Daß die Geliebten – nachdem Don Alfonso undeutlichen Schrecken verbreitet hat – »tot« oder »verwundet« sein könnten, bricht zuerst emphatisch aus Dorabella heraus, Fiordiligi redet es nur nach. Aber wenn sie dann erkennt, daß die Trennung tatsächlich unabwendbar sei – dann reagiert sie um so nachhaltiger. Sie will sich mit dem Degen des Verlobten den Tod geben. Dorabella schiene das gewiß ein wenig mühselig und kraß; sie meint, schon der Schmerz als solcher könne töten ...

In seinen *Mozart-Studien*[9] hat Constantin Floros einleuchtend belegt, inwiefern bei den seriahaften Arien aus *Così* möglicherweise Lorenzo Da Pontes Text parodistische Absichten verfolge, aber keineswegs Mozarts Musik. Doch auch Floros tut, wozu so viele Regisseure tendieren: Er findet die Situation selbst harmlos. Die »bloße Tatsache«, daß ein »Verlobter abgefahren ist, kann den exorbitanten Schmerzensausbruch« nicht motivieren, meint er. Solche Äußerungen offenbaren ein häufig vorkommendes perspektivisches Mißverständnis. Man sitzt in der Oper, es beginnt in C-Dur, Buffastil herrscht: Da weiß natürlich jeder, alles muß gutgehen. Warum so viel Aufregung in einer das Alberne streifenden Verwechslungskomödie? Fiordiligi und Dorabella sitzen aber keineswegs in der Oper, sie wissen nicht einmal, daß sie Opernprimadonnen sind. Sie ahnen genausowenig, daß sie auf eine Vortäuschung, eine Wette hereinfallen. Alles trifft sie höchst direkt. Gewiß, sie sind Kunstfiguren. Doch das macht sie weder informierter noch unempfindlicher. Und das Ende der Geschichte kennen sie schon gar nicht. Jedesmal, solange es Opernhäuser und *Così*-Aufführungen gibt, erleiden sie einen gleichen szenischen Moment lebendigsten Abschiedsschmerzes. Sie fürchten, für ihre Geliebten könne die Militäraktion tödlich ausgehen.

Das heißt: die Situation, wie trickreich auch immer herbeigeführt, erscheint ihnen im Moment bedrohlich und echt. Das aber heißt, wir wohnen den Phasen eines Kampfes bei in *Così,* sind gewissermaßen Punktrichter in einem erotischen Wettstreit. Dorabella und Fiordiligi lassen Betroffenheit erkennen, wollen treu sein. Die Galane spielen Szenen vor, zu denen eine Wette und Don Alfonso sie zwingen. Wann und in welchem Maße zeigen nun die Damen Wirkung? Wann rücken sie von ihrer Unerschütterlichkeit ab, wollen sie ein bißchen Spaß haben? Wann wird aus dem Flirt Ernst? Das läßt sich ziemlich exakt bestimmen. Für die Herren gilt Analoges. Wann bemerken sie besorgt, daß die Damen zugänglich werden? Wann beginnen sie sich womöglich ein bißchen für die getauschte Partnerin zu erwärmen? Wann empfinden sie Wut und Schmerz?

Fiordiligi wird das erstemal – wenn auch in ganz unauffälliger Weise – »zugänglich«, »hörbereit«, nachdem Don Alfonso die junge Dame mit der Wahrheit getäuscht hat. Die beiden Albaner sind erschienen, die tugendhaften jungen Frauen zeigten ihnen kalte Schultern. Der »Albaner« Anwesenheit sei eine Zumutung. Jetzt wertet Don Alfonso den Umstand aus, daß Fiordiligi und Dorabella ihn als Freund ihrer Verlobten kennen. Als gut eingeführter Freund des Hauses benutzt er das infolge dieser Bekanntschaft zweifellos bestehende Vertrauenspotential und bittet damit für die Neuen: »Wenn Sie nur etwas freundlich... Es sind doch Kavaliere, dazu noch meine Freunde.« Nun läßt sich Fiordiligi durch Alfonsos Hinweise beeindrucken und fragt, was sie denn von den empfohlenen Fremden zu hören bekommen soll. So hat Don Alfonso mit einem taktischen Vertrauensmißbrauch, mit einer Untreue gegen den Geist der Freundschaft, diese erste Lücke im Panzer Fiordiligis geschaffen.

Die zweite entsteht infolge eines bedenkenlosen krassen Tricks. Der vorgespiegelte Selbstmordversuch dieser Alfonso-Freunde und »Kavaliere«, um verschmähter Liebe willen, schafft bei den erschreckten Damen Mitleid, »Erbarmen« und die berechtigte Frage in c-Moll, ob »Erbarmen in Liebe umschlagen« könne. Fiordiligis liebende Seele wehrt sich lange. Sie möchte kein Unglück verschulden. Doch die Schwester macht ihr den Weg ins – wie man hofft – nur nett unterhaltende Amüsement gefährlich leicht. Dorabella weiß nämlich längst, was sie will und wen sie will! Sie will Vergnügen, passieren wird sowieso nichts, wenn man nur vorsichtig ist. Vor allem aber hat sie bereits gewählt, während Fiordiligi noch zaudert. Nach Dorabellas: »Ich erwähle mir den Braunen« muß denn Fiordiligi halt den anderen nehmen (nicht »wählen«). Wir erleben mit, wie Dorabella sich verliebt und wie Fiordiligi in ihre Liebesbeziehung hineinschliddert, was freilich bei ihr, der Zurückhaltenderen, Gefühlstieferen, keineswegs bedeutet, sie könne dann am Ende nicht erst recht lichterloh in Feuer geraten.

Zunächst erliegt Fiordiligi offenbar weniger der Verführung durch einen bestimmten Mann, sondern dem Glück – also dem verführerischen Gefühl, wieviel Spaß es machen kann, guter Dinge zu sein. Im Duett Nr. 20 ist nicht nur viel von Vergnügen und Spaß und Wonne und Lachen die Rede, sondern die Musik spielt (zum Beispiel Takt 51–55) auf ähnlich klingende Sequenzen aus dem *Figaro*-Sextett (dritter

Akt) an, die dort aber, in einem Ensemble, das ein Mozartsches Lieblingsstück gewesen sein soll, eine Konfiguration reinen Glückes bedeutet.

Ein Vergnügen, in das sich Seele mischt und das sich doch nur einem Schwindel verdankt: dieser etwas widerlichen Konstellation begegnen wir so unentrinnbar wohl nur noch bei Kleist in *Amphitryon.* (Kleiner, gewissenloser Spaß steht ethisch zwar nicht so hoch, ist aber für Täter und Betrachter weniger quälend.) Mit seelischen Qualen, schlechtem Gewissen hat sich in *Così* fast nur Fiordiligi herumzuschlagen. Sie wurde in eine Herzensnot hineingetrickst, die auch den Drahtziehern keine Ehre macht. Während die Schwester schon am Arm des neuen Auserwählten hängt, ziert oder geniert Fiordiligi sich noch und verzieht sich samt Ferrando in die dunklere Allee. Mit der Gefahr wächst ihr schlechtes Gewissen: Statt sich der neuen Leidenschaft besinnungslos zu überlassen, schaut sie zurück, vor ihrem inneren Auge taucht die alte, eigentliche Beziehung wieder auf. Reue. Verwirrung. Fast ein braves Wieder-zu-sich-Kommen im schönen Alptraum. Sie will fliehen, Soldat an der Seite ihres Verlobten, wenn nicht vom Teufel geholt werden. Aber wieder kann sie, längst fluchtbereit, der Selbstmorddrohung (»wenn die Kraft zur Tat dir fehlt«, singt Ferrando psychologisch schlau, »führ ich selber dir die Hand«) nicht widerstehen. Die Kantilenen der beiden verschlingen sich zur Einheit. Das genügt aber immer noch nicht: Erst eine keineswegs unbeteiligt oberflächliche, heitere, irgendein Gefühlchen flott vorspielende Melodie, sondern eine authentisch langsame Mozart-Kantilene voller Herztöne, die von tiefer Empfindung sprechen, besiegt endgültig den Widerstand der Zitternden.

Es gibt eine Logik des Schwächerwerdens, eine Gravitation hin zu jener süßen Kapitulation des »Du hast gewonnen«, der sowohl unsere Heldin wie auch wir Voyeure lustvoll erliegen. Aber bereits bevor Fiordiligi ihr Herz darbietet – sie tut es schließlich wie ein überwundenes Tier, das dem Sieger die Kehle zum Biß entgegenhält –, plaudert die Musik aus, daß Fiordiligi und Ferrando einig sind, ja beinahe identisch. In ihrem C-Dur-Duett-Allegro vor dem endgültigen Zusammenbruch von Fiordiligis Widerstand duettieren Liebhaber und (kaum mehr widerstrebende) Geliebte schon flüssig, vollendet und gleichartig. Alle Differenzen sind weggeschmolzen.

Solche Einsinnigkeit herrschte kurz zuvor noch nicht ganz. Wenn Ferrando – er benutzt gern diesen offenbar stets wirkungsvollen Trick – sich als des »Todes Beute« bezeichnet, schreit die Erschreckte dissonant (Duett Nr. 29, Takt 21) »Cosa veggio« (»Ach, was seh' ich«). Es ist ein falscher Ton. Ein zum unmittelbar Vorgehenden überhaupt nicht passendes, schneidend dissonantes F zum e-Moll-Akkord, Erschrecken und Widerstand symbolisierend.

Fiordiligi ist da wild betroffen. Sekunden vorher hatte sie nach Uniformen verlangt, anscheinend außer sich, aber in Wahrheit dabei, zu sich zu kommen. Gleichsam verrückt, aber gerade doch einer vernünftigen Selbstfindung nahe. Fiordiligis relativ langsame Reaktion – das ist eben ihr Charakter – zeitigt absolut heftige Aktion, zumindest Aktionsbereitschaft. Wenn aber die neue Liebe aus der Widerstrebenden eine Hingegebene gemacht hat, dann wird Despina, die von Fiordiligi vorher durchaus noch berechtigt als Teufelin beargwöhnt, beschimpft worden war, zur lieben Helferin! Im Augenblick höchster Alptraumhaftigkeit, während der hexenhaft raschen Vorbereitungen zur (Schein-)Ehe – während der gekaufte Brautchor sogar einen angenehmen Kindersegen wünscht –, ist also Despina nicht mehr die Intrigantin, sondern die fabelhaft liebe Despinetta, »cara Despinetta«. Freundliche Worte als Indiz äußerster Selbstentfremdung.

Ein schlimmes Spiel ist mit den starken Gefühlen des ernsthaften Mädchens gespielt worden. Nach Ausbruchsversuchen (auf die Dorabella nie verfallen wäre) kehrte sich endlich Fiordiligis Seelenkraft gleichsam gegen sie. Sie erlag nicht bloßer Flatterhaftigkeit oder Schwäche, sondern ihrer Bestimmung, aufrichtig fühlen und hören zu müssen.

Die Entwicklung Fiordiligis legt noch eine letzte Reflexion nahe. Ein Tag, ein noch so sichtbar gegliederter Bühnentag, wo die Sonne im ersten Akt hoch steht und im zweiten abendlich sinkt: die Geschehniskurve eines solchen Tages setzt man instinktiv nicht einer realen Lebenszeit von vierundzwanzig Stunden gleich. Sondern einer Erlebniszeit weit längerer Art. So wie wir ja auf dem Theater umfängliche Historienstücke in wenige Zusehstunden zusammengedrängt finden und doch nicht daran zweifeln können, daß vor unserem Auge Monate vergangen seien, so verwandeln wir, an die Empfindungskurve und Entwicklung Fiordiligis denkend, den neapolitanischen Sommertag in eine viel ausführlichere Geschichte. Das macht Fiordiligis Treuebruch unversehens zu einem Geschehnis weit längerer Dauer – und verzeihlicher.

Die zwei Geharnischten

Ein Tenor und ein Baß. Auf den Helmen der beiden Geharnischten brennt Feuer, während sie Tamino zur Prüfung geleiten. Sie lesen dem Prinzen feierlich-düster eine »transparente Schrift vor, welche auf einer Pyramide geschrieben steht«. In Oktaven singen sie die ernste Weise des Luther-Chorals: »Ach Gott, vom Himmel sieh darein«, freilich zu Emanuel Schikaneders nicht bloß Feuer und Wasser, sondern alle vier »Elemente« der antiken Kosmologie anführendem Text: »Der, welcher wandert diese Straße voll Beschwerden, / wird rein durch Feuer, Wasser, Luft und Erden«. (In der Neuen Mozart-Ausgabe heißt es tatsächlich, »der, welcher *wandert*«, und nicht, wie in so vielen Aufführungen und Klavierauszügen, »welcher *wandelt*«.) Nach den sechs Strophen ihres poetisch-kontrapunktisch ausgedeuteten Chorals wenden die beiden Geharnischten sich dem Prinzen und Pamina auch gleichsam privat zu.

Aus: *Die Zauberflöte*

Daß sich über diese beiden Figuren und ihre menschlichen Eigenschaften wenig Konkretes ausmachen läßt, hängt zusammen mit ihrer Funktion, ihrer Über-Größe: Woher soll man wissen, ob die beiden eine schwere Jugend hatten oder heiteren Wesens sind, wenn sie sich mit einem objektiv gegebenen Cantus firmus identifizieren, den Mozart wohl Johann Philipp Kirnbergers *Kunst des reinen Satzes* entnommen hat und wahrscheinlich nicht einem protestantischen Gesangbuch. Dringt Papageno mit seinem Kostüm aus Vogelfedern wie aus dem Bezirk des Animalischen und Unmittelbar-Natürlichen in die *Zauberflöte* ein, so scheinen die beiden Geharnischten im flammenumlohten Halbdunkel dieses Prüfungsaugenblicks Vorboten des Todes, des Jenseitigen und Überirdischen zu sein. Figuren aus den Tiefen ägyptischer Grüfte – nicht mehr von dieser Welt...

Wenn man die beiden so versteht, sie also gar nicht mehr als Menschen nimmt, dann ist man Opfer einer gängigen, nur eben nicht völlig korrekten abkürzenden Formel geworden. Die »beiden Geharnischten« heißen nämlich nicht so. Die Partitur führt sie anders ein. Sie werden als zwei »schwarz geharnischte Männer« vorgestellt, singen ihre Choralweise und im Quartett als »erster geharnischter Mann« und »zweiter geharnischter Mann«.

Das ist keine spitzfindige Wortklauberei. Dieser kleine Unterschied hat etwas zu besagen. Die beiden sollen offenbar nicht – wie der Komtur am *Don Giovanni*-Ende – als Boten aus dem Jenseits erscheinen, sondern als Menschen, als Männer im Harnisch.

Für die mitfühlende Menschlichkeit dieser beiden geharnischten Männer (die seltsamerweise auf dem Theaterzettel der Uraufführung gar nicht vorkommen, also wohl von Mitwirkenden übernommen wurden, die Priesterrollen zu singen hatten) gibt es ein rührendes winziges Indiz. Ihr Choral kann ja gar nicht erhaben und ruhig genug herauskommen: Die beiden deutenden Motive, die Mozart dem Cantus firmus hinzufügte – nämlich die klagend-subjektiven »Seufzer«-Gesten und die unbeirrt ruhigen Stakkatoachtel des »Wanderns« –, wirken um so plastischer, je langsamer sie ertönen. Je rascher aber ein Dirigent diese annähernd fünfzig Adagio-alla-breve-Takte nimmt, weil er ihrem Gewicht nicht traut, dicke Monumentalität meiden möchte, sich vor einschläfernder Ruhe fürchtet – desto länger, ja langweiliger dehnt sich die erhabene Handlung. Tiefe, erfüllte Ruhe hingegen läßt sie unendlich reich erscheinen.

Mit Paminas Auftritt (»Tamino halt! ich muß dich sehn!«) verändert, verlebendigt sich das Tempo zum Allegretto. Und die Choralsänger (Herbert von Karajan verstand sie in seiner Salzburger *Zauberflöten*-Aufführung von 1974 so wenig als Individuen, daß er sich nicht scheute, den Cantus firmus einschüchterungshalber von einem ganzen Männerchor vordonnern zu lassen!) verwandeln sich in mitfühlende Menschen, nehmen heiter am Quartettgespräch teil. Auf Taminos ungläubig-überraschte Frage: »Was hör' ich? Paminens Stimme?« antworten die geharnischten Männer, nun gar nicht mehr bedrohlich starr, sondern eifrig beteuernd: »Ja ja, das ist Paminens Stimme! – Wohl dir, nun kann sie mit dir gehn.« Was dabei rührt, ist das wahrlich antistatuarische, freudig verdoppelnde »ja ja«. Ein munteres Parlando löst die gestrenge Choraldarbietung ab. Die beiden Geharnischten lassen sich ins glückliche Gespräch der Liebenden, die keine befohlene Trennung und kein Schweige-Mißverständnis mehr quält, widerstandslos hineinziehen. Es ist, als ob der Daseinsoptimismus der *Zauberflöte* ihre bedrohliche Fremdheit besiegt hätte.

Don Giovanni

Bariton. Junger spanischer Edelmann, der das Erjagen, das Erlegen von Frauen liebt. Berühmtester, meistgedeuteter Opernheld des achtzehnten Jahrhunderts. Fast unerkennbar geworden hinter einem Gebirge aus Interpretation und Faszination.

Aus: *Don Giovanni*

Mit Don Giovannis Da-Sein und So-Sein verbinden sich Sinnlichkeit, Glanz, Tempo; dabei verhält er sich – bei Mozart/Da Ponte – durchaus auch »undämonisch«, kümmert sich ums Speiseeis für die Gäste. Er kennt die Angst, das Erblassen und Erröten in gefährlicher Situation (was seinen enormen Mut, ja seine Abenteuerlust im Grunde um so imponierender macht), er hat Wortwitz, kann sich gut benehmen, behandelt den Diener teils kumpelhaft, teils brutal. Eide bricht er, falls sie ihm lästig werden, Warnungen nimmt er nicht zur Kenntnis. Als Liebhaber wirbt er keineswegs stets draufgängerisch-forsch, sondern er vermag auch unwiderstehlich den zärtlichen Annäherungsweg einzuschlagen (falls dieser raschen Erfolg verspricht).

Zu Beginn der Handlung tötet er in einem Zweikampf, den er lieber vermieden hätte, jenen allzu stolzen Komtur, dessen Tochter er hatte überwältigen wollen. Im Verlauf der Handlung wirft sich Donna Elvira, der er ein Eheversprechen gegeben und die er dann verlassen hat, mehrfach zwischen ihn und sein (williges) Opfer. Am Ende holt den, der weder sich bessern noch bereuen will, die Hölle.

»Man hat so viel über mich geschrieben, daß ich nicht mehr weiß, wer ich bin«, sagt Paul Valérys Faust. Uns geht es mit Mozarts Don Juan ähnlich. Unzählig vielen Musikologen, Philosophen, Professoren und Schreibtischmenschen verschaffte es anscheinend Befriedigung, über Don Juans Dämonie, seine sinnliche Genialität, seine Beziehung oder auch Nichtbeziehung zum weiblichen Geschlecht, seine siegende Erotik oder scheiternde Männlichkeit zu spekulieren. So wurde es nahezu unmöglich, den Don Giovanni, wie ihn Mozarts Ton und Da Pontes Wort definieren, nicht mit seinem dichterischen, wissenschaftlichen, journalistischen Weiterleben zu verwechseln. Ob dieser junge, abenteuerlustige Don Juan überhaupt das ist, was man einen »Don Juan« nennt? Begriff und Gestalt können unendlich weit auseinandertreten. Faust ist einmal vom Germanisten Wolfgang Böhm als »unfaustisch« charakterisiert worden. (Anmerkung für Klavierfans: Als der witzige Pianist Moritz Rosenthal einen Klavierabend des seinerzeit exzessiv berühmten Ignacy Paderewski gehört hatte, sagte er: »Das ist gewiß ein guter Klavierspieler, aber ein Paderewski ist er nicht.«)

Ein unverheirateter Mann, der seine Lust daran hat, einmal mit einer unverheirateten (ehrbaren) Frau zu schlafen, muß ein Leben lang für diese Frau sorgen, sie ehelichen: So will es das christlich-bürgerliche Tugendsystem, stets an der Erhaltung des Ganzen, kaum an der Befriedigung des subjektiv Individuellen orientiert.

Dagegen steht Don Giovanni. Ihm kommt es nicht in den erhitzten Sinn, eine Verantwortung zu übernehmen, ein Versprechen zu halten, eine Folge einzukalkulieren. Für sein Temperament zählt der Moment. Er jagt Frauen und läßt sie fallen, wenn er sie gehabt hat. Einzig das Abenteuer der erotischen Überwindung und wohl auch der männlichen Selbstbestätigung reizt ihn. Nicht nur sein Diener nimmt, wie ein Buchhalter, die Zahl der zur Strecke gebrachten Opfer ernst – sogar Don Giovanni selber bringt sein fälschlich »Champagner«-Arie genanntes Solostück (wo unser Held Festvorbereitungen plant, deren Ziel es ist, weibliche Widerstandskraft zu schwächen) zu dem mehrmals wiederholten, an den Diener-Sekretär gerichteten Fazit: »Morgen früh mußt du meine Liste um ein Dutzend erweitern.« Um seelenvollen »personalen Eros« geht es da offenbar weniger... Don Giovanni, durch prächtige physiologische und gesellschaftliche Voraussetzungen begünstigt, nimmt sich also die Freiheit zur Libertinage, zur rücksichtslosen Jagd nach Lust. Damit aber wird er – als Triebtäter, Heiratsschwindler, Unhold – zum Schreckgespenst jener, deren Leben und Miteinander basiert auf der Freiheit vom Bösen, vom Anarchisch-Gesetzlosen.

Die sittliche Freiheit, für die sich rächend Donna Anna, Donna Elvira und Don Ottavio einsetzen, und die sinnliche Freiheit, die Don Giovanni praktiziert: sie werden im ersten Finale gefeiert als »libertà«. Es ist ein großer, zugleich eindeutiger und doppelsinnig zwielichtiger Maestoso-Augenblick, wenn alle Hauptfiguren, auch Leporello, in den C-Dur-Hymnus einstimmen, ihn sich von den Lippen nehmen: »Viva la libertà.«

Don Giovanni verhält sich, milde gesagt, einseitig. Seinen Entschluß, zu sein, wie er ist, kränkeln keine relativierenden Erwägungen an. Dieser Don Giovanni macht keine vorsichtigen Pausen beim Abenteuern, etwa wenn ihm der Boden zu heiß werden müßte, weil zu viele Betrogene oder deren Angehörige Genugtuung heischen. Er sieht und spürt nicht die Leiden, die er bereitet. Ja, er selbst wirkt seltsam leidensunfähig, Jagdhunde weinen nicht. (Nicht unfähig ist er des Ärgers, des Mißmuts, der Ironie, des momentanen angstvollen Erschreckens.) Doch wenn ihm etwas peinlich ist, eine schlimme Konsequenz droht, dann wischt er alles Unangenehme einfach weg und sagt »bravo«. Auf dem Friedhof überhört er sogar die mystische Gewalt der Adagiodrohungen des Komturs, obwohl drei Posaunen sie für jedes menschliche Ohr unheimlich und eindringlich machen. Don Giovanni ist taub für den metaphysischen Ton. Er reagiert

»gleichgültig und mit Verachtung«. Zwar ruft er nicht gleich »bravo«, aber das Unheimliche wischt er vernünftelnd weg: »Es wird jemand draußen sein, der sich einen Scherz mit uns erlaubt.«

Zeigt er einmal so etwas wie betroffenes Mitgefühl für eine jammernde »Ärmste« (die er noch nicht als Donna Elvira identifiziert hat), dann bringt er ohne weiteres ein schlichtes, fast inniges »Poverina, poverina!« vor – in milden, aller Ironie oder Überheblichkeit fernen c-Moll-Wendungen. Man möchte ihn dann für einen Menschenfreund halten, gar wenn er fortfährt: »In ihren Qualen such ich sie zu trösten.« Doch wer nur einen Augenblick der Versuchung nachgäbe, auf Don Giovannis Verbindlichkeit sentimental zu reagieren, wäre schlicht hereingefallen. Leporello kommentiert nämlich beiseite: »So tröstet' er schon tausend und achthundert.«

Was bedeutet dieser radikale Jagdtrieb – samt seinen Faszinations- und Verzweiflungsfolgen für die Opfer – eigentlich dem Don Giovanni selber?

Gleich nach dem schiefgegangenen Verführungsversuch bei Donna Anna und dem tödlichen Duell (auch bei Donna Elvira drang Don Giovanni einst heimlich und leise ins Haus, die verführte er aber erfolgreich, sie verliebte sich in ihn – nur scheint halt dieses einfache Überwältigungsmodell etwas fehleranfällig, es funktioniert nicht, falls das Opfer so wild ist wie Donna Anna), nach diesen Vorfällen also spricht Leporello gewissermaßen grundsätzlich seinen Herrn an, der schwört, er würde nicht wütend reagieren. »Teurer Herr, das Leben, das ihr führt, ist – das eines Schurken.« Don Giovanni wird sogleich sehr heftig. »Und euer Schwur, Herr!« Antwort: »Ich weiß nichts von Schwüren ... schweige ... sonst gibt's ...« Na ja. Ein Herr kann lästig warnende Untergebene leicht zum Schweigen bringen.

Freilich belügt er auch sich selbst und merkt es nicht. Daß er kein Du hat, sich nicht bindet, immer nur die Überwindung und nie die Person ernst meint, dies alles rationalisiert er nämlich recht albern: für eine Frau sei er zu schade, er gehöre sozusagen der ganzen (Weiber-)Welt. Als ob die unter solchen Verteilungsumständen Wert darauf legte… In Wahrheit ist Don Giovannis Jagdtrieb, er sagt es ja selbst, für ihn so elementar wie das Essen- und Atmenmüssen. Don Giovannis erotische Ursprünglichkeit verrät sich im Prestotempo, in der widerstandslosen Raserei der sogenannten »Champagner«-Arie weitaus deutlicher als in deren nur pfiffig-geschickt heiratsschwindlerhaftem Text.

Bemerkenswert zudem, daß Da Ponte in diesem »Fin ch'han del vino / Calda la testa« ganz unübersehbar ein musikalisches Programm vorgeschrieben hat – »einige lasse das Menuett tanzen, einige die Follia, einige die Allemande« –, das den Komponisten eigentlich doch zu charakterisierender Ausführung hätte reizen müssen! Aber Don Giovanni denkt nicht daran, hier auf »Menuett«, »Follia« oder »Allemande« musikalisch anzuspielen. Sein Lustdämon hat es prestohaft eiliger. Er wird noch ein weiteres Mal zur Besserung aufgerufen – nicht vom Diener, sondern von Donna Elvira, im zweiten Finale, nachdem immerhin der Schatten des Komturs bereits über Don Giovannis und Leporellos Leben gefallen ist. Doch auf die Tränen Elviras reagiert er wieder nur mit Höflichkeit, ironischem Beifall und schließlich nicht völlig unverständlichem Abwimmeln: »Laß mich jetzt essen.«

Ganz zuletzt versucht es der Himmel – in Gestalt des Komturs –, den Helden zur Sinnesänderung und Reue zu bewegen. Don Giovanni, dessen Hand der steinerne Gast ergriffen hat, schreit laut, er muß grauenvolle Kälte erleiden. Gleichwohl gibt er nicht im mindesten nach, nennt den ihn peinigenden Todesboten »alberner Alter!«. Seine Lebensform steht mithin für ihn nie, auch nicht in einer Grenzsituation sondergleichen, zur Disposition. Er ist, was er ist, nimmt alle Mißhelligkeiten, alle Ängste, Qualen, Bezichtigungen dafür in Kauf. Fleischgewordener Elementartrieb in der Hülle eines spanischen Edelmannes.

Was so eindeutig ist, kann so eindeutig nicht sein – folgerten die schlauen Liebhaber der Psychologie. Ob da nicht ein eigentlich Impotenter überkompensiert? Ob hinter zwanghafter Schürzenjägerei nicht die Homosexualität des Wildwesthelden »machismo«haft sich verbirgt? Ob der beziehungslose Held (tausendunddrei Frauen sind sehr viel weniger, auch weniger anstrengend, als eine einzige) nicht eigentlich ein isolierter armer Hund sei, der mittlerweile stets erfolglos bleibt?

Er habe keinen Partner, sein einziger wirklicher Gegenspieler sei der Tod. Diese zumindest poetisch-schöne These hat Luigi Dallapiccola verfochten, weil beim d-Moll-Beginn der Oper und ebenso beim d-Moll-Schluß der Komtur als Symbol des Todes erscheint. Nun ist der Komtur aber anfangs gar nicht der Tod, sondern ein stolzer alter Vater, der sich zum Zweikampf aufdrängt. Und er tritt nicht nur am Anfang und am Ende auf, sondern auch während der Friedhofsszene, der Donna Annas Arie und dann erst das Finale folgt...

Die schöne, sinnige These, daß Don Giovannis einziger Gegenspieler eigentlich der am Anfang und am Ende beziehungsvoll sichtbar werdende Tod sei, läßt sich also kaum halten. Genausogut könnte man den in unseliger Herr-Knecht-Beziehung mit Don Giovanni verbundenen Leporello nennen als Partner. Denn Don Giovanni quält Leporello, falls dieser ängstlich den Gehorsam verweigert, gelegentlich bis aufs Blut, andererseits plaudert er, gut Wetter machend, auch kumpelhaft nett mit ihm – und läßt es sich gefallen, daß Leporello ihn spöttisch nachäfft (also doch nicht allzu verängstigt sein kann).

Mozarts Musik stützt die psychoanalytischen Spekulationen über Don Giovannis Abgründe überhaupt nicht. Darüber, warum er gern Frauen jage, denkt dieser unliterarische Edelmann ohnehin nur nach, wenn ihn jemand zur Rede stellt: Sich über sein Verhältnis zur Welt oder sein Seelenleben, falls dergleichen vorhanden, in ausführlichen Bekenntnisarien zu äußern liegt ihm fern. Von den Verführungsnummern abgesehen, die alle situativ motiviert sind, bietet dieser Spanier weder ausführlich monologisch sein Weltbild dar (er heißt nicht Sarastro) noch auch zornig-erregt sein Sehnen nach Liebesglückerfüllung (er heißt nicht Almaviva). Don Giovanni und die Jagd nach Frauen sind eines, sind identisch, sind sein Leben und sein Lebensgefühl: Ausführliche Reflexionsarien, Zweifelsbekundungen, Gewissenserforschungen, Güterabwägungen braucht dieser Triebtäter nicht zu äußern (was ihn, als Opernfigur, gewiß nicht unsympathisch macht, wenn es ihn auch, eben als Opernfigur, um dankbare Solostücke bringt).

»Still, mir scheint, es riecht nach Weib« (»Zitto, mi pare sentire odor di femmina«): wenn er spürt, es liegt etwas Weibliches in der Luft, setzt der Jagdtrieb ein. Dann wird Don Giovanni zielbewußt unbeirrbar. Dann verliebt er sich zumindest in sein Verliebtsein und findet betörende Melodien. Dann beobachten wir einen Spezialisten des Verführens.

Für die Zofe der Donna Elvira genügen ihm eine etwas förmliche, abgezirkelte Mandolinencanzonette und der Hinweis auf Selbstmord, falls das Fräulein sich versage. Zerlinas Herz gewinnt er mit einer A-Dur-Kantilene, die auf Zerlina so faszinierend wirkt, daß die Betörte zwar zu schwanken behauptet, aber vom ersten Ton an fixiert ist auf Don Giovannis Melodie. Bei Donna Elvira, der ziemlich Ebenbürtigen, muß Don Giovanni sich raffinierter ins Zeug legen. Im Andantinoterzett fallen ihm (als Maskiertem) auch jedesmal die unwiderstehlichsten Wendungen und Modulationen ein. Don Giovannis herrlich-überredendes, vom E-Dur üppig ins

C-Dur lenkendes »Steig herab, o schönes Glück« ist gewiß der betörendste Moment des ganzen Terzetts. (Mit solcher Musik als Kupplerin hätte jeder »Unhold« es leicht.)

Don Giovanni verfügt also über einen prinzipiell absoluten, völlig uneingeschränkten Verführungstrieb, er verfügt zudem über die Fähigkeit, sinnliche Genialität in unwiderstehliches musikalisches Werben umzusetzen. Wenn Don Giovanni beim Verführungsversuch »scheitert«, liegt es – seine mißlungene Überrumpelung der Donna Anna mag da eine heftige Ausnahme bilden – weniger daran, daß die Opfer ihn nicht »erhören« wollen, als am Dazwischentreten Dritter. Endlich verfügt er über den subjektiv-anarchischen Mut, dem peinigenden Drohen selbst des Himmels nicht nachzugeben. Wird er darum zum Extrem, zum sinnlichen Monstrum?

Auch für diesen vermeintlichen »Dämon« scheinen jene Gegebenheiten und Konventionen noch zu existieren, an welche die übrigen Personen des *Don-Giovanni*-Kosmos ganz selbstverständlich glauben. Dieser Libertin redet durchaus von Gott und Teufel.

Er ist eben kein unanfechtbarer Übermensch. Beim zunächst noch relativ unverfänglichen gesellschaftlichen Zusammensein mit Don Ottavio und Donna Anna charakterisieren Mozart und Da Ponte Don Giovanni als einen plötzlich in die Enge getriebenen Heuchler, der sich vor Angst verfärbt und mit mühseligen Tricks die Situation zu überstehen versucht. Zu sagen, in solchen Augenblicken schimmere das alte Buffaschema durch, während der »eigentliche« Charakter Don Giovannis sich in den dramatisch-großen Szenen enthülle, hieße in der Partitur willkürlich zwischen Ernstgemeintem und Konventionellem unterscheiden. Zudem haben die Autoren auch das hier in Frage stehende Quartett (erster Akt, Nr. 9) so wichtig genommen, daß selbst in homophonen Ensembleaugenblicken winzige Textunterschiede disponiert wurden. Donna Anna und Don Ottavio stellen bei Donna Elvira eine Regung verborgener Qualen fest (»d'ignoto tormento«); Don Giovanni, kühler bleibend, singt in gleicher Sekunde von verborgenen Ängsten (»d'ignoto spavento«). Er ist also immer bewußt und genau charakterisiert. In besagtem Quartett, wie auch im vorausgehenden Rezitativ, finden wir Don Giovannis Situation also brenzlig, ihn selber erschrocken. Er fürchtet, Donna Anna habe doch etwas gemerkt, beruhigt sich ein wenig, wechselt aber verdächtig die Farbe, wenn Donna Elvira ihn laut anklagt. Später macht ihn Masettos Gegenwart – während er doch gerade dabei ist, Zerlina nett einzustimmen, wobei der Bräutigam in einer Nische lauernd sichtbar wird – höchst begreiflicherweise etwas konfus. Dem am Ende des ersten Finales schlimm in die Enge Getriebenen »verwirren sich« dann die »Sinne«. Das dauert einige bange Augenblicke – bis er seinen Mut wiederfindet.

Daß Don Giovanni Angst vor dem Überirdischen spürt, dem er im Augenblick seines Unterganges so heroisch trotzen wird, erfahren wir auf dem Friedhof. Wenn die Statue entsetzlich überraschend genickt hat, singt Don Giovanni ein paar Takte lang nämlich genau die gleichen Töne wie der am Totenort vom ersten bis zum letzten Augenblick angstschlotternde Leporello.

Don Giovanni ist also kein Siegfried, der das Fürchten erst mühsam, und gar im Umgang mit einem schlafenden Weibe (!), lernen müßte, sondern er ist ein Edelmann, der sich ängstigen kann, dieser Schwäche aber rasch Herr wird. Seine »libertà« hängt, sonst könnte er sie nicht leben, mit Kraft und Mut zusammen. Auch mit Menschenverachtung, Todesverachtung, Gottesverachtung... Daß er plötzlich kurz an den Teufel »glaubt«, der die Hand im Spiel habe, oder Gott anruft im Moment drängendster Gefahr – dabei könnte es sich mehr um Redensarten als um tiefgehende Überzeugungen handeln. Wer »O Gott« sagt, braucht nicht unbedingt an Gott zu glauben...

Don Giovanni befleißigt sich im Umgang mit seinesgleichen – sonst begrüßte Don Ottavio ihn nicht wie einen alten Bekannten – durchaus guter Manieren: Er erhebt sich, wenn eine Dame ins Zimmer kommt; er kniet gleichfalls (ironisch) nieder, falls diese es, um seines Seelenheils willen, zuvor unter Tränen und ekstatisch tat.

Doch die feinen Manieren, deren er gelegentlich fähig ist, verdecken schwerlich, daß es ihm an Großmut, an Generosität fehlt. Wie gern läßt er Leporello zappeln, hungern, Angst haben – bis er ihm dann doch etwas gewährt. Muß er wirklich in seiner letzten Szene den Musikern mehrfach zurufen, die lieben Freunde sollten gefälligst aufspielen, für sein Geld könne er schließlich auch Vergnügen verlangen? Das alles wirkt seltsam ordinär. Dieser Bösewicht verdient, daß er allein essen muß (selbst wenn im letzten Bild ein paar Hübsche zur Tafelmusik tanzen oder sich dekorativ herumräkeln sollten). Einsame Mahlzeiten statt fröhlichen Tafelns sind nämlich die Bestimmung vornehmer Bühnenschurken. Don Giovanni und Scarpia demonstrieren es.

Dieser erfolgreiche »Wüstling«, der den Kummer, die Leidensfähigkeit, die müden und verhangenen Töne nicht kennt, ist zwar, wie ein Stehaufmännchen, auch nach Niederlagen sogleich wieder lebenslustig, aber er wirkt – bei aller Jagdfreude, aller Unwiderstehlichkeit – eigentlich niemals glücklich. Der große Regisseur Walter Felsenstein, dem eine kluge *Don-Giovanni*-Inszenierung und ein sehr kluger *Don-Giovanni*-Aufsatz zu danken sind, erklärte das so: »Diese Magie Giovannis ist absolut unwiderstehlich, in ihrer Ausübung besteht seine Lust, in ihr ist aber zugleich das unablässige Bedürfnis nach Steigerung, Wechsel und Vollendung begründet...«[10]

Also ein Lustverlangen, so wenig voll zu befriedigen wie jener Macbeth-Trieb des Ehrgeizes, der ja auch immer mehr und mehr wollen muß? Don Giovanni so sehen heißt, ihn recht faustisch, deutsch, romantisch sehen. Felsenstein meint: »Sein Begehren entspringt der unendlichen Sehnsucht seiner Sinne, es idealisiert das jeweilige Opfer und verwandelt es in den geforderten Zustand. Das Weib fühlt sich ihm gegenüber der Wirklichkeit enthoben und erwidert das Begehren mit einer Leidenschaft, die es bisher nicht kannte und die es auch nie mehr vergessen kann.«[10] Schöne, im Hinblick auf Don Giovannis Begegnung mit Donna Elvira, vielleicht auch mit Donna Anna, weithin zutreffende Sätze, obschon die Musik da gewiß nicht von »unendlicher Sehnsucht« spricht. Doch wenn Don Giovanni alle Frauen der Wirklichkeit enthebt, was ihm zumindest während seiner ersten Begegnung mit Fräulein Zerlina gelang (nur kam leider jemand dazwischen), warum wehrt sich dann Zerlina auf dem Schloß so sehr, Don Giovanni zu Willen zu sein, warum schreit sie – nachdem Don Giovanni sie soeben »fast mit Gewalt« weggeführt hat – neun Takte später nicht etwa lustvoll auf, sondern verzweifelt um Hilfe? So daß der ertappte Unhold sich mit törichten Bezichtigungen des Leporello herausreden muß, was ihm aber kein Mensch glaubt?

An Sinnlichkeit und glänzender Unwiderstehlichkeit mag es Don Giovanni nicht fehlen. Aber ob »Sehnsucht« und stetes Idealisierungsvermögen diesen Spanier erfüllen? Da darf man zweifeln. Denn nur seine Kantilenen haben manchmal, als bloßes Mittel zum Verführungszweck, was ihm selber, dem stolzen Wüstling, fehlt: Seele.

Guglielmo

Bariton. Offizier, der schon deshalb frohgemut wettet, seine Braut werde ihn nie betrügen, weil er sich für unwiderstehlich liebenswert hält. Weniger empfindsam als sein Freund Ferrando, dafür wohl etwas weltläufiger, selbstgefälliger, distanzierter.

Aus: *Così fan tutte*

Er übertrumpft gern seinen Freund Ferrando. Wenn die ominöse Wette geschlossen wird und Don Alfonso die beiden jungen Offiziere bittet, einen ganzen Tag lang, auf Ehrenwort, auszuführen, was er verlange, wobei der gerissene Alte hinzufügt: »Doch schwört mir, kein Wort, kein Zeichen darf euren Vielgeliebten und Getreuen unsere Wette verraten«, die beiden jungen Herren sollten vielmehr alles ohne Widerspruch tun, dann antwortet Ferrando: »Tutto!« Guglielmo steigert das noch: »Tuttissimo!« (gewissermaßen: All-Alles). Auch der Umstand, daß es ihm gelingt, Dorabella zu verführen und deren Liebhaber Ferrando zum Toben zu bringen, stärkt momentan nur sein Selbstbewußtsein, nicht seine Sorge. Denn er findet in aller männlichen (Un-)Bescheidenheit, einen Guglielmo, also ihn, würde keine Frau je vergessen können. Beim Vergleich mit Ferrando erkennt er den Unterschied zwischen sich und dem Freunde beneidenswert klar (im Rezitativ nach Ferrandos Kavatine Nr. 27): »In allen Dingen muß man mit Feinheit unterscheiden, wärs möglich, daß ein Bräutchen einen Guglielmo je vergäße? ... Ich will mich gar nicht loben, doch wenn wir uns vergleichen ... mußt du gestehen, daß ich schon eher verdiene ...« Er will sich also nicht loben, sondern ist nur ein ziemlich eitler Affe, wofür ihn alsbald die verdiente Strafe ereilt. Ferrando setzt nämlich sogleich seine äußerste Zärtlichkeit ein, um dem Freund eben das Schicksal zu verschaffen, welches dieser ihm bereitete.

Aber was haben sich eigentlich die beiden, was hat sich Guglielmo gedacht bei dieser Wette, bei diesem strahlend sicheren »Tuttissimo!«? Das darf man doch fragen. Wahrscheinlich gar nichts sehr Konkretes. Vielleicht, daß man in irgendeiner Maskerade mit irgendeinem Trick die Geliebte zu erproben und ihre felsenfeste Treue an den Tag zu bringen habe. Ob sich Guglielmo bei seinem »Tuttissimo!« wirklich ausgemalt hat, Freund Ferrando werde verkleidet mit allen erlaubten und unerlaubten, sentimentalen und betörenden Tricks Fiordiligi auf die Probe stellen? Sicher nicht.

Es lag aber in der Logik des Verkleidungseinfalls von Don Alfonso, daß es zum Partnertausch kam. Schon um nicht als Verkleidete erkannt, durchschaut werden zu können, wandten sich die beiden Männer in ihren Albanerkostümen – nachdem sie zuerst nur als Paar, also als unverschämte, kaum individuell differenzierte Eindringlinge behandelt wurden – nicht an die jeweilige Verlobte, sondern an die andere, die Schwester.

Unsere Damen entschieden sich dann freilich auch über Kreuz, obwohl die Paare, wie sie anfangs zusammen sind (der lyrisch glühende Ferrando und die spontane Dorabella – die charakterstarke Fiordiligi und der kavaliershaft intelligente Guglielmo), entgegen vielfach geäußerten Meinungen doch besser zueinander passen.

Ferrandos Verlobte erliegt als erste. Guglielmo meint aber nicht nur, ihm könne dergleichen nie passieren, sondern er wiegelt auch versnobt-blasiert des Freundes chaotischen Verzweiflungsentschluß ab: »Bist du rasend? Um eines Weibes willen, das deiner nicht wert ist, willst du dich verderben?«

Alledem liegt eine Einstellung zugrunde, in der ich den

Hochmut selbstgefällig-witziger baltischer Edelleute (die es heute leider nicht mehr gibt) wehmütig wiedererkenne. Oder, um es ortloser zu formulieren: ein hübscher Aristokratenzynismus zeichnet sich in einigen Reaktionen Guglielmos ab. Süffisant baritonale Kavaliere verhalten sich so. Dazu paßt es, daß der herzlichere, temperamentvollere Tenor, als man noch siegessicher überlegte, wie man den fabelhaften und unausbleiblichen Wetterfolg dann feiern sollte, losschmetterte: »Eine schöne Serenade will ich meiner Liebsten bringen.« Guglielmo sann da auf handfestere Freuden, er wollte nicht nur singen müssen, sondern auch tafeln dürfen. Also: »Ich zu Ehren meiner Schönen richte uns ein glänzend Mahl.« Und während dann Don Alfonso taktische Anweisungen gibt, wie die Verführungsversuche betrieben werden sollen: »Geht hinaus und erwartet mich im Garten: bald werdet ihr dort weitres von mir hören«, meldet sich in Guglielmo Appetit. Besorgt fragt er: »So wird heut nicht gegessen?« Ferrando empfindet das nicht als so schlimm. Essen könne man auch später noch, Hauptsache, der Odem der Liebe nähre die Seele...

Selbstsicher, aber nicht dumm, distanziert, aber nicht böse – so verhält sich Guglielmo im Wettgefecht. Er vermag, ehrenwortgemäß, Verliebtheit vorzuspiegeln beim befohlenen Experiment, auch wenn er beunruhigt feststellt, daß die eigene Braut in den Händen des Albaner-Kameraden sich ein wenig wohl zu fühlen beginnt.

Unwahrscheinlich, ja eigentlich unmöglich erscheint indessen, daß ein solcher Kavalier sich bereits zu Beginn der Verstellungskomödie heftig und erotisch-anzüglich engagiert. Diesem Guglielmo mußte Mozart jene zunächst als Nr. 15 komponierte »Rivolgete«-Arie streichen und sie für die Uraufführung durch die leidenschafts- und witzärmere G-Dur-Arie »O seid nicht so spröde« ersetzen! Die extrahierte »Rivolgete«-Arie ist gewiß ein brillantes Stück. Alfred

Einstein behauptet, es sei »die großartigste Aria buffa, die je geschrieben worden ist«[11]; laut Wolfgang Hildesheimer gehört sie »musikalisch zu den bedeutendsten Buffo-Arien«[12] Mozarts. In der Musik werde ein lächerlicher Galan zu einem wirklichen Mann. Doch an dieser Stelle, vorgetragen vom blasierten Guglielmo, ist die Arie einfach zu »direkt«, zu »engagiert«. In dieser Arie preist Guglielmo sich und den Freund unmißverständlich, fast zotig männlichkeits-protzend an: »Glühn vor Liebe mir die Wangen, ist wie Stahl hart sein Verlangen, was wir können, ihr sollt's hören... Und so manches wir besitzen, was sich nicht so sagen läßt.«

Obschon das Allerletzte also nicht beredet wird: die beiden Neapolitanerinnen kapieren schon, was der freche Kerl meint. Wie nachhaltig sie verstehen, zeigt ihre (als Regieanweisung hier vorgeschriebene) Reaktion: »Die Mädchen gehen wütend ab«, »con collera«.

Sich so herausfordernd, provozierend zu verhalten, das widerspricht dem Charakter von Guglielmo, wie er sich bisher darstellte. Der reißt doch einstweilen höchstens nette Witze, aber keine virilen Zoten. Statt ein rhythmisch reiches, entflammtes D-Dur-Stück, das durchaus mit Leporellos Registerarie in einem Atem genannt werden könnte, aggressiv ins Spiel zu mischen, trägt Guglielmo in Mozarts endgültiger Fassung eine kleine und ziemlich harmlose G-Dur-Arie vor, deren Andantinoverhaltenheit kaum mehr umschließt als pflichtgemäße Selbstanpreisung: »Wir sind gut gewachsen, sind zierlich, manierlich, vom Kopf bis zum Fuße.« Um die Verkleidungsposse vollends ins Lächerliche zu ziehen, weist Guglielmo sogar auf die albernen Bärte und Nasen hin.

Jetzt gehen die Damen keineswegs »wütend«, sondern wahrscheinlich nur kopfschüttelnd ab. In diesem nachkomponierten Stück fehlt eine diesbezügliche Regieanweisung.

Ein Angriff auf irgend jemandes Standfestigkeit war Guglielmos G-Dur-Beiläufigkeit gewiß nicht. Darum lacht Guglielmo auch laut, sobald er allein ist – verhalten sich die Damen nicht vorbildlich spröde, läuft die Wette nicht günstig? Die von Ivan Nagel in einer Rundfunksendung geäußerte Vermutung klingt gewiß bestechend, jene »Rivolgete«-Arie mache unübersehbar deutlich, was für eine heißdirekte Sinnlichkeit sich in Wahrheit hinter den *Così*-Scherzen verberge, hier komme das Erotische heftig heraus – und als allzu verräterisch, allzusehr die Konvention sprengend habe Mozart die »Rivolgete«-Komposition auswechseln, durch etwas Braveres ersetzen müssen. Ein Blick aufs »Ganze« – auf den Charakter des Guglielmo – macht eine weniger bestechende Vermutung entschieden wahrscheinlich: Es war die Logik von Guglielmos Verhalten, es war die noch harmlose Situation der Wettpflichterfüllung zu diesem Zeitpunkt, die den Austausch nahelegte und zum G-Dur-Andantino-Stück führte.

Im Moment dieser ersten Guglielmo-Arie stehen noch zwei aufrichtig, neugierig und zurückhaltend reagierende Frauen auf der Bühne, dazu zwei Kuppler, die bislang wenig erreicht haben (Despina, Don Alfonso), sowie zwei vergnügte junge Männer, die einen Maskenscherz vorführen.

Wann aber ändert sich das für Guglielmo und warum? Eine entscheidende Stufe des »Reserviertseins« lassen die beiden vom Selbstmordversuch samt schrecklichem »Magnetismus« doch beeindruckten Damen offenbar einfachheitshalber genau in der Pause hinter sich.

Wenn die Herren im zweiten Akt zum erstenmal auftreten, im »Duett mit Chor«, umgeben von »reich« gekleideter Dienerschar, dann wissen Guglielmo und Ferrando noch gar nicht, daß die Damen mittlerweile den Entschluß ins Auge gefaßt haben, ruhig ein unschuldiges Amüsement zu riskieren. Auch die Duettmusik weiß es nicht, sie klingt wirklich nicht prickelnd oder »erregt«, sondern verhalten, serenadenhaft, Es-Dur-selig, dazu vielleicht ein wenig üppig, schlaff. (Keine schlechte Voraussetzung, in heißer Sonne doch an Haltung zu verlieren.)

Dann passiert es: Den vermummten Liebhabern wird flau zumute. »Dem Liebenden lähmt Amor alle Glieder«, gesteht Guglielmo betroffen, dem auf einmal nichts Verführerisches mehr einfällt, so daß Don Alfonso mit Konversationshilfe einspringt und die Damen sogar ausdrücklich darum bitten müssen, die (eben noch so unternehmungslustigen) Fremdlinge sollten doch Worte und Wünsche kundtun.

Guglielmo führt sich nun zunehmend schizophren auf. Einerseits kriegt er mit, daß seine Verlobte (um die sich Ferrando »kümmert«) ein wenig Wirkung zeigt. »Weh mir«, schreit er. Andererseits ist er Manns genug, sich Dorabellas raffiniert anzunehmen. Guglielmos Selbstbeherrschung, sein Zynismus, seine Souveränität reichen jedenfalls aus, ihn diese Kavaliersschizophrenie – für seine unselige Braut zu zittern, die des Freundes aber zum seligen Zittern zu bringen – ohne Ausflippen bis zum Ende des Stückes durchhalten zu lassen. Im Larghetto der Alptraumhochzeit am Ende der Oper, wenn die Vermählung Albaner/Neapel stattfindet, verliert sich nämlich Ferrando in wunderschöne Passagen, Guglielmo aber, der Kühlere, bleibt auch hier Herr der absurden Situation. In giftigem Parlando murmelt er störende Töne ins As-Dur-Quartett: »Möchte doch der Wein vergiftet sein für das list'ge, ehrvergeß'ne Weiberpack.«

Ein gewisses Pathos der Distanz steht Guglielmo also durchaus zur Verfügung – und auch Ironie, mit der er vorsichtig-schadenfroh dem Freund, dessen Geliebte ja zuerst »umfiel«, die Niederlage beigebracht hatte: »Ein bißchen Zweifel könnte nicht schaden«, »Es ist stets heilsam, in dieser bösen Welt Argwohn zu hegen.« Vielleicht war sein Mitleid auch echt, vielleicht wollte er den armen Betrogenen wirklich nicht betrüben. Selbst unbetroffen, singt er jedenfalls zunächst noch seinen maßvoll, monostatoshaft plappernden Buffoangriff auf die Frauen – »Mädchen, so treibt ihr's mit allen«. Er tut es gewissermaßen stellvertretend für »alle« Männer. Daß ihm selbst dergleichen passiert, ist für ihn schwer vorstellbar.

Souveränes Selbstgefühl schlägt um in maßloses Gekränktsein und unmäßige Weiberverachtung – »des Teufels Braut ...! Verräterin, Diebin, Hündin« –, wenn sich Guglielmos vorhersehbares Geschick erfüllt hat. Zwar findet er natürlich zu Fiordiligi zurück, aber was sollte ihn nunmehr und für alle Zukunft daran hindern, seine Bonhomie mit hochmütiger Ironie zu mischen?

Idamante

Kastratenpartie (für eine konzertante Wiener Aufführung von Mozart zur Tenorrolle verändert; falls die Münchner Uraufführungsfassung gewählt wird, muß heute ein Mezzosopran den Idamante – als Hosenrolle – singen). Sohn des Königs von Kreta. Unschuldiges Opfer. Leidet lange daran, erst spät zu entdecken, daß er von Ilia innig wiedergeliebt wird, und erst im dritten Akt darüber aufgeklärt zu werden, warum sein Vater ihn anfangs so kränkend mied, wegbefahl, von sich stieß.

Aus: *Idomeneo*

Diesen jungen Mann, zumal wenn eine lyrische Frauenstimme ihn singt, umgibt viel weiche Trauer. Er ist das – subjektiv und objektiv vollkommen unschuldige – Opfer eines väterlichen Gelübdes. Wenn er überhaupt etwas tut, dann nur Gutes und Liebes. So verhält sich Idamante gutmütig und hochherzig zu den gefangenen Trojanern, die er in Freiheit entläßt (allerdings wohl auch, weil sie Landsleute der von ihm geliebten Ilia sind). So spricht er mitleidsvoll und freundlich einen leidenden Schiffbrüchigen an, noch lange bevor er erkannt hat, daß dieser Fremde am Strand sein Vater ist. Und wenn ihm der König befiehlt, mit der temperamentvollen Prinzessin Elektra möglichst rasch außer Landes zu gehen, dann seufzt Idamante zwar schmerzlich, Ilias wegen, aber er weigert sich nicht. Gegen den Willen des Königs oder der Götter ernstlich aufzubegehren käme ihm kaum in den Sinn. Sein Vater Idomeneo reagiert da viel aufsässiger und erbitterter; Elektra schäumt sogar vor Wut. Idamante indessen ist ein lyrischer Schmerzensmann, dem nur gelegentlich ein paar herbere Ausrufe entschlüpfen. Kein sehr aufregender Prinz also.

Daß er nicht flucht, nicht heftig gegen das Schicksal aufbegehrt, nicht intrigiert, bedeutet aber keineswegs, er habe keinen innig-entschiedenen Willen, bedeutet auch keineswegs, er vermöge sein liebendes Gefühl nicht in innige Kantilenen zu verwandeln. Und bedeutet schon gar nicht, er sei schwächlich, feige. Im Gegenteil: wenn er gar nicht mehr weiter weiß, dann zieht er sogar zum Kampf gegen das bösartig bedrohende Kreta-Seeungeheuer, in der Hoffnung, den Tod zu finden. Aber er besiegt das ruchlose Untier und muß mit allen seinen Liebes- und Verbannungsproblemen weiterleben.

Von der schmerzlich-verzweifelten Ilia läßt er sich gleich zu Anfang »mit Ironie« behandeln, was ihn aber überhaupt nicht irritiert oder in seinen guten Vorsätzen gegen die Trojaner beirrt. Ja, er vergleicht die von ihm geliebte Ilia sogar schwungvoll mit der berühmtesten Frau des Altertums: »Helena bewaffnete Griechenland und Asien, und nun entwaffnet und vereint diese junge Heldin, die lieblichste und schönste Prinzessin, Asien und Griechenland.« Riesigere Komplimente kann Ilia eigentlich nicht verlangen. Aber anfangs ist sie offenbar noch zu schmerzgebeugt, um da gebührend hinzuhören. Wie innig rein Idamantes Seele fühlt, belegt eine herrlich machtvoll sich erhebende Sehnsuchtssteigerung: »Ma me'l cica il labbro almeno« (»Doch deine Lippen sollen es sagen«). Sein liebendes Temperament ist gewiß nicht ohne Feuer – daß es gleichwohl anfangs so gedämpft wirkt, hängt zusammen mit Idamantes prinzlicher Schüchternheit und natürlich auch damit, daß die Verstoßung, die sein Vater über ihn verhängt, ihn bekümmert, schmerzt, ihm Leben und Lieben überschattet.

Diese offene, rein empfindende Seele kann mit den undeutlichen Katastrophenzusammenhängen, in die sie verstrickt wird und an denen sie weiß Gott schuldlos ist, überhaupt nicht fertig werden. Idamante ist »schmerzerfüllt«. Ganz still und doch herzzerreißend atmen die Pausen, wenn Idamante sagt: »Nun denn, ich will gehen! ... Doch wohin? O Ilia, o Vater!« Nikolaus Harnoncourt hat diese tropfenden, völlig mutlosen, erlöschenden Rezitativsilben des Idamante (unmittelbar vor dem Quartett des dritten Aktes) so bewegend depressiv dirigiert, so trostlos melancholisch vor allem die Frage: »doch wohin?«, daß wenige pp-Moll-Takte sich verdichteten zu einem unvergeßlichen Mozart-Moment. Eine solche – sag ihm, aber sag's bescheiden – Schmerzfähigkeit steckt in Idamante, der immer für alle das Beste will. Wenn er zu spüren beginnt, daß seine Liebe von Ilia erwidert wird, sind ihm einige Augenblicke reinen lyrischen Glückes erlaubt. Aber kein Überschwang. Eigentlich klingt die Aussage, mit der Idamante das A-Dur-Liebesduett beginnt, ekstatischer als seine zarte, aber gewiß nicht überschwengliche Liebeskantilene. Auf Ilias Geständnis antwortet er nämlich: »Wenn ich bei diesen Worten nicht sterbe, dann ist es nicht wahr, daß Liebe tötet...«

Ein dezenter Prinz, voller reiner Empfindungen. Endlich zu erfahren, daß er vom Vater Neptun als Opfer versprochen worden sei, wirft diesen jungen Märtyrer nicht zu Boden, sondern es erleichtert ihn förmlich! Nun weiß der brave Jüngling doch, daß er dem Vater keinen Grund gegeben hat, zu zürnen; nun weiß er, warum sich Idomeneo so kränkend und verwirrt und abweisend betrug. Auch in der Partie des Idamante findet sich Dunkles, ja sogar ein kurzes Tremoloerschrecken. Wenn der Sohn erleben muß, daß sein Vater ihn nicht umarmt, sondern wegschickt: dann glaubt dieser lautere Jüngling sich sinnverwirrt, dann stöhnt sogar er: »grausame Götter«. Es ist eine Frage der Relationen. Weil andere *Idomeneo*-Protagonisten sich sehr viel ekstatischer, leidzerrissener, expressiver äußern im Schmerz und

Erschrecken – darum wirkt Idamante selbst im heftigen Unglück unerschütterlich, wie ein standhafter Prinz, wie ein liebenswerter zarter Märtyrer.

Idomeneo

Tenor. König von Kreta. Versprach, in Seenot und Todesangst, dem Gott Neptun, falls er gerettet würde, ein Opfer: die erste Person, der er nach seiner Rettung begegnete. Das war dann – sein Sohn. Nun hat der schuldig gewordene König nichts anderes mehr im Sinn als Vorwürfe, die dem Gelübde und dem grausamen Schicksal gelten, als Ausflüchte (der Sohn soll weggeschickt werden, vielleicht beruhigt sich der Gott auch so irgendwie). Der unglückliche König sagt seinem Sohn nicht, weshalb er ihn meidet. Erst die schlimme Reaktion des Gottes, den Idomeneo zu prellen versuchte, bringt den König so weit, sein Versprechen verzweifelt erfüllen zu wollen.

Aus: *Idomeneo*

Mehrfach wies Mozart in seinen Briefen darauf hin, daß er die Figur des Idomeneo anders komponiert hätte, wenn ihm ein anderer Sänger als der ziemlich betagte Tenorist Anton Raaff für die Uraufführung geboten worden wäre. »... der Raaff ist der beste, Ehrlichste Mann von der Welt, aber – auf den Alten schlendrian versessen – das man blut dabey schwitzen möchte; – folglich sehr schwer für ihn zu schreiben ... wie par Exemple die Erste aria Vedròmi intorno Etc: wenn sie sie hören werden, sie ist gut, sie ist schön – aber wenn ich sie für Zonca« (einen anderen Münchner Künstler) »geschrieben hätte, so würde sie noch besser auf den Text gemacht seyn« (so im Brief vom 27. Dezember 1780)[13]. Und ein paar Monate später, nach längst erfolgter Uraufführung bei der Erörterung des leider nicht in die Tat umgesetzten Planes, *Idomeneo* zu übersetzen, für Wien: Ich hätte »recht gerne meine Oper von München zum übersetzen gegeben – die Rolle des Idomenè hätte ich ganz geändert – und für den fischer im Baß geschrieben«[14].

Also: weder mit dem, was er dem Tenor Raaff zumuten konnte, war Mozart ganz zufrieden, noch auch mit dem Umstand, daß er diese Rolle überhaupt einem Tenor anvertrauen mußte. Diese doppelte Unzufriedenheit Mozarts haben viele Forscher ausgewalzt. In der Sekundärliteratur fehlt es denn auch nicht an zahllosen schlechten Noten für des Idomeneo Töne. Hat nicht Mozart diese mehr oder weniger respektvolle Nörgelei durch seine eigenen kritischen Hinweise gewissermaßen sanktioniert?

Aber wenn ein Genie durch irgendwelche Umstände zu wohlerwogenen, »blutschwitzenden« Notlösungen provoziert wird, dann nützt das ständige interpretatorische Wiederkäuen des »gilt nicht« doch wenig. Lohnender und lustiger ist allemal die Erörterung der gefundenen Lösung.

Idomeneo steht im Mittelpunkt eines Katastrophenstücks und kann – außer der für ihn (fast) unmöglichen Opfertat – eigentlich nichts mehr tun. Todesangst trotzte ihm einen folgenschweren Eid ab, bevor die Oper begann. Kein Geringerer als sein Sohn wird zum Opferlamm des Gelübdes. Nun ist Idomeneo verbittert-grüblerisch. Wo es keinen Ausweg vor der Katastrophe gibt (höchstens eine Ausflucht), da hilft womöglich Verlangsamung. Finstere Meditation im Rezitativ. So wie Lion Feuchtwanger im *Jefta*-Roman den Gott, der ein analoges Gelübde so ausnutzt, grimmig attakkiert: »er war lecker, der Gott« – so nimmt der König von Kreta Neptuns Grausamkeit nicht einfach hin ... Anders als sein fast schon märtyrerhaft gutartiger Sohn lehnt er sich gegen das Schicksal mit Vorwürfen, Flüchen, Entsetzensbekundungen auf. Hat er schließlich erfahren, daß Arbaces Ratschluß nichts gegen den göttlichen vermag, dann endet zwar Idomeneos kurze Euphorie, nicht aber sein polemisches Aufbegehren gegen Neptuns Willen. Es ist kein psychologischer Prozeß, sondern vielmehr ein transpsychologisches Einrasten, Sich-Einfühlen ins gegebene Wertesystem, wenn Idomeneo begreift, daß keine Flucht hilft, kein Fluchen, sondern nur Ergebung. Noch am Ende des zweiten Aktes hat Idomeneo, immer selber bereits opferwillig, gerechtet: »Sieh in mir den Schuldigen, grausamer Gott! Ich allein irrte, mich allein strafe ... doch begehrst du ein anderes Opfer an meiner statt, ein unschuldiges kann ich dir nicht geben, und wenn du es dennoch verlangst ... bist du ungerecht, fordern kannst du es nicht.« Dieses königliche Klügeln, was ein Gott zu fordern berechtigt oder unberechtigt sei, nimmt Idomeneo im letzten Akt zurück. Sein Sohn gibt ihm die Kraft dazu. Jetzt fügt sich Idomeneo ins von ihm Versprochene und Unvermeidliche. Darum kann es vermieden werden.

Diesen Prozeß hat Giambattista Varesco nicht »gedichtet«. Der Textverlauf indessen umschreibt ihn umständlich, doch unzweideutig. Wie aber hat Mozart die Figur und ihr Zögern komponiert? (Denn die Schwäche eines Sängers, das Fehlen spezifischer Kraft und Tiefe, kann ja auch die Folge haben, daß der Komponist nun in anderer Form aufs ihm Wesentliche hinweisen muß...)

Der König klagt in seinen Rezitativen nicht wild exzessiv, sondern langsam, verquält, wie einer, der schuld ist an seinem Unglück, der weiß, daß er auf schlimme Voraussetzungen hin nun auch schlimm falsch zu handeln unternimmt. Schmerzlich und meditativ atmet das Orchester in Idomeneos erster Arie, wenn der König erwägt, wie ihn das seines rettungssüchtigen Eides wegen vergossene Blut einst anklagen werde. Es ist die Verzweiflung des in sich starrenden schlechten Gewissens. Selbst im Allegro molto dieser ersten Arie wiederholt die Oboe des Königs elegische c-Moll-Phrase (»Vor Qualen, dieses Herz, wie oft wird es sterben«) deutlich aggressiver, gestochener (Arie Nr. 6, man vergleiche Idomeneos Takte 62–66 mit der dann folgenden Oboenwiederholung der Takte 67–69). Gleich darauf bricht's im Rezitativ aus Idomeneo, der jemanden entgegenkommen sieht, heraus (noch bevor er weiß, daß es sein Sohn ist; Idomeneos Gutmütigkeit erweist sich also als nicht familienbegrenzt, sondern human): »Rohe, ungerechte Götter! Abscheuliche Altäre.«

Der König ist so verzweifelt und verbittert, daß er den Ratschlag, wie das Gelübde umgangen werden kann, nicht nur erbittet, sondern hastig ausführen läßt. Er begreift aber auch schmerzlich, was er damit in den Seelen der Beteiligten (nämlich der Liebenden Ilia und Idamante, die ja getrennt werden müssen) anrichtet. So nimmt der zerrissene Idomeneo im Rezitativ eine zarte Wendung, die er eben von Ilia gehört hat, auf und verfinstert sie in gedämpftes Moll! (Zweiter Akt, dritte Szene, Takt 1–3.) Er und Elektra – das lehrt auch die psychologische Dramaturgie des Quartetts im dritten Akt – sind die Erbitterten, Aufbegehrenden, im Gegensatz zu dem sanfter, ergebener, lyrischer leidenden Paar Idamante/Ilia.

Daß Idomeneo sich von den schrecklichen Geschehnissen und von der herrischen Mahnung seines Oberpriesters hat so weit bringen lassen, nicht nur das eigene Leben zu opfern (auf dessen Opfer der leckere Meergott freilich gar keinen Wert legt), sondern den Sohn zu töten – »nun werdet ihr sehen, o Götter! – in welcher Haltung? wie der Vater dem eigenen Sohn die Adern öffnet (geht verstört ab)« –, alles das zeigt der dritte Akt. Plötzlich scheint ein Schicksalsrausch über den König gekommen. Er singt seine melodisch strömende F-Dur-Kavatine »Empfange unser Opfer, o König des Meeres« – und die brillant begleitenden Pizzikatogeigen verleihen eigentlich diesem schmerzlich-verstörenden Vorgang etwas Glitzerndes und vital Bewegtes. Der Sänger Raaff selber hätte dergleichen wohl kaum mehr produzieren können: Mozart nahm (auch hier) darauf Rücksicht und bediente sich des Orchesters. Nur hält des Königs hektische

Entschlossenheit nicht an. In einem von auffallend vielen Tempowechseln geprägten Rezitativ verläßt den unseligen Vater die Energie: »Aus jeder Faser fliehen meine Kräfte, und trübe Nacht verdunkelt meine Augen ... o mein Sohn ...« Mozart macht das Stocken des Herzschlags, macht Bewußtseinsschwäche und Ohnmachtsnähe unüberhörbar deutlich.

Nun hat der König für sein egoistisches Gelübde und für sein Nicht-einhalten-Wollen dieses Gelübdes offenbar selbst in den Augen schrecklicher Götter genug gelitten. Das Orakel verkündet die Rettung und Erhöhung des Sohnes sowie den Rücktritt Idomeneos. Man glaubt ihm sein letztes Wort: »O ich Glücklicher.«

Ilia

Sopran. Trojanische Prinzessin. Nach Trojas Fall, zusammen mit anderen besiegten Trojanern, gefangen auf Kreta. Idamante, der Sohn des kretischen Königs, liebt sie und läßt zum Zeichen seiner Großmut die gefangenen Trojaner frei. Allmählich erwidert Ilia Idamantes Liebe. Am Ende, wenn der unschuldige Prinz in höchster Gefahr schwebt, will sie sich sogar für ihn opfern.

Aus: *Idomeneo*

Wie Verdis Aida als gefangene Äthiopierin am ägyptischen Hof den jungen Feldherrn Radames liebt und dabei die Konkurrenz der temperamentvollen ägyptischen Königstochter Amneris aushalten muß, so liebt die gefangene, aus ihrem Vaterlande vertriebene Ilia nach anfänglichem Zögern den kretischen Königssohn Idamante und muß die Konkurrenz der wilden, stolz-eifersüchtigen Atridin Elektra ertragen. Um Ilia – die Heimatlose, Vaterlose, Verschleppte – ist eine Aura zarten, dunklen Schmerzes. Wenn sie allmählich Idamantes Liebe erwidert, äußert sich ihr Gefühl genauso verhalten-glühend wie ihre Verzweiflung. Sie ist ja Gefangene. In fremder Welt. Da ziemt ihr eher Dezenz als Heftigkeit.

Aber Ilia ist nicht bloß bekümmert oder passiv. »In Ilias Brust« – so beschrieb Hermann Abert diese faszinierende Figur in seiner Mozart-Monographie – »kämpfen die verschiedensten Gefühle und Vorstellungen miteinander, ihre angeborene jungfräuliche Scheu, die Ehrfurcht vor dem König, der Gram um ihr Los ... und endlich die Liebe zu Idamante. Gluck hätte auch hier typisiert, d. h. das alles auf die einfachste Formel gebracht. Mozart dagegen individualisiert, er läßt alle jene Regungen zu ihrem Rechte kommen und gebraucht dazu im Gegensatz zu dem sparsamen Gluck eine ganze Fülle von Motiven, die einander oft innerhalb des engsten Raumes ablösen. Es ist ein beständiges Sichkreuzen und Mischen der verschiedensten Seelenkräfte ...«[15]

So scheint die Aura des Schmerzlichen bei Ilia differenziert und in pochende Unruhe gebracht durch Sehnsucht und herzliches Liebesgefühl. Der Gram einer Unseligen – dynamisiert durch zarte, hoffnungsvolle Unrast. Ilia spricht und empfindet verhalten – aber niemals klein, kümmerlich, statisch. Reichtum an elegisch-pathetischem Gefühl verklärt die Gestalt.

Wie sehr Ilia zum absolut edelmütigen, keiner egoistischen oder aggressiven Regung fähigen Idamante paßt – das demonstriert Mozart im sorgfältig durchcharakterisierenden Es-Dur-Quartett. Idomeneo und Elektra gehören da zusammen als die Heftigeren, Trotzigeren; Ilia und Idamante bilden das sanftere Paar. Wenn der König (»Will mich denn niemand töten?«) und Elektra (»Wann werde ich gerächt werden?«) wild aufbegehren, antworten Ilia und Idamante in sanften Terzen und mit den gleichen Worten: der König solle doch den umdüsterten Blick erhellen (Quartett Nr. 21, ab Takt 34). Ilia und Idamante werden von der Musik deklariert als ein Paar. Einander innig ähnlich.

Das aber weiß Ilia nicht von Anfang an. Sie ahnt es offenbar nur »irgendwie«: beispielsweise, als sie in ihrem ersten Rezitativ verwirrt bekennt, daß sie ihren patriotischen Haß gegen die vatermordende Feindesnation beim Anblick Idamantes nicht durchzuhalten vermochte. (Die Geigen kommentieren Ilias Gefühlswidersprüche mit stechenden Forte-Piano-Kontrasten.) Zwar redet Ilia sich sogleich ein, Idamante liebe bekanntlich die Prinzessin Elektra aus Argos, aber die Unruhe in ihrem Busen bleibt, macht sie unselig und schwärmerisch. Eine getragene Wendung (Rezitativ der ersten Szene, Takt 39–40, die Beethoven in der F-Dur-

Violinromanze wiederaufnehmen wird) deutet die erhabene Bewegtheit der Prinzessin an. Die Worte, mit denen Ilia in ihrer g-Moll-Arie sich eingesteht, sie könne Idamantes (griechisches) Antlitz noch nicht hassen (»Ma quel sembiante, oh Dei! / Odiare ancor non so«), trägt sie zuerst als sehnsüchtig-synkopische B-Dur-Sequenz vor. Bei der Wiederholung fügen chromatische Durchgänge der (anfangs neutralen) zweiten Violinen sogar noch eine schmerzliche und überschwengliche Mollstimmung hinzu! So schwärmerisch bewegt ist ihr Gemüt.

Ilia steigert sich, nicht demonstrativ, aber zart und rastlos, in ein sanftes, erschrecktes Schmerz-Glück-Gefühl. Anfangs bringt sie die Kraft auf, dem Prinzen ironisch (»con ironia«) zu antworten: er brauche keine Angst zu haben, daß die Götter Griechenland etwas antun würden. »Über Troja ergoß sich der ganze Zorn der Götter.« Aber auch diese Aufwallung bleibt unauffällig, zurückgenommen. Sogar noch unmittelbar vor dem endlich stattfindenden rückhaltlosen Liebesgeständnis fällt ihr energisches punktiertes Forte zweimal in zögernde Pianoverlangsamung zurück (Andante der zweiten Szene des dritten Aktes, Takt 15–18). Sie ist keine Heroine.

Die drei Arien der Ilia überschreiten nie eine noble Grenze zum direkten Affekt hin, sie haben indessen innerhalb dieser Begrenzung eine wunderbar leuchtende, elegische Kraft. Einen Reichtum, um dessentwillen der junge Mozart den Wortlaut des Textes notfalls links liegen ließ. Am 8. November 1780 schreibt Mozart dem Vater: »... so wünschte ich mir da eine Aria ... wo ich nicht so sehr an die Worte gebunden, nur so ganz leicht auch fortschreiben kann, denn wir haben uns verabredet hier eine aria Andantino mit 4 Concertirenden Blas-Instrumenten anzubringen, nemlich auf eine flaute, eine oboe, ein Horn, und ein Fagott.«[16] Ebendies ist nun die Es-Dur-Arie der Ilia (Andante, vier solistisch geführte Blasinstrumente). Da behauptet Ilias Text: »Or più non rammento / L'angoscie, gli affani«; also: »Jetzt denk' ich nicht mehr / An Sorgen und Kummer.« Ilias Kantilene ist über solche Harmlosigkeiten sternenweit hinaus. Schon beim erstenmal erhebt sie sich da zu einer pathetisch-expressiven Mollsexte, der ein schmerzlicher chromatischer Abstieg folgt. Wenn sich aber die Stelle – harmonisch verschärft, gesteigert! – wiederholt, dann wird da ein Seelenambitus des Schmerzes erahnbar, der mit dem ausgesprochenen »Nichtdenken« an Sorgen wirklich ausgesprochen nichts zu tun hat. Bei alledem bleibt Ilia berührend naiv. In ihrer Arie Nr. 11, die sich so wenig vom Text fesseln läßt, erklingt ein schwebendes B-Dur-Motiv der Bläser (ab Takt 27). Nimmt jedoch König Idomeneo, der die Prinzessin belauschte, eben dieses Motiv zu Beginn seines Rezitativs brütend und verfinsternd auf, dann erkennen wir, wie unschuldig es bei Ilia war.

Eigentlich handelt auch Ilias lyrisch-graziöse »Zeffiretti«-Arie, den schmeichelnden Lüften zugedacht, die zum fernen Geliebten eilen sollen, vom Schmerz verhinderter Liebe. Trotzdem singt Ilia verhalten-sanftes Dur (das sich auf die Wünsche bezieht und nicht auf den Kummer!). Doch so penibel zwischen barocker Tonmalerei (Winde) und der Affektdarstellung (Kummer) unterscheiden zu wollen, die ja dann im herberen Mittelteil der »Zeffiretti«-Arie ein wenig zu Worte kommt, hieße pedantisch zurückbleiben hinter der Herzensweisheit von Mozarts Ilia-Musik, die manchmal – in der Seele der nun nicht mehr so schrecklich Einsamen – den Unterschied zwischen Liebes*glück* und *Liebes*unglück verschwimmen läßt.

Wenn aber die Prinzessin, obzwar ihre Liebe zu Idamante ebenso offenkundig geworden ist wie die Eifersucht Elektras, sich in höchster Not ausgerechnet an diese Rivalin wendet mit der Bitte um Trost (Ilia zu Elektra: »Weh mir!

Barmherzige Prinzessin, ach tröste mich!«, worauf die betroffene Elektra sich verständlicherweise verspottet glaubt), dann begreifen wir Ilias kräftig-unbeirrbare Gefühlsreinheit. Kein Wunder, daß sie dem zur Opferung Idamantes bereiten Idomeneo in den Arm fällt, daß sie – wie im Opferrausch, während die zweiten Geigen heftig tremolieren und die ersten diffuse Achtelabzüge dazwischenwerfen – vor dem Oberpriester niederkniet und bittet, an Stelle des Geliebten getötet zu werden.

Klaas

Sprechrolle. Schiffer im Dienst Belmontes.
Aus: *Die Entführung aus dem Serail*

Herzensergießungen sind diesem kargen lieben Klaas, der sich auf Entführungen zu verstehen glaubt, fremd. Selbst die zu erwartende Goldbelohnung entlockt ihm nur einen trockenen Scherz. Mahnt zur Eile und trägt Leitern, aber sonst nichts zum Gelingen der Flucht bei. Warum sollte er singen?

Erster, zweiter und dritter Knabe

Sopran, Mezzosopran, Alt. Agieren, raten oder verhindern stets gemeinsam, gleichgesinnt. Sie sind nicht drei mehr oder weniger individuelle (junge) Menschen, sondern eher ein Triumvirat, genauer gesagt: ein Triumpuerat. Ein heiter anmutiges, musikalisch reich beschenktes Knabenterzett.

Aus: *Die Zauberflöte*

Die drei Damen, die im Dienst der Königin der Nacht stehen und sich weiblich-individuell als Rivalinnen empfinden, wenn es um den schönen Prinzen Tamino geht – diese drei Damen bedeuten in Nr. 5 des ersten *Zauberflöten*-Aktes dem Tamino und dem Papageno, es würden ihnen drei Knaben helfen bei der Aufgabe, Pamina aus Sarastros Reich zu befreien. Helfen: das heißt, sie umschweben und ihnen Führer sein. »Folgt ihrem Rate ganz allein.«

Kein Zweifel, »drei Knäbchen, jung, schön, hold und weise« scheinen zunächst auf der Seite der Königin der Nacht tätig. Doch sowie wir diese Knaben tatsächlich handelnd sehen, wenn sie den Prinzen zu männlichem Betragen auffordern, ihm gewisse Auskünfte verweigern müssen, dafür aufmunternde Ermahnungen zusingen, dann stehen sie auf Sarastros Seite. Daran ändert sich auch im zweiten Akt nichts. Sie reichen Tamino und Papageno eben im Namen Sarastros aus einem »mit Rosen bedeckten Flugwerk« jene Utensilien, die den beiden einst von den drei Damen als Nothelfer ausgehändigt worden waren: Zauberflöte und Glockenspiel. Alle die hochherzigen Worte und Weisungen, die das Knabenterzett vorträgt, stammen offenbar aus der Gedankenwelt von »Sarastros Reich«, mit dem die drei Knaben sich im A-Dur-Terzett ausdrücklich identifizieren.

Scharfsinnige Interpreten haben aus diesem Widerspruch der Handlungsführung einen Scharfsinnsmangel des Textautors Emanuel Schikaneder herausgelesen. Wer befiehlt denn nun eigentlich den drei Knaben?

Ist der Widerspruch, daß die drei Knaben anscheinend nacheinander zwei Herren dienen, schwerwiegend oder gar unerträglich? Warum sollte man in einem Märchen nicht die Existenz gleichsam neutraler Wesen, Kräfte, Zauberfiguren unterstellen, deren sich alle Mächtigen bedienen können? Die drei Knaben wären dann gewissermaßen Leihobjekte, die der Königin der Nacht ebenso zur Verfügung stehen wie dem Sarastro. Und die dann unter Umständen ihre Sympathien dem edleren Auftraggeber zuwenden.

Das wäre doch möglich. Vielleicht aber gesellt sich alles, was unschuldig ist und rein, in Sarastros Bezirk gleichsam notwendig der hohen Macht von Sarastro zu. Die Knaben – überhaupt mit dem Heiligtum in Berührung gekommen – dienen dann eben nur noch Sarastro, nicht mehr der Königin der Nacht.

Gar zu rationalistisch bliebe wohl die Erklärung, daß dies Triumpuerat belege, wie Sarastro eigentlich von vornherein, auch im Bereich der Königin der Nacht, herrsche. Die Knaben, die ja nie entschieden für die Königin der Nacht handelnd sichtbar werden, wären demnach, ohne daß die Königin und die drei Damen es wissen, Sarastros Geschöpfe. Der Kampf war also von Anfang an entschieden ... Es ist mithin durchaus möglich, die scheinbare oder anscheinende »Umfunktionierung« des Terzetts plausibel erscheinen zu lassen. Besteht aber auch die Möglichkeit, statt der Knaben entsprechende Frauenstimmen einzusetzen?

Erfahrene Opernbesucher haben oft erlebt, daß Knabenstimmen nicht tragfähig und stark genug sind, um in großen Häusern deutlich einprägsam zu wirken. Sie bleiben zu dünn. Und Herbert von Karajan sagte, nur selten habe er wirklich »rein«, wirklich sauber singende Knabenchöre und Knabenstimmen gehört.

Daß dieses Nothelferterzett nicht aus füllig-sinnlichen weiblichen Stimmen besteht, sondern aus drei jugendlichen Sängern, die zwar keine Kinder mehr sind, aber eben doch noch vorpubertär-unschuldige, diesseits des erotischen Kosmos singende und agierende Knaben, »Knäbchen«: es ist keine zusätzliche Delikatesse, es gehört zur Sache.

Nicht nur, weil den Jungen jede erotische Rivalität fernliegt, weil sie eben noch nicht individuell liebend-fühlende Menschen sind, sondern eine homogene Gruppe, ein Terzett. Sie dürfen sich dabei nicht harmlos kindlich verhalten. Immerhin leiten sie die beiden Finali des Werkes ein – und zwar mit getragener, heiter-zeremonieller, die Gewichtigkeit des Folgenden unterstreichender Musik! »Zum Ziele führt dich diese Bahn, doch mußt du, Jüngling, männlich siegen« (erstes Finale). »Bald prangt, den Morgen zu verkünden, die Sonn' auf gold'ner Bahn, bald soll der Aberglaube schwinden, bald siegt der weise Mann« (zweites Finale).

Der eigentliche, schmerzversöhnende Sinn des Vorpubertär-Unschuldigen und Knabenhaften liegt im Zusammenstoß dieser vom Eros noch nicht gepeinigten Jungen mit zwei Opfern von Liebesglut. Die drei Knaben halten Pamina und Papageno – die eigentlichen »Opfer« der *Zauberflöten*-Konstellation – vom Selbstmord ab. »Liebe« ist für sie gewiß nichts Komisches. »Sie quält verschmähter Liebe Leiden. Laßt uns der Armen Trost bereiten! Fürwahr, ihr Schicksal geht uns nah'! O wäre nur ihr Jüngling da.« Die Jungen betrachten Liebesschmerz als eine Art Krankheit. Sie sympathisieren, singen Chromatik und c-Moll. Paminas todesnaher Wahnsinn spiegelt sich in der naiven, zärtlichen Besorgtheit von drei freundlichen Helfern, denen die Abgründe des Eros noch fremd sind, wenn auch gewiß unheimlich. Erregt, aktiv und entschlossen versuchen sie darum zu helfen. Moralische Appelle – »Selbstmord strafet Gott an dir!« – haben keinen Erfolg. So entreißen sie der Entschlossenen den Dolch.

Auch Papageno gegenüber greifen die Jungen ein. Doch weil Papagenos Verzweiflung weniger mit Liebeswahnsinn zu tun hat als mit Entbehrung und Enttäuschung, darum argumentiert das Terzett pragmatisch: Benutze das Glokkenspiel, und du bist nicht mehr allein.

Die Stimmen der Terzette sind teils homophon, teils kunstvoll kanonisch und polyphon geführt. Trotzdem hat die Gruppe immer nur »eine« Meinung, eine Stimme. Es ist die Stimme manchmal klug, manchmal entzückend altklug wirkender Weisheit. Und es ist die Stimme herzensguten Mitleids derer, denen die Macht des Eros nichts antut, mit denen, die unter dieser Macht leiden. Diese köstliche antisentimentale Verfremdung des Mitgefühls können nur Knaben produzieren. Kämen da drei junge Frauen, kämen ausdrucksvolle weibliche Stimmen einem selbstmordbereiten Mädchen zu Hilfe oder einem Papageno, der sich erhängen will, dann erklängen zwar durchaus dieselben Töne, aber die szenische Spannung wäre nicht mehr die gleiche.

Königin der Nacht

Sopran. Gegenspielerin Sarastros, da ihr Gatte diesem den machtverheißenden Sonnenkreis übergab.
Aus: *Die Zauberflöte*

»O zittre nicht, mein lieber Sohn« – mit diesen Rezitativworten beginnt der erste Auftritt der Königin der Nacht. Die Berge teilen sich, die Königin sitzt auf einem Thron. Von ihrer Macht und ihrer Unnahbarkeit war bereits Erwartung schaffend die Rede.

Doch die Sopranistin, die diese berüchtigt schwere Partie singen muß, wird – falls sie nicht einer unnervösen Koloraturmaschine gleicht, was freilich auch heftige Nachteile hätte – wahrscheinlich selber ganz hübsch zittern. Die Königin der Nacht: das sind zwei rücksichtslos grausam schwere Arien, deren Koloraturen bis zum dreigestrichenen F hinaufreichen. Langsames Tempo hülfe in den jeweiligen Allegroteilen nicht, weil dann das Legato der Passagen noch schwerer auszuführen wäre. Beschleunigung wiederum verschleiert nichts, weil dann die Stakkatotöne nicht mehr abgesetzt werden können und verschmieren. Ein wohltätiges *Ariadne*-Zerbinetta-Orchester hüllt hier auch nichts ein. Mozarts Arien der Königin der Nacht sind so komponiert, daß Orchester und Solisten beklemmend genau klarmachen, was musikalisch passieren muß. Müßte. Wenn dann die Sekunden der Höchstwahrheit da sind – ist die Sängerin exponiert. Ganz allein. Einzig auf ihre geläufige Gurgel, ihre Technik, ihre Nerven angewiesen. Falls das alles freilich jemand schafft, und die Arien sind zu schaffen: dann donnert das Haus von Beifall.

Daß hier zunächst vom Gesangstechnischen geredet wird,

ist kein Zufall. Der Konkurrenzdruck auch in den schönen Künsten hat offenbar dazu geführt, daß schallplattenverwöhnte Opernfans auf gewisse Spitzentöne – und diejenigen der Königin der Nacht sind unheilvollerweise noch bekannter, populärer, selbst blutigsten Laien gegenwärtiger als das »Nil-C« der Aida oder die Stretta-Spitzenschreie des Troubadour – eine Art Anrecht zu haben meinen. Eine menschlich aufregende Partie wird auf diese Weise reduziert zu einem halben Dutzend hoher Noten, zu ein paar Passagen und irgendeinem Rest...

Aber warum singt ein Sänger, falls er es kann, Koloraturen? Aus Spaß an der Bewältigung des fast Unmöglichen? Aus Freude an glitzernder Energie? Vielleicht auch, weil solche Koloraturen für Exzentrik und Erregung stehen können – also für Ausdruck und Überwindung?

Mit solchen Erklärungen hat sich Walter Felsenstein nicht zufriedengeben wollen. Der gründliche Regisseur stellte fest, »daß eine Koloratursopranistin nicht in der Lage ist, die Partie der Königin der Nacht zu gestalten ... die Königin der Nacht ... muß von einer dramatischen Sängerin ausgeführt werden...« Warum? Weil sie grundböse sei. Wenn sie in ihrer ersten Arie »gut« wirke, sei die Interpretation falsch. »Diese Arie ... stellt eine ganz verlogene Maskierung dar. Die Königin der Nacht spielt die traurige, gefühlvolle Mutter, um Tamino für sich zu gewinnen.«[17]

Hier irrt Felsenstein. Soweit sich in aesteticis überhaupt etwas belegen läßt, kann belegt werden, daß die Klagemusik der g-Moll-Arie »Zum Leiden bin ich auserkoren, denn meine Tochter fehlet mir« von Mozart nicht als Verstellung oder als indirekte Musik gemeint ist, sondern tatsächlich Leiden und Trauer ausdrücken soll! Warum auch nicht? Wenn Pamina später zu Papageno von ihrer »zärtlichen«, »zärtlichsten« Mutter, zu Sarastro sogar vom »süßen« Mutternamen redet, dann besteht eigentlich kein Grund zur

Annahme, die Königin der Nacht sei immerfort grundböse, habe ihre (offenbar begriffsstutzige) Tochter ein Leben lang getäuscht.

Die Partie der Königin der Nacht exponiert ein »stolzes« Weib, wie Sarastro zutreffend sagt. Sarastro selbst ist übrigens nicht weniger stolz. Doch im Rahmen der ständischen und patriarchalischen Ordnung, die er und die Seinen für fraglos gegeben erachten, wirkt sein Stolz legitim. Der »Stolz«, der Machthunger und der Fanatismus der Königin der Nacht hingegen müssen – selbstverständlich, man braucht doch gar nicht darüber zu reden, der weibliche Wirkungskreis ist eben begrenzter, meine Herren – böse sein.

Hochdramatische Heldinnen – von Beethovens Leonore über Senta, Isolde zu Brünnhilde – scheinen die Emanzipation der Frau vorweggenommen zu haben. Fing die Königin der Nacht damit an? Sie lehnt sich wütend auf gegen die disponierende Überlegenheit ihres Gatten und erst recht des Sarastro. Die stolze Frau leidet, weil man ihr die geliebte Tochter nahm. Sie sucht mit Affekt Tamino als Helfer und Retter zu gewinnen. Und wenn sie merkt, daß nichts ihr helfen kann, daß hier eine *natur*gegebene Ordnung den Wirkungskreis der Frau begrenzt: dann zerstört sie fanatisch-rachsüchtig wütend, aber nicht unlogisch, auch die Bande der *Natur* – und sich selbst. Sie ist, überspitzt gesagt, ein exzentrisches Opfer von Gleichheits- und Gleichberechtigungsvorstellungen, die nicht durchzusetzen waren in einer Weltzeit, wo Männer Männer prüften und Frauen günstigstenfalls anerkannt, eingeweiht wurden, wenn sie mit männlichem Mut Gefahren zu bestehen vermochten. Daß die Königin der Nacht darauf hysterisch-exaltiert reagiert, ist wirklich kein Wunder, sondern zeigt, daß die Dame offenbar nicht war, was sie auch sein wollte: Realpolitikerin. Aber daß sie stets »böse« gewesen ist, beweist die Entwicklung, in die ihr Gatte, dessen Freund Sarastro, ihr vermeintlicher Helfer Tamino und ihre Tochter Pamina sie allmählich hineinzwingen, wirklich nicht.

Zum Schluß will sie sich an allen rächen. Günstigstenfalls eine vorzeitig Emanzipierte – schlimmstenfalls ein weiblicher Kohlhaas, der es nicht erträgt, daß über sein Mutterrecht so einfach verfügt wird.

Und der noch fehlende Beweis für die Wahrheit ihres Kummergefühls? Wenn eine zwingend-traurige g-Moll-Kantilene, dazu eine ausdrucksvolle Fagottnebenstimme zweimal den größten Schmerzindikator im *Zauberflöten*-Zusammenhang darstellen (wir haben es bei der Betrachtung von Paminas g-Moll-Arie und von ihrer Selbstmordaufwallung erwogen), dann muß die unverkennbare Steigerung aller dieser Momente beim »noch seh' ich ihr Zittern mit bangem Erschüttern, ihr ängstliches Beben, ihr schüchternes Streben, ich mußte sie mir rauben sehen, ach helft« auch ein gesteigerter, nicht im mindesten indirekter oder gar verlogener Ausdruck von innerem Schmerz der Königin der Nacht sein! Kein Mensch, der die Noten liest, hört, den Text zur Kenntnis nimmt, hat den mindesten Anlaß, hier seelische Bewegung zu bestreiten, Verlogenheit zu wittern. Man könnte sogar in »denn meine Hilfe war zu schwach« motivische Analogien zum Kopfsatz des c-Moll-Klavierkonzerts KV 491 annehmen, das ja wahrlich auch keinesfalls ironische oder vortäuschende Musik sein will.

In der ersten Arie also heftiger Schmerz und hysterische Hoffnung auf Sieg, Rettung. Ein extremes Temperament. Ambitus weit über zwei Oktaven!

Dann erlebt die Königin der Nacht das Steckenbleiben oder Scheitern ihrer Bemühungen. Die Tochter läßt es an Fanatismus fehlen. So bekommt die Mutter den Satz fertig: »Verdank es der Gewalt, mit der man dich mir entriß, daß ich noch deine Mutter mich nenne.« Also: Weil dir Gewalt angetan wurde und du heftig unter fremden Einfluß kamst, der dich mir entfremdete, darum nenne ich mich noch Mutter. (Sonst hätte ich die potentielle Überläuferin längst verstoßen.) Das sind keine gutartigen mütterlichen Aussagen, sondern parteiische. Auch sie belegen schwerlich, daß der Mutter Schmerz über den Raub der Tochter geheuchelt war.

Weil aber die eigene Tochter nicht »Partei« sein will, sondern sehr gute Worte findet für den Gegner Sarastro: da lehnt, besinnungslos fanatisch-überschäumend, die Königin der Nacht sich sogar gegen die Natur auf, die ihr als rein patriarchalische Naturordnung erscheint. »Zertrümmert sein auf ewig alle Bande der Natur. Verstoßen, verlassen und zertrümmert alle Bande der Natur.« Derartiges piepst kein Koloratur-Goldkehlchen, so etwas singt man auch nicht in sonoren Viertelnoten: Das braucht überschäumende, scharfe und exaltierte Bewegung.

Nun gibt es für die Königin überhaupt keine Grenzen mehr. Die Eingeweihten nennt sie »Frömmler«, die sie von der Erde vertilgen will. Falls Herr Monostatos dabei hülfe, bekäme er ebenso die Tochter, wie Tamino sie für den gleichen Dienst erlangt hätte. Hier hat ein wilder Charakter sich ins Aus manövriert. Aber eiskalt verlogen, taktisch, kleinlich-clever verhält sich die Königin der Nacht nicht.

Ilia, Idamante

Idomeneo

Elettra

Ilia, Elettra, Idomeneo, Idamante

Graf Almaviva

Gräfin Almaviva

Susanna

Figaro

Marcellina

Barbarina

Basilio

Don Curzio

Konstanze

Bassa Selim

Pedrillo

Klaas

Donna Anna

Masetto, Zerlina

Leporello, Don Giovanni

Donna Elvira

Don Alfonso

Dorabella/Guglielmo

Fiordiligi/Ferrando

Despina

Königin der Nacht

Papageno

Monostatos

Pamina

Vitellia

Titus

Servilia

Sextus

Der Komtur

Baß. Will die Tochter Donna Anna gegen den maskierten Don Giovanni beschützen. Erzwingt einen Zweikampf, in dem er fällt. Kehrt in Gestalt einer marmorweißen Statue als Bote des Jenseits auf die Erde zurück, von Don Giovanni zum Essen eingeladen. Sein Erscheinen bewirkt keine Sinnesänderung des Unholds, wohl aber dessen Höllenfahrt.

Aus: *Don Giovanni*

Zu Beginn, solange er lebt, ist der Komtur ein alter, vom Verführer kaum ernstgenommener Vater. Will gemäß der Konvention die Ehre der Tochter rächen. Er äußert sich in Dreiklangswendungen: markiges Moll, nichts Besonderes oder Chromatisches. Sterbend sogar, im Todesterzett mit Don Giovanni und Leporello, gibt der Komtur die relativ neutralsten Töne von sich; den Leporello veranlaßt da die Angst zu charakteristischem, erregtem, plapperndem Singen, und den Don Giovanni machen die Zeugenschaft sowie das Bewußtsein, diesen Tod verursacht zu haben, wenigstens für einen Terzettaugenblick betroffen und ausdrucksvoll.

Kehrt aber der Komtur aus dem Totenreich in den irdischen Bezirk richtend zurück, dann hat er alle konventionelle Schattenhaftigkeit abgelegt. Mit kühnen, überlebensgroßen Tönen kündet er – als Statue erscheinend – von der Gewalt des Überirdischen.

Gegensätzlicher als des Komturs erste und letzte Szene können zwei dramatische Auftritte kaum sein. Am Anfang beobachten wir einen übereifrigen Vater, der ein offenbar hoffnungsloses Duell mit einem zunächst sogar sich weigernden jungen und überlegenen Gegner erzwingt, statt etwas feiger und klüger auf die Hilfe der Diener wie des Don

Ottavio zu warten. Die Ehre eines spanischen Offiziers will es halt so.

Des Komturs erster Auftritt gliedert sich in drei ungefähr gleich lange Teile: die heroische Aufforderung zum Duell, das rasch entschiedene Gefecht, der auskomponierte, verhaltene Todeskampf – jenes Terzett mit den begleitenden Achteltriolen, im Allabreve und Andante, das sich Beethoven abschrieb und offenbar als Vorbild für den Kopfsatz seiner »Mondschein«-Sonate benutzte.

In der Schlußszene – ihr gehen nur die wenigen mystisch warnenden Choraltöne sowie das Nicken und das »Ja« der Statue auf dem Friedhof voraus – tönt der Komtur überwältigend, charakteristisch und kühn. Sein »Halt ein. Es nährt sich nicht von der Sterblichen Speise, wer von himmlischer Speise sich nährt« läßt sich als versteckte antizipierte Zwölftonreihe interpretieren, wobei man nur ein wenig manipulieren muß, was aber die Gewalt der Rede und Reihe des Komturs überhaupt nicht mindert. Auch Intervalle, die aus zwei oder drei Ganztönen leiterfremd und verstörend zusammengesetzt sind, treten erhaben hervor bei »der himmlischen Speise«. Furchterregend, alles Menschliche transzendierend und majestätisch wirken die riesigen Tonsprünge und Lagenwechsel! Nun donnert der Komtur Dezimen, nachdem er als Lebender kleinere Tonschritte – nur einmal eine freilich später wichtig werdende Oktave – bevorzugt hatte.

Aber erste und letzte Komtur-Szene führen auch Identisches im Kontrastierenden vor. Der wiedererschienene Komtur ist ein Verwandelter, gleichwohl auch noch er selbst. Als Modell für die Technik der entwickelnden Variation können der Anfang der Ouvertüre – George Bernard Shaw: »d-Moll und ihre Dominante: ein Ton gräßlicher Freude für alle Musiker« – und dann das von ähnlichen Akkorden umrahmte Erscheinen des Komturs in Don Giovannis Saal dienen. Beim zweiten Mal erleben wir den d-Moll-Akkord ebenso wie die Dominante charakteristisch verschärft. Statt forte fortissimo. Posaunen treten hinzu.

Analog dazu taucht des Komturs eine Oktave umspannende punktierte Aufforderung der Anfangsszene (»Battiti!«, »Schlage dich!«) auch in der Schlußabrechnung auf (»Pentiti!«, »Beßre dich!«), und zwar mehrfach. Die Schlußszene zitiert überdies, als Erinnerung an Don Giovannis Untat, in dem Moment, da Don Giovanni sich vom Zugriff des überlegenen Komturs kämpfend befreien will, die blitzenden, so rasch tödlich ihr Ziel treffenden Passagen des ersten Zweikampfes. (Der ersten Szene, Takt 166–173, entsprechen in der Schlußszene die Takte 527–547.)

Himmlische Speise hat eine unendliche Steigerung der Gestalt und Gewalt des Komturs bewirkt. Aus einem banalen, ohnmächtigen Vater wurde eine übermächtige Erscheinung. Ihr hat Don Giovanni nichts mehr entgegenzusetzen: außer seinem Mut, der imponierend aufleuchtet bei dieser Begegnung mit dem nun Überirdischen.

Der Komtur ist – dieses Fazit könnte man ziehen – anfangs weniger als ein Mensch, nämlich nur Funktion, nur Edelmann, hilflos-tapferer Beschützer. In sein Inneres blicken wir nicht. Am Ende wiederum ist der Komtur durchaus mehr als ein Mensch, Geistererscheinung in himmlisch-höllischem Licht. Wer daraus aber den Schluß zieht, in dieser Figur mischten sich – allzu handfest und rationaler Korrektur bedürftig – auf kindische Weise Moralität und Märchen, man müsse da Wahrscheinlichkeit oder gar Psychologie einführen, um angemessene Stimmigkeit zu erzielen: Wer so denkt, ist für die *Don-Giovanni*-Oper viel zu klug.

Oder ein wenig zu dumm. Zu dumm, weil er nicht spürt, daß Mozarts Musik einen moralisch-metaphysischen Vorgang radikal ernst nimmt und beglaubigt. Schlaue, abwiegelnde Umfunktionierung versündigt sich an einem gewaltigen Tonbild. Nur daß solche Regiesünder, anders als Bühnenschurken, leider in der Regel straffrei ausgehen.

Konstanze

Sopran. Als Gefangene dem Werben des edlen Bassa Selim ausgesetzt, der wiederum so edel doch nicht ist, ihr zu verschweigen, daß er ihre Standhaftigkeit auch mit Martern auf die Probe stellen könnte. Sie aber liebt unwandelbar Belmonte. Verzweiflung scheint sie nicht nachgiebiger, sondern vielmehr mutiger zu machen.

Aus: *Die Entführung aus dem Serail*

Eben noch hat sie, sich allein glaubend (»ohne Blonde zu bemerken«), in ihrer einzigen Mollarie ihre Traurigkeit ausgedrückt, hat sie über ihr Hinschwinden meditiert und darüber, daß sie nicht einmal der Luft, geschweige dem Bassa Selim, ihrer Seele bitteren Schmerz sagen könne. Eben noch hat sie den Trost Blondes zurückgewiesen. »Wer sich immer mit Hoffnung schmeichelt und zuletzt betrogen sieht, hat alsdann nichts mehr übrig als Verzweiflung.« Dann aber, aus dieser Stimmung heraus, schenkte sie dem Bassa reinen Wein ein. Sie wolle ihn nun nicht mehr länger hinhalten, vertrösten, bemogeln. Lieben werde sie ihn nie. Eine Unglückliche, auf dem tiefsten Punkt ihrer Leidenskurve, die sich den Optimismus verbietet und die dem »Herrn« über ihr Leben – ohne von der Ankunft des hilfreichen Freundes Belmonte bereits etwas zu wissen – Bitteres sagt, sein Wohlwollen entschlossen aufs Spiel setzend. Da droht er mit Martern.

Nun reagiert Konstanze, als habe sie die Linie äußerster Verzweiflung plötzlich überschritten. Als erfüllten sie jetzt die neuen Energien eines transpsychologischen Wertesystems. Konzertantes C-Dur: »Martern aller Arten mögen mich erwarten, ich verlache Qual und Pein.«

Wir wissen – Mozart sagte es ja selbst – »die Aria von der

konstanze habe ich ein wenig der geläufigen Gurgel der Mad:selle Cavallieri aufgeopfert«[18]. (Das bezieht sich, dem Kontext des Briefes vom 26. September 1781 nach, freilich auf die große erste Arie der Konstanze, auf ihre virtuose B-Dur-Arie »Doch wie schnell schwand meine Freude«.) Zur Erklärung der Marternarie wird besagte »geläufige Gurgel« natürlich auch oft herangezogen. Sonst hätte man es mit dem paradox strahlenden Durstück allzu schwer.

Gab der »Charakterdramatiker« (Hermann Abert) Mozart also zu, daß eine Arie aus seiner Hand ohne situative und seelische Wahrheit sei, da er sie den Fähigkeiten einer Primadonna »aufgeopfert« habe? Selbst wenn man die Briefstelle unumwunden so verstehen wollte, dürfte man Mozarts Selbstkritik nicht einfach für bare Münze nehmen. Schließlich könnte ja einem Mozart auch ein pures Effektstück unter der Hand zu etwas doch Charakteristischem und nicht einfach Belanglosem geraten sein. Aber wir brauchen gar nicht so umständlich defensiv vorzugehen. Mozart schrieb, er habe die Arie »ein wenig ... aufgeopfert«! Das heißt doch: ein um so größerer Rest, der eben nicht nur Opfer ist, sondern künstlerische Absicht, sei auch vorhanden.

Konstanze, grausam genötigt, aber unerschrocken, verschanzt sich in »Martern aller Arten« offenbar hinter der Form des Konzerts. Das lange Vorspiel folgt dem Tonartenplan des Kopfsatzes eines Mozartschen Instrumentalkonzerts. Im Vorspiel stehen Hauptsatz und Seitenthema in der Tonika (wie hier). Wenn dann der Solist hinzutritt, beginnt nach exterritorialem Vorspiel erst die eigentlich gewohnte Sonatenform: Das Seitenthema moduliert also in die Dominante.

So verhält es sich auch hier. Takt 24 von »Martern aller Arten« läßt Flöte, Oboe, Violine und Cello das zweite Thema in C-Dur einführen. Wenn dann mit Konstanze, der Solistin, die Exposition solistisch bereichert wiederholt wird, begegnen wir dem zweiten Thema (unmittelbar vor »Laß dich bewegen, verschone mich, des Himmels Segen belohne dich«, ab Takt 93) in G-Dur. Eine Art Durchführung folgt. Die Reprise setzt mit dem zweiten Thema ein, das, wie es die Regel will, wieder in der Tonika auftritt. Sogar eine Kadenz, mit Triller endend, und eine unmittelbar darauf einsetzende Allegro-assai-Coda, der »Durchführung« verpflichtet, lassen sich ausmachen. Also: ein Konzertsatz für Sopransolo und Orchester (und dazu vier Soloinstrumente).

Das strahlende Konzert könnte eine förmliche Demonstration darstellen, über die der Bassa Selim ja auch erschrickt: »Wo hat sie auf einmal den Mut her, sich so gegen mich zu betragen?« Es ist ein Mut, der nach der Station geheimen Unglücks (»Selbst der Luft darf ich nicht sagen meiner Seele bittern Schmerz«, erwog Konstanze mutterseelenallein und depressiv in ihrer g-Moll-Arie »Traurigkeit«) und nach der Station weggeschobenen Trostes wie eine jähe, erhabene Wahrheit Konstanze erfüllt, ja berauscht bis zur schließlichen Ununterscheidbarkeit von martervollem Liebestod und Seligkeit. In ihrem ersten Solo der Marternarie moduliert die Solistin beziehungsvoll überleitend ins Moll: »Nichts, nichts, nichts soll mich erschüttern.« Sie verdrängt keineswegs ganz den Ernst der Lage. Aber wahrhaft schrecklich wäre für sie einzig die Möglichkeit, zur Untreue gezwungen werden zu können. Diese Möglichkeit steigert sich vielmehr zu herrlich beredter Schonungsbitte und Segensbeschwörung. Doch drunten, für die schwärmerisch Entflammte in fast wesenlosem Schein, warten da nicht Martern und Schmerzen, falls der Bassa lärmen, toben, wüten sollte? Mag ja alles sein. Aber: »zuletzt befreit mich doch der Tod«. Dies »zuletzt befreit – mich – doch – der Tod« tönt ein wenig anders als die schwungglänzende Diktion der Arie sonst. Auffällig: nur beim »nichts – nichts – nichts« (soll mich erschüttern) und eben beim »zuletzt befreit mich doch der

Tod« trennt Mozart die Kantilene durch vereinzelnde Pausen. Sonst hat Mozart in »Martern aller Arten« ausnahmslos eng aneinandergebundenes Legato komponiert. Nur beim »Zuletzt be-freit ... mich ... doch ... der ... Tod« hört man für den Moment eines Momentes das Stocken, Seufzen, Sichunterbrechen der Stimme. Wie eine rasch weggedrängte elende Ahnung, was hinter dem »Zuletzt« vielleicht steckt.

In ihrer ersten Arie – »Ach ich liebte, war so glücklich« – hatte sich Konstanze, dem Bassa gegenüber, auch keine heftig-schmerzvollen Töne erlaubt. Die »Treue« gegenüber dem Geliebten wurde da zweimal in affirmativem Es-Dur (Takt 5–6 der Adagioeinleitung) beschworen; auch von der schnell verschwundenen Freude singt Konstanze (barock) in lebhaftem Dur (obzwar eigentlich gerade nicht von Freude, sondern von deren Abwesenheit die Rede ist). Bemerkenswerterweise plaudert das Orchester (ab Takt 45 des Allegros, besonders beim »kannte nicht der Liebe Schmerz«) eigentlich mehr von Konstanzes Unseligkeit aus als ihre Kantilene. Wie tieftraurig sie ist, das behält sie für sich, für ihren einsamen g-Moll-Monolog. Den Kummer, der in ihrem Schoß ruht, bestätigt die erste Arie musikalisch kaum. Fast könnte man auf den allzu psychologisierenden Schluß verfallen, Konstanze möchte zwar einerseits des lieben Bassa gutes und mitleidvolles Herz rühren, aber andererseits nicht allzu jammervoll vor dem stehen, der im Hinblick auf Weiberkummer sehr männlich reagiert: »Ihr Schmerz, ihre Tränen ... bezaubern mein Herz immer mehr ...«

Nach dem Entschluß, auch Martern aller Arten zu ertragen, scheint Konstanze über alle Verzweiflung hinaus. Sie hat im letzten Akt keine Soloarie mehr. Im Duettrezitativ, das der Gefangennahme folgt (die Liebenden müssen den Martertod erwarten), äußert nur noch Belmonte Schrecken über Geschick und Qual der Seele. Nicht Konstanze. Ihres eigenen Schicksals überhaupt nicht gedenkend, beruhigt sie den

Geliebten: »Laß dich das nicht quälen! Was ist der Tod? Ein Übergang zur Ruh, und dann, an deiner Seite, ist er Vorgeschmack der Seligkeit.« Die Berauschte erschwärmt den Tod als »Wonne«. »Pein« indessen wäre, allein auf der Welt zu sein. Doch da nun ja die Liebenden ihr Leben füreinander (jeder schiebt sich die Schuld am Tod des andern zu) opfern dürfen, herrscht »seliges Entzücken«. »Mit wonnevollen Blicken verläßt man da die Welt.«

Was für eine edle Empfindungskurve der Konstanze – von ihrer ersten Arie gegenüber dem Bassa, ihrer einsamen Traurigkeitsbekundung, ihrem rauschhaften »Martern aller Arten«-Konzert bis hin zur seligen, selbstlosen Liebestod-Schwärmerei! Ob das alles glaubhaft sei, wahrscheinlich, realistisch? Mit solchen Bedenken darf man den schwungvollen Hochsinn Konstanzes nicht belästigen. Ob dieser hohe Sinn aber wünschenswert sei, mitreißend und schön: diesen Fragen wiederum ist Mozarts Musik selig gewachsen. Hier geht es um die Existenz und Kraft von Gefühlen, Werten, an welchen die Seele einer zuerst verzweifelten, dann aber entzückten jungen Frau entschlossen teilzunehmen vermag. Mozart, kurz bevor er seine Konstanze heiratete, komponierte ein makellos liebendes, irdische Maßstäbe übersteigendes, ideales Geschöpf.

Leporello

Baß. Diener des Don Giovanni. Möchte immerfort den Dienst quittieren, bei dem er viel durchzumachen hat, sich gelegentlich aber auch ganz gut amüsiert.
Aus: *Don Giovanni*

Einigermaßen wehrlos reagiert dieser ordinäre, gerissene Kerl nur auf zwei »Argumente«. Auf nackte Gewalt und auf Geld. Wenn sein Herr ihn mit Wut oder Waffe nötigt – zum schlimmen Handeln oder zum sofortigen Schweigen –, dann gibt Leporello nach. Und wenn Don Giovanni die Börse öffnet, dann bleibt er bei der Stange.

Er läßt sich seinen Widerwillen und Widerstand aber nicht ohne weiteres abkaufen. Er sei, so prahlt er, anders als Don Giovannis weibliche Opfer, ihn könne man nicht mit Geld verführen. »Nein! nein! nein! nein!« »No, no, no, no, no, no, no, no, no, no, no, no!« Leporello singt hier dem Don Giovanni das »Nein« ins Gesicht fast so heftig, wie dieser später dem Komtur sein NEIN entgegenhalten wird. Freilich, diese Weigerung des Dieners, weiter mitzumachen, ist doch höchstens eine vorweggenommene Parodie von Don Giovannis späterer, gewaltig-unumstößlicher Entscheidung. Leporellos aufgeregtes »No« im G-Dur-Allegro (Duettbeginn des zweiten Aktes) mag zwar ernst gemeint sein, aber doch wiederum nicht so ernst, als daß es nicht sogleich erschüttert werden könnte durch vier Dublonen. Gut, für diesmal will der Diener das Spiel noch einmal mitspielen. Aber wirklich zum allerletzten Mal. Und so weiter.

Leporello ist also abhängig von seinem (ziemlich geizigen) Herrn und von dessen Geldbörse. Darum muß er kein Schatten, keine Unperson, kein negatives Spiegelbild sein. Auch daß er gelegentlich als Don Giovannis »plebejischer Nachahmer« erscheint (Hans Mayer), verrät noch nicht viel über sein Besonderes. Oder auch nur darüber, ob etwas »Besonderes« überhaupt da ist.

Dieser Abhängige handelt befehlsnotstandsgedrungen als Abhängiger. Aber er urteilt nicht als ein solcher. Wenn Leporello so sieht, was sein Herr treibt, was die Weiber sich gefallen lassen, dann findet er gelegentlich durchaus schroffe Worte. Don Giovanni? In Leporellos Augen: ein Schurke, ein Totschläger, ein Frauenschänder. Donna Elvira? Eine Verrückte.

Unter vier Augen nennt also der Diener seinen Herrn einen Schurken. Daraus ist zu entnehmen, daß Leporello, mag er sich auch zu den schlimmsten Stücken kommandieren lassen, eine konventionellere, moralischere Lebensauffassung vorkehrt oder hegt als sein Herr. Als Handelnder benimmt sich Leporello zwar grobschlächtig, aber nicht unerschütterlich. In der Schlußszene treibt Don Giovanni es für den todesängstlichen Leporello in jeder Weise zu weit. Da tut dem Leporello, und das ist nicht selbstverständlich, sogar die rührend flehende Donna Elvira leid. Ein paar Szenen zuvor hat Leporello noch, in Don Giovannis Maske, die lichterloh Liebesbereite im Arm gehalten (»Der Spaß gefällt mir«, entfuhr es ihm), nun aber reagiert er mitmenschlich und mitleidend. Nicht die mindeste Ironie versehrt Leporellos »Sie bringt mich fast zum Weinen«, relativiert sein: »Wenn ihr Leid ihn nicht rührt, hat er ein Herz von Stein, oder er hat kein Herz!«

Da Leporello von Don Giovanni bei gemeinsamen Aktionen zu solidarischem Handeln genötigt wird (der Herr braucht den Knecht), ergibt sich eine unvermeidliche Komplizenschaft. Und es spricht entweder für Don Giovannis Bonhommie (aus Gleichgültigkeit) oder für Leporellos komplizenhafte Courage (aus Aufmüpfigkeit) oder für beides, daß Leporello den wahrlich aggressiven Don Giovanni nicht nur nachahmt, sondern ironisch nachäfft, ja daß er sogar mit dem Namen des Chefs freundschaftlich spielt: »Oh Leporello mio, va tutto bene!« (»O mein Leporello, es geht alles gut«), sagt Don Giovanni ruchlos optimistisch. »Don Giovannino mio, va tutto male!« antwortet Leporello darauf wie aus der Pistole geschossen und bedient sich beim Namen seines Herrn sogar einer, hoffentlich liebevollen, Verkleinerungsform. Dessen ist er genauso fähig wie der ironischen Wiederholung von Don Giovannis »Bravo, ich meine das ehrlich!«.

Er ist kein starker, couragierter, aber ein zäher Charakter. Aufbegehrend, läßt er sich unterkriegen, aber dann kommt er rasch wieder hoch. So hat er etwas vom Stehaufmännchen. Auch wenn die Demütigungen und Gefährdungen knüppeldick auf ihn herabsausen, ihn zittern und jammern machen, nie lassen List und Beobachtungsgabe nach. Daß er angesichts der rächenden Hölle ängstlich unter den Tisch kriecht mit Heulen und Zähneklappern: es ist naheliegender als Don Giovannis Mut. In Ausnahmesituationen bewähren sich nur Ausnahmemenschen.

Aber in einer wahrlich auch gefährlichen, nur eben nicht vom Überirdischen durchlohten Lage erweist sich Leporello als ein Kerl. Seine Situation ist ja nicht beneidenswert. Der schändliche Maskentrick kam an den Tag, die Wut aller Don-Giovanni-Jäger richtet sich heftig und ersatzweise gegen ihn, zumal man des ruchlosen Edelmanns einstweilen nicht habhaft werden kann. Nichts als ein heftiges, schnellschlotterndes »Sich-Beknirschen« scheint ihm in der Arie Nr. 20 noch übrigzubleiben, wenn das große Sextett vorbei, seine Gemeinheit offenbar und die schlimme Strafe nah ist. »Schlagen wir ihn tot«, meint Masetto.

Jetzt fleht er also um Erbarmen, Erbarmen. Ein Tonbild jäh jaulenden Jammers. Doch das dauert nur zwanzig Takte – und plötzlich erwachen, zunächst nur momentweise, dann immer unwiderstehlicher, in Leporello doch die Lebensgeister, die Überlebensgeister. Er hat nämlich die (weiß Gott beleidigte) Elvira als Alibi – daß er's nicht gewesen sein kann, der Masetto zusammenschlug. Während er sich aber dieses Alibis bedient, das ihn freilich auch heftig belastet, spürt er eine Fluchtmöglichkeit. Das Orchester läßt uns ahnen, daß er's ahnt. Brillant-muntere Geigenpassagen deuten den wiedererstandenen Lebensgeist an, Triller in den Bratschen, pfiffigen Witzen ähnlich, unterstreichen ihn. Endlich erreicht er die längst ins Auge gefaßte Tür. Und entflieht.

Ist er, der Spielbaß, dem Kavaliersbariton des Don Giovanni wirklich so ähnlich? »Sie sind beide aneinandergekettet in ihrem Entwurzeltsein, in ihrem Außenseitertum. Leporello ist der Don Giovanni der kleinen Leute, so wie Giovanni in gewissem Sinn der Leporello, der Aussteiger unter den Fürsten ist. Auf Leporello hat das enge Verhältnis zwischen ihnen zweifellos positiv abgefärbt«[19], meint Attila Csampai.

»Positiv abgefärbt«? So scheint es Csampai, weil er Don-Giovanni-gläubig die Ansicht hegt, es könne für Leporello keinen zweiten »derart unverstümmelt menschlichen«[20] Herrn geben wie Don Giovanni...

Bei Da Ponte und Mozart jedenfalls jammert und schimpft Leporello unermüdlich über den »Schurken«, was ihn nicht hindert, einer gewissen Kameraderie zu frönen, sich auch nach den Damen umzusehen – und für Don Giovanni sorgfältig-engagiert Buch zu führen. Während gemeinsamer Aktionen unterstreicht Mozart Don Giovannis (nur selten und kurz angefochtene) souveräne Courage dadurch, daß Leporello stets in komischer Weise als der Ängstlichere erkennbar wird. Der spricht schneller, flatternder, atemloser. Mit der Solidarität des Komplizentums ist es nicht allzu weit her. Während Donna Anna dem Don Giovanni auf den Fersen ist, empfindet Leporello anfangs noch solidarisch: »Il padron in nuovi guai« (»Der Herr in neuem Mißgeschick«).

Aber wenn's dann brenzliger wird, ist der Freund Leporello sich selbst der nächste: »Man wird sehen, daß sein Leichtsinn mich ins Unglück bringen wird.« Leporello fürchtet sich heftig – und macht seinem Herrn unmittelbar danach, und etwas später, entsprechend heftige Vorwürfe. Er hat also Angst, selbst wenn bei manchen Abenteuern des Chefs auch für den Untergebenen etwas abfällt, der ja rasch gelernt hat, junge Frauen »seines Schutzes« zu versichern, der mit dem ganzen Abenteurertum aufhören will und gleich wieder vergnügt lachen muß darüber, wie leicht Weiber zu täuschen sind, und dann sogar hingebungsvoll, freilich maskiert, mit Donna Elvira flirtet.

Wie geht das alles zusammen? Da Ponte liefert keine psychologisierende, sondern Mozart eine musikalische Erklärung. Die Angst, die schnellen, aber nicht unmäßig entsetzten »Ich fürchte mich«-Achtel, die Leporello von Don Giovanni unterscheiden – diese Bekundungen angstvoll raschen Faselns schlagen nämlich, so pflegt sich dieser Abhängige zu fangen und zu sich zu kommen, schnell um in getröstet wirkende Bekundungen flotten, munteren Geplappers.

Leporello verdrängt nicht und verbirgt nichts. Es sei denn, er wird grob zum Schweigen gezwungen; aber dabei handelt es sich dann doch nicht um jenes verbockte Verdrängen, dem wir beim gleichfalls abhängigen Masetto begegnen. Gleich in der Introduzione, wo wir Leporello beim Wacheschieben zuschauen, äußert er im sehr mißmutigen Selbstgespräch die heftigsten Vorwürfe gegen seinen Herrn (an dessen Stelle er sein möchte), doch er tut das nicht nur in ungetrübtem Molto allegro F-Dur, sondern im Tonfall rüstiger Munterkeit. Der Tonumfang ist groß, größer als in irgendeinem verdrucksten, miesen Monolog, das »no, no, no, non voglio servir« hat etwas vom vertrauten Buffogeplapper – selbst hier, mitten in der Nacht, kurz vor Katastrophalem.

Ärger oder gar Angst, wie tief auch immer empfunden, sie liegen also bei diesem kräftigen, rasch und keineswegs übermäßig differenziert reagierenden Mann auffallend nah beim lustigen, ja oft ironischen Plappern, auf das er sich so gut versteht. Ironie, und zwar die derbe, allen Feinsinns bare Ironie, ist oft eine Ausflucht Abhängiger, die eigenständig empfinden. Über all das hinaus hat Leporello auch etwas vom Clown, vom Papageno-Hanswurst, vom Buffo, der dem Publikum seine Not mitteilt, wenn er schon bei seinem Herrn nicht weiter weiß. »Ich muß unter allen Umständen diesen Wahnsinnigen für immer verlassen! Da ist er ja: seht, mit welcher Gleichgültigkeit er daherkommt.«

Es ist komisch und etwas mehr, wenn sie sich immer wieder im Parlandoplappern fängt, diese von Don Giovanni manchmal so heftig geschundene Kreatur. Was für eine widerwärtige und klassenbewußte Unverschämtheit legt Don Giovanni an den Tag, wenn er ausmalt, er habe wohl soeben eine von Leporellos Gefährtinnen verführt. Darauf Leporello betroffen: »Aber wenn sie meine Frau gewesen wäre?« Darauf Don Giovanni (lacht sehr laut): »Noch besser!« Angesichts solcher Schamlosigkeit muß ja der Himmel einfach eingreifen, und er tut's auch im nächsten Takt.

Sein Plappern vergeht ihm nicht einmal – und das ist wirklich shakespearehaft komisch –, wenn er in heftigstem Tempo sagt, daß er nichts sagen kann (weil er noch ganz im Schreckensbann steht von Don Giovannis Höllenfahrt).

Einmal muß sogar das Orchester eingreifen und Leporellos unseriöses, unbeherrschtes Gerede verschönen. Im A-Dur-Terzett, das mild und unwiderstehlich von Liebeswerben künden soll, quasselt Leporello begeistert über die (gemeine) Komik der Situation: »Wenn ihr nicht aufhört, lach ich, lach ich, lach ich, lach ich, lach ich, lach ich, lach ich, lach ich, lach ich, lach ich.« Diese alberne Munterkeit hüllen Mozarts Bläser in ihren modulierenden Atem ein, damit sie nicht die Szene verrate und die Macht der Musik belästige.

Als dramatischer Kontrast erscheint Leporellos Plappern – in seiner Schreckensform des Angstzitterns – während des Friedhofsduetts. Das Orchester bereichert in entwickelnder Variation die Zwischenspiele. Der dramatische Kontrast aber findet statt zwischen Leporellos ruhig-gesetzter Einladungsformel »O statua gentilissima« und seinem schlotternd an Don Giovanni gerichteten »non posso«. Don Giovanni verhält sich nun ganz hübsch widerlich. Er bedroht den Diener mit seinem Degen, zwingt ihn, die Totenstatue anzureden, hat dabei das offen sadistische Motiv: »Er soll mir zittern.« Aber zum Schluß läßt der Schrecken über die Zusage des Toten die beiden – Don Giovanni und Leporello – doch ein paar Takte lang identisch reagieren, glasig befangen.

Und dann plappert's aus Leporello wieder in alter Manier, man müsse fort.

Leporello: ein realistischer Buffo. Jemand, der es trotz schlimmer diesbezüglicher Erfahrungen nicht lassen kann, immer wieder aufzubegehren, sich den Mund zu verbrennen. Jemand, der unsentimental dem Herrn die Mädchen zuführt, sachlich und bürokratisch die Erfolge zählt, der sich aber doch nicht wohl fühlt in seiner Funktion, auch wenn's ihm manchmal ganz wohl ergeht, weil der Herr nicht immer scheußlich oder »herrisch« ist.

»Laßt ihn doch gehen«, rät Leporello menschenfreundlich der aufgewühlten Donna Elvira, »er verdient nicht, daß Ihr noch an ihn denkt« – dann zieht er ein kleines Büchlein hervor. Das Publikum freut sich auf die »Register«-Arie.

Diese Registerarie aber, ein von Witz, Schadenfreude und grausamem Opernglanz funkelndes Stück, offenbart, wenn man näher hinhört, eine seltsam prozessuale Entwicklung. Leporello beginnt rezitativähnlich, parlandohaft. Viele Tonwiederholungen. Psalmodieren. Der Witz, das Funkeln, die

Schadenfreude liegen lange, liegen bis zur Erwähnung der tausenddrei, also der »mille e tre« Spanierinnen, einzig im Orchester: die spitzen Violinen, das ziemlich unverschämte Gekicher der Flöten, Fagotte, Hörner.

Es dauert offenbar einige Zeit, bis Leporello selbst in jene schadenfrohe Fahrt kommt, die der »Geist des Orchesters« hier schon längst vorführt, bis er sich den Nonenpassagen effektvoll anschließt. Sein langsames Ende: »Ihr wißt schon, was er tut« ist dann weder »kritisch« noch ironisch oder schadenfroh. Reines, synkopisches D-Dur. Vielleicht ein Symbol von Don Giovannis universaler Zärtlichkeit. Und nicht dem Boten von Don Giovannis Niedertracht, also Leporello, zürnt denn auch die betroffene Donna Elvira, sondern dem in der Tat Schuldigen. Was Leporello betrifft, so wollen wir hoffen, daß er, wie er es wünscht, am Ende doch einen besseren Herrn finden wird. Was nützte ihm schließlich Don Giovannis »unverstümmelte Menschlichkeit«, da er doch meist nur deren egomane Nachtseiten erleben und erdulden mußte.

Marcellina

Alt. Als Beschließerin und Hausdame im Schloß des Grafen Almaviva tätig. War einst Dienerin des Doktor Bartolo. Stellte Figaro ein Darlehen zur Verfügung, wofür er ihr, falls er es nicht zurückzahlen könne, schriftlich die Ehe versprach. Dieser Kontrakt soll zum Haupthindernis der Hochzeit des Figaro mit Susanna gemacht werden.
Aus: *Le nozze di Figaro*

Zu Anfang wird diese Buffatype rücksichtslos blamiert: Wo leidenschaftlich empfindende, feurige Charaktere um Liebe kämpfen, fuchtelt sie mit einem Ehevertrag; wo Jugend Trumpf ist, hält man ihr schadenfroh vor, daß sie eine alte Schachtel sei. »Meine alte Dienerin«, flüstert Doktor Bartolo, und es würde ihm Spaß machen, sie dem Figaro bestrafungshalber zur Frau zu geben. Susanna spielt im Eifersuchtsduett mit Marcellina natürlich auch von Herzen gern auf das würdige Alter Marcellinas an, verhöhnt die Gegnerin als »gebrechliche Sibylle«, als »alte Pedantin«, die sich wer weiß wie gelehrt aufspielt, weil sie zwei Bücher gelesen habe. Die dermaßen heftig Blamierte verhält sich nicht mitleidwürdig. Sie ist es, die im letzten Augenblick bei Bartolo eine Intrige gegen Figaro ankurbelt; auch kommen von ihr die ersten boshaften Worte im Duett mit Susanna, wo sie dann gründlich verhöhnt wird und wirklich nicht das letzte Wort hat.

Ein miserabler Start. Und ihre einzige Soloarie ereignet sich im vierten Akt (meist ein wenig unerwünscht die Spannung aufhaltend) denn doch gar zu spät. Sie tönt auch zu harmlos-treuherzig von jenem Frieden, den alle weiblichen Geschöpfe wollen, und von dem Undank, den sie seitens der Männer ernten, als daß sie noch irgend etwas für Marcellina retten könnte – wenn nicht auf andere Weise bereits ein Umschlag erfolgt wäre.

Die da am Anfang würdig gouvernantenhaft herumagiert, scheint doch als Mensch, als Frau überhaupt nicht in Betracht zu kommen: ein lustiges, verspottetes Buffagespenst. Aber dieser Eindruck übertreibt. Marcellina muß nicht unbedingt so sein, wie die aufgeregte und parteiische Susanna sie sieht. Cherubino, zum Beispiel, sieht sie bereits ein wenig anders: Wie käme er sonst dazu, auch ihr seine Canzone vorlesen lassen zu wollen? »Lies sie«, sagt er zu Susanna, »deiner Herrin, lies sie selbst, lies sie Barbarina, Marcellina« (mit freudiger Erregung), »lies sie jeder Frau im Schloß.«

Marcellina gehört also auch dazu, sie »zählt«. Daß sie Figaro liebt, daß sie ihn mit erpresserischen, aber sehr ungeschickten Mitteln (erst am Tage seiner Hochzeit mit einer anderen organisiert sie Doktor Bartolos Widerstand!) in den Ehehafen zu lotsen versucht, findet eine recht überzeugende Erklärung. Marcellinas Verhalten war nicht die Marotte einer verrückten Person, sondern ein ungeschicktes Echo der ... Stimme der Natur. Sie ist ja – was drei Akte lang niemand weiß – Figaros Mutter. Der wurde als Kind geraubt. Irgend etwas davon scheint Marcellina stets zu spüren.

Jedenfalls erkennt sie früher als der Vater – den Raffaello. Ihre Anfangshysterie läßt sich deuten als die Verwirrung einer Mutter, die keine Ahnung hatte, dieses von ihr geliebten Mannes Mutter zu sein.

In dem Augenblick aber, da Marcellina die Wahrheit weiß, handelt sie gutartig, reagiert sie nur noch vernünftig. Sie versucht, Figaros allzu sichere Wut gegen Susanna zu dämpfen, sie nimmt – nun nicht mehr »Konkurrentin« – freundschaftlich für die Schwiegertochter in spe Partei. Und heiraten darf sie am Ende auch – wennschon nicht ihren Sohn, den Figaro, so doch wenigstens dessen Vater.

Masetto

Baß. Bräutigam Zerlinas. Weder klassenbewußter Bauer noch Volltrottel. Dafür verklemmt und maßlos in blinder Wut.

Aus: *Don Giovanni*

Masetto ist keineswegs so dumm, um nicht meist ziemlich rasch zu begreifen, was gespielt wird und wie ihm mitgespielt wird. Er ist nur nicht geschickt, mächtig und einfallsreich genug, um stets verhindern zu können, was er befürchtet. Daß er, ohnehin vor Wut nicht gerade hellsichtig, zum Opfer einer umsichtigen Komödie des als Leporello maskierten Don Giovanni wird, sollte man ihm eher als »Pech« auslegen denn als Tölpelhaftigkeit. Wie könnte Masetto einem so gerissenen, an Verkleidungen, Duelle, Auseinandersetzungen gewöhnten Gegner denn auch gewachsen sein? Die Prügel, die Masetto von Don Juan bezieht, beweisen nur, daß Masetto ein junger Bauer ist und wirklich kein routinierter Akteur eines Mantel-und-Degen-stücks. Masetto ist aber auch kein naiv lieber Landbursche, sondern von vornherein ein komplexer, verklemmter Fall. Der Umstand, daß wir ihn gleich beim ersten Auftritt im Schatten Zerlinas finden (nach ihr einsetzend, meist in der Unterterz), braucht dabei noch nicht allzuviel zu bedeuten. Daß in einer Zweierbeziehung sie temperamentvoller ist als er, besagt nichts Besonderes. Masetto mag andere Vorzüge besitzen.

Nur scheint er seines Zerlinen-Glücks gar nicht so sicher. Nie singt oder sagt er, daß er Zerlina liebe. Man muß es vielmehr erschließen aus seiner Wut, seiner Widerborstigkeit, aus seinem energischen Widerstreben, die Braut mit dem herrischen Aristokraten allein zu lassen. Daß Zerlinas versöhnende Sinnlichkeit ihm den Kopf verdreht, obwohl er ziemlich genau weiß, welcher Schamlosigkeit sie fähig war, gesteht er sich selbst einmal fast verlegen ein. Nachdem ihn Zerlinas F-Dur-Arie betört hat, brummelt Masetto: »Sieh mal an, wie diese Hexe mich zu verführen wußte! Wir sind eben schwach im Kopf.« Hier irrt Masetto, der sich für dumm ausgibt: nicht im Kopf – denn er durchschaut ja Zusammenhänge –, sondern im Herzen. Was sein Bewußtsein betrifft, so wirkt Masetto freilich weder wie ein glücklich Verliebter (wozu ihm dieser *Don-Giovanni*-Tag schwerlich Veranlassung bietet) noch wie ein überzeugter Bräutigam.

Was er singt, mutet fast immer seltsam verklemmt an, lauernd, unfrei. Kaum je wagt er große Intervalle, wagt er Leporellos Plapperfreiheit des Stakkato oder Zerlinas Tändelübermut. Seine Töne kleben meist ganz nah aneinander. Eng zwischen den Zähnen preßt er sein »no no no no no no no no« in seiner Arie (Nr. 6); man vergleiche das mit dem weit freieren, aufmüpfigeren »no no no non voglio servir« Leporellos. Beide Stücke stehen in F-Dur und in schnellem Allegro – aber Leporello braucht für seine ausufernde »no«-Wut eine Dezime, stößt die Silben kurz und von Pausen unterbrochen hervor, während Masetto sich in den engsten Abstand, die Sekunde, verbeißt, ohne jede Atempause.

Etwas »Gepreßtes« ist diesem Bauernjungen anzumerken. Fürchtet er insgeheim, sich mit dem Temperament Zerlinas doch eine eheliche Last auferlegt zu haben, die ihm noch verdammt zu schaffen machen wird?

Beim ersten Zusammentreffen wird Masetto von Don Giovanni eben nicht übertölpelt, sondern mit Degengewalt zum Nachgeben gezwungen. Daß er sein »Hab verstanden« zwischen den Zähnen zerdrückt, daß er als armer Kerl nicht zur Kantilene einer Rachearie neigt, man kann es verstehen. Seine erste Arie (Nr. 6) beginnt logischerweise wie das wütende Beiseite eines Ohnmächtigen, der sich zwar zurückhalten muß, der aber weiß Gott nicht zum opportunistischen Einverständnis oder zu feiger Resignation tendiert. Masetto hat überhaupt keine angenehm selbstsichere »Mitte«, sondern kennt, in seiner Not, nur zwei Extreme: die zähneknirschende, verhalten-verklemmte Tatsachenfeststellung und den rasenden Zornesausbruch. Dann will er gleich töten, Köpfe jagen, massakrieren – was er in seiner Rachewut dem Don Giovanni, aber auch dem Leporello zudenkt.

Wie diese erste Arie beginnt, so geht sie aber nicht weiter. Am Ende verhöhnt Masetto nämlich die Geliebte ironisch und wütend-laut: Glaube nur, der feine Herr wird eine Edelfrau aus dir machen, dumm genug dazu bist du...

Aber nicht nur dem Sinn, sondern dem genauen Wortlaut nach äußert Masetto in extremer Situation jene Beklommenheit, die er – kurz vor der Ehe – der Partnerin gegenüber fühlt. Die er vor sich selbst verdrängte, bis schlimme Umstände nun doch den Fluch herausbrechen lassen: »Schurkin, Dirne, du warst immer mein Verderben.« Wenn das nur ein situativer Wutausbruch wäre, woher käme das »immer«?

Masetto flüstert sich durchs Stück, er schleicht durchs Schloß, tritt zum Schrecken Don Juans in ungelegener Zeit aus Nischen hervor. Er verhält sich wie ein Intrigant, wie ein Verschwörer – ist aber doch immer nur der Unterlegene, einem Übermächtigen ausgesetzt. Will als Schwächerer etwas verhindern oder retten und weiß kein anderes Mittel als Zähneknirschen, Ironie, Zähigkeit. Er läßt sich nicht abschütteln. Was er als Hochzeiter und Liebhaber herunterschlukken muß, das macht seine spätere Racheexplosion weiß Gott verständlich. Daß er bei alledem komisch wirkt, ist eher Pech als Schuld. Wem die Geliebte am Tage der Hochzeit umstandslos wegläuft (laut Eugen Roth wachse dem Betroffenen das Geweih leise, die Frau sei fort, obzwar nur leihweise), der braucht für den Spott nicht zu sorgen. Und ein zur Rache finster-mannhaft Entschlossener, der sich vom Objekt seiner Rache düpieren läßt, die Waffen abliefert und schließlich jämmerlich verdroschen wird, der bietet das weniger heroische als jämmerlich komische Bild eines innigen Elends.

Solange wir Masetto noch im halbwegs vollen Besitz seiner Kräfte finden, gibt dieser Unterdrückte, der weder Revolutionär ist noch feiger Tölpel, seinen Anspruch und seine Wut nicht auf. Er ist kein Schwächling, er entwindet sich durchaus dem Leporello. Nur dem Locken seiner Braut und Don Giovannis List ist er nicht gewachsen. Immerhin darf er, als einziger, die entscheidende tiefe Baßlinie singen in der Stretta des ersten Finales beim »Trema«: »Zittere.« Von seiner Grundgewalt hängt da der Racheglanz des Ensembles ab. Er ist eben kein Tropf und kein Held, sondern eine Charakterrolle.

Monostatos

Tenor. Ein Mohr. Von seinen Untergebenen gehaßter Aufseher der gefangenen Pamina.
Aus: *Die Zauberflöte*

Ein Mohr, welcher die Liebe fühlt und nicht fühlen darf? Ein brutal zurückgewiesenes Opfer des naiven Singspiel-Rassismus? Direkter Ausdruck Schikanederscher Schwarzweißmalerei? Seine C-Dur-Arie – »die jagenden Sechzehntelnoten unterstreichen den gehetzten, überaus erregten Charakter der Musik noch« –, fast ohne Schärfe, ohne Molltrübung, hat sowohl etwas buffohaft Plapperndes wie etwas Perpetuum-mobile-Artiges. »Alles fühlt der Liebe Freuden, schnäbelt, tändelt, herzt und küßt.« Unverkennbar dann die Sympathielenkung auf Monostatos hin: »Und ich sollt' die Liebe meiden, weil ein Schwarzer häßlich ist!«

Der Fall M. läge einfach, wenn es nur diese Arie gäbe. Als man sich nichts dabei dachte, Schikaneders Dialoge zu streichen, hatte Monostatos es eigentlich leichter. Da wurde nämlich weder schauerlich klar, was seine Untergebenen von ihm denken, noch kam heraus, was für ein rachsüchtiger, in der Wut sadistischer, vor Sarastro schmeichlerischer und schließlich gegenüber der Königin der Nacht erpresserischer Typ dieser »Spieltenor« eigentlich ist. Oder gebrauchen wir hier zu heftige, moralgesättigte Ausdrücke für die Charakterisierung eines lustig-lüsternen Mohren? Monostatos ist kein Shylock (aus Shakespeares *Kaufmann von Venedig*), nicht mal Osmin, mit dem ihn immerhin derjenige Charakterzug verbindet, Worte seiner Opfer hämisch nachzuäffen.

Weithin fügt sich auch der »böse« Monostatos in die natürliche Totalität der Singspielwelt. Er tanzt heiter mit, wie alle, zur Musik des Glockenspiels. Er besingt rückhaltlos die Liebe zwischen Mann und Frau.

Nicht daß er die schöne Pamina »haben« will, hält ihm das Singspiel vor. »Versuchte Unzucht mit Abhängigen« wäre hier eine unangemessene Kategorie. Aber seine sonstigen Absichten und Taten werfen ein schwarzes Licht auf eine ziemlich schwarze Seele. Zum Beispiel, wie er Pamina am Anfang quält, fesselt, bis die Arme in Ohnmacht fällt, was übrigens die anwesenden Sklaven so rührt, daß sie vor Mitleid mit Pamina kaum hinsehen können.

Oder: daß er gehässig-witzig die Angstachtel von Paminas und Papagenos »nur geschwinde, nur geschwinde, nur geschwinde« nachäfft, wenn er sie fängt. Er verspottet seine Opfer, ruft nach Stahl, Eisen, Band und Stricken. Gut, Papagenos Glockenspiel hilft den Ertappten, sie lachen ja auch gleich wieder; und Monostatos tanzt berückt fort. Doch bald ist er wieder da. Nun hat er den verliebten Tamino erwischt und regt sich über die »Dreistigkeit« des Prinzen auf, Pamina zu umarmen.

Die siebenundsiebzig Sohlenstreiche träfen kein Unschuldslamm. Später finden wir ihn aber, immer noch unbestraft, trotz allem wieder in der Nähe Paminas. Sie schläft, während er hinzuschleicht. Jetzt singt er seine Arie, die manche Musikologen auffällig mehr zu erregen vermochte als das Publikum. Zitieren wir Jahn/Abert: »Mozart hat mit ihr eines seiner eigentümlichsten dramatischen Charakterstücke geschaffen. Es kennt keine wilden Ausbrüche im Stile Osmins, sondern spielt sich durchweg im pp ab, nur der Mittelsatz bringt einen zweimaligen mfp-Akzent. Auf diesem Untergrund entfaltet sich ein sinnliches Flimmern und Prickeln, das auch dem Hörer das Blut heiß durch die Adern jagt und die Nerven zittern läßt.«[21] (Also, wenn Hermann Abert bereits auf diese Monostatos-Arie so aufgewallt reagiert, was passiert dem offensichtlich leicht entzündbaren

Professor dann wohl im *Tristan?*) Nachdem Monostatos seine Absichten eindeutig kundgetan hat, schleicht er »langsam und leise hin« zur Schlafenden. Aber jetzt fährt deren Mutter dazwischen: Sie stiftet Pamina zum Mord an.

Monostatos belauscht das, und er benutzt seine soeben erworbene Information über den »ausgedachten Mord« entschlossen zur Nötigung Paminas: »Du hast also nur einen Weg, dich und deine Mutter zu retten.« »Der wäre?« Monostatos: »Mich zu lieben.«

Klare Verhältnisse. Da jedoch Pamina sich todesmutig weigert, der Nötigung zu entsprechen, holt Monostatos aus, sie zu erstechen. Jetzt aber tritt Sarastro dazwischen – und läßt ihn entlaufen. Monostatos wird sich mit der Truppe der Königin der Nacht verbinden.

Also: eine schwarze Seele, Lustspiel-Lüstling. Nicht *daß*, sondern *wie* er hinter Pamina her ist, macht ihm der Singspielkosmos zum Vorwurf.

Mit dieser Charakterisierung des Monostatos, der eben fürs Schwärzliche steht in einer Schwarzweißwelt, könnte man sich zufrieden geben. Aber über der C-Dur-Arie steht eine geheimnisvolle Anweisung: »Alles wird so piano gesungen und gespielt, als wenn die Musik in weiter Entfernung wäre.«

Was bedeutet das? Wie läßt es sich deuten? Für Rainer Riehn liegt der Fall klar: Die Anweisung zeige an, daß »diese Szene nicht real ist. Nicht Monostatos singt eigentlich diese Arie, sondern es sind die auf Monostatos projizierten Wünsche Paminas, die, wie wir ja wissen, während dieser Arie schläft.«[22] Pamina, die »Zickige«, habe also ein Unterbewußtsein, das sich nach des Monostatos Umarmung (und hübsch masochistisch auch nach den ihr von ihm zugefügten Qualen) sehnt.

Dies alles ließe sich herauslesen aus dem Hinweis, »als wenn die Musik in weiter Entfernung wäre«? Bedenkt man, wie offen Pamina auf Papagenos Liebeskummer reagierte, wie vorbehaltlos sie Tamino liebt, dann spricht eigentlich gar nichts für Riehns phantastische Interpretation.

Gleichwohl: warum die »weite Entfernung«?

Es könnte eine Metapher für Vorsicht sein. Die Schlafende nicht wecken. Dann wäre es ein Traum des Monostatos, der sich die gleichberechtigte Vereinigung von Schwarz und Weiß nur als ferne Utopie vorzustellen vermag.

Ein wenig überinterpretiert wirkt diese Erklärung gewiß auch. Aber ist sie völlig unannehmbar? Woher – und das hat Götz Friedrich 1960/61 im *Jahrbuch der Komischen Oper*[23] weiterzudenken versucht – woher kam eigentlich Monostatos zu den Eingeweihten? Wie errang er das Vertrauen Sarastros, der ihn zum Aufseher über ein »reizendes« junges Mädchen machte? Friedrich bezieht sich auf Walter Felsenstein. Felsenstein witterte in Monostatos einen »Nubierfürsten«, der zu den Eingeweihten kam, zunächst vertrauenswürdig schien und dann – in sexueller Notstandssituation – zum Bösewicht wurde.

Daß Monostatos in der Arie den Mond um Vergebung dafür bittet, sich in eine Weiße verliebt zu haben (»Lieber guter Mond vergebe, eine Weiße nahm mich ein«), deutet weniger auf Gewissenlosigkeit hin als auf ein überwundenes Gewissen. Und daß Monostatos keineswegs lärmend lustiglaut seine eindeutigen Absichten kundtut, sondern ganz leise, wie aus der Ferne, verhalten oder gar verklemmt – es legt einen Schluß nahe: Wir haben in Monostatos weder einen naiven Buffoschreihals vor uns noch auch einen schrecklich abgründigen Charakter, sondern eine menschenähnliche Figur dazwischen. Auch dieser Schwarze stellt eine Farbmischung dar.

Oberpriester

Tenor. Drängt als Neptuns Oberpriester den König Idomeneo, sein Gelübde zu erfüllen.
Aus: *Idomeneo*

Falls in König Idomeneo noch ein Funke eigensinniger Energie glimmen sollte, falls der König gar noch in irgendeiner Weise den Gedanken hegen sollte, sein Gelübde zu umgehen, der Konsequenz des von ihm geleisteten Eides auszuweichen, also den Sohn nicht zu opfern, sondern bloß sich selbst als Opfer anzubieten – dann träte der Oberpriester des Neptun in seinem großen Rezitativ (dritter Akt, Nr. 23) solche Widerstandsfunken radikal aus. Er zwingt Idomeneo dazu, die schreckliche Wirklichkeit zu begreifen, zur Kenntnis zu nehmen, was sein ausweichendes Verhalten bereits angerichtet hat. Der eifernde Priester trägt dick auf: Tausend und Tausende habe er umkommen sehen. Kretas Straßen seien überschwemmt von Blut, und das mörderische Ungeheuer werde immer gieriger.

Streng konfrontiert der Oberpriester Idomeneo mit der Realität, die der König verschuldet habe, weil er Neptun nicht gab, was er ihm dereinst versprochen hatte. Logisch folgert der Gottesmann weiter: Nach alledem dürfe der König nun nicht mehr zaudern. »Zum Tempel, zum Tempel!« – und dem Neptun, was ihm gebührt.

Gegenüber der vom erregten Orchester gesteigerten, klirrenden, rechthaberischen und Recht habenden Aussage des fordernden Priesters klingt Idomeneos empfindsam und mitleidvoll auskomponierte Antwort wie die qualvolle Antwort eines ausweglos Leidenden. Einer so herb begründeten Forderung kann Idomeneo nicht mehr widerstehen – er kann nur sympathischer, menschlicher wirken als der sein Opfer gnadenlos eintreibende Priester mit den blutigen Argumenten.

Aber ganz unbeeindruckt läßt den Oberpriester Idomeneos menschlich-väterliches Leid nicht. Wenn der Chor (Nr. 24) in seiner ersten Strophe erschüttert das furchtbare Gelübde beklagt, dann macht sich in der zweiten Strophe, solo, der Oberpriester zum Sprachrohr barmherziger Gedanken: Der Sohn sei doch schuldlos, der Himmel möge die opferbereite (zum Zustoßen bereite) Hand des gläubigen Vaters zurückhalten. Aber diese Regung scheint nur Episode, nur mitleidige Rhetorik zu sein, die gar nichts bewirkt. Wie wenn der Oberpriester überhaupt nicht appelliert hätte, setzen bereits auf sein letztes Wort ungerührt als dritte Strophe wieder jene Triolen des Furchtbaren und jene Chorharmonien des Todes ein, die bereits zuvor erklungen waren, nachdem Idomeneo gestanden hatte, daß er dem Neptun niemand anderen schulde als seinen eigenen Sohn.

Osmin

Baß. Aufseher im Landhaus des Bassa Selim. Grob und pflichtbewußt. Träumt von sadistischen Bestrafungen ertappter Übeltäter. Seine Schwäche: er liebt das Blondchen, wird aber trotz aller Kraftmeierei mit der jungen Dame gar nicht fertig. Obwohl er Entführer und Fluchtbereite im dritten Akt sämtlich zur Strecke bringt, kommt es nicht zum großen Strafgericht, sondern zum Happy-End, dem Osmin sich wutschnaubend entzieht.

Aus: *Die Entführung aus dem Serail*

Osmin nimmt seinen Aufseherberuf über den Harem des Bassa Selim vorbildlich ernst. Zumal an Fremdenfeindlichkeit dürfte er so leicht nicht zu übertreffen sein. Selbst Europäer, die sein Herr angestellt hat, wie Pedrillo (dessen Freundin Blondchen Osmin allerdings liebt, so daß noch einiger Eifersuchtsunmut hinzukommt), haßt Osmin aus Herzensgrund. Auch Belmonte, der scheinbar harmlos das Landgut des Bassa Selim besucht und sich als Architekt vorstellen läßt, stößt er bei der ersten Begegnung fort. Und wie oft er von Bastonade, Prügel, Folter, allen möglichen schrecklichen Tötungsarten spricht, die er alle längst verhängt hätte, wenn es nach ihm ginge: jedem Sadisten lacht da das Herz im Leibe...

Nun ist Osmin freilich mit seinem wutschäumenden Mißtrauen nicht schlichtweg im Unrecht. Daß Belmonte »Mädchen stehlen« will, sagt Osmin dem jungen Mann gleich bei der ersten Begegnung bitter-höhnisch auf den Kopf zu. Auch die Beziehung zwischen Pedrillo und Belmonte durchschaut er sogleich: »Ich müßte nicht sehen, daß es so ein Kumpan deines Gelichters ist und daß das so eine abgeredete Karte ist, uns zu überlisten«, fährt er Pedrillo, im Hinblick auf Belmonte, unfreundlich (aber in der Sache nicht unzutreffend) an. Eine »feine Nase«, mit der er Entführungskomplotte zu erschnuppern vermag, besitzt er durchaus; und auch sein unmutiger Hinweis darauf, der Bassa Selim sei »weich wie Butter«, greife leider nicht hinreichend durch, ist nur allzu berechtigt, wie das verteufelt humane Ende dieses Singspiels lehrt. »Ich hab' auch Verstand«, darf er in seiner Auftrittsarie selbstbewußt erklären. Die Oboen kichern bestätigend dazu, zuerst einstimmig, dann bekräftigend in Terzen.

Also: hellwaches Mißtrauen. Cholerische Fremdenfeindlichkeit, fanatisches Vertrauen in drakonische Strafen, gänzlich unentwickelter Sinn für die Gleichberechtigung der Frauen: so sieht der nicht ungefährliche Lustspiel-Bösewicht aus, der glücklicherweise auch seine Schwächen hat. Obwohl er sich gern dröhnend auf den »Propheten« beruft, scheint ihm dessen strenges Alkoholverbot doch gelegentlich differenzierbar. Und was seine Freundin Blondchen betrifft, so fürchtet der bärenstarke Mann, der doch sonst dauernd Prügel austeilen lassen möchte, er würde womöglich Schläge von ihr kriegen; Blondchen droht, sogar furchtlos, ihm im Falle des geringsten Übergriffs die Augen auszukratzen.

Wäre das alles, dann hätten wir in Osmin eine lustige, überschaubare, bald auch ein wenig langweilige Figur vor uns. Aber es kommt im Falle Osmin einiges hinzu, was sich gar nicht so leicht entschlüsseln oder deuten läßt.

Der tritt auf, singt drei Strophen eines herzlich traurigen Liedes – und gibt unversehens Rätsel auf. Der Text des Liedes handelt davon, daß ein Liebender stets, besonders aber nachts, im Mondschein, auf sein Liebchen sorgsam aufpassen muß. »Oft lauscht da ein junges Herrchen, kirrt und lockt das kleine Närrchen.« (Es ist, als ahne Osmin die sich doch gerade erst anbahnende Entführungshandlung.)

Gleichviel: der massige Mann hat also sein Vergnügen

daran, bei der Arbeit zu singen. Er läßt sich dabei einleuchtenderweise nicht so ohne weiteres von irgendeinem fragenden Fremden unterbrechen. Auch ist es bei einem solchen Volksliedchen nicht weiter bemerkenswert, daß die Strophen mit harmlosem Geträller enden. Genauer: mit einem von Mozart sehr raffiniert durchrhythmisierten »Trallaléra ... Trallálera«. Dies alles in g-Moll. Osmin trägt aber nicht nur die Strophen mit charakteristisch variierter Begleitung vor, sondern dieser empfindsame »Trallalera«-Schluß wird von Mal zu Mal dissonanter, reicher ausharmonisiert! Am Ende der letzten Strophe steigen die Geigen, die bisher melodiekonform geführt waren, in herber Gegenbewegung aufwärts. Es ist eine pathetische Mollgebärde, zugleich auch ein »exotisches« Moll: Bei der im »trallalera« nachwirkenden Wut des »dann Treue, gut Nacht« wird der Zwang des Strophenliedes witzig-brillant zugleich erfüllt und aufgebrochen.

Was hat dieser Reichtum eigentlich mit dem Lied und mit Osmin zu tun? Bernhard Paumgartner hört da die »Dämonie des bärenhaften Unwesens«, ganz erfüllt »von schwüler Sinnlichkeit«. Hermann Abert meint: »Es liegt etwas Schwüles, Unheimliches in diesem schwerfällig sich fortbewegenden Gesang ... und endlich dem kolossalen Aufschwung in das Trallalera! hinauf, in dem mit einem Male die fanatische Bösartigkeit des Gesellen elementar hervorbricht.«

Erlaubt chromatisch gesteigertes g-Moll solche Ausdeutungen? Mozart schrieb am 26. September 1781: »dieser osmin hat aber im original büchel das einzige liedchen zum singen, und sonst nichts, außer dem Terzett und final.«[24] Am 13. Oktober steht, wieder in einem Brief an den Vater, folgendes: »Nun wegen dem text von der opera ... doch ist die Poesie dem karackter des dummen, groben und boshaften osmin ganz angemessen. – und ich weis wohl daß die verseart darinn nicht von den besten ist – doch ist sie so

Passend, mit meinen Musikalischen gedanken (die schon vorher in meinem kopf herumspatzieren) übereins gekommen ...«[25]

Diese beiden Aussagen helfen das Osmin-Rätsel lösen. Zwar spricht Mozart bloß vom »Liedchen« und nennt den Osmin bloß »dumm, grob, boshaft«. Aber sagt er nicht auch, daß die von ihm verwendeten Gedanken schon vorher, also bevor er die Verse zum Komponieren bekam, in seinem Kopf herumspaziert seien?

Dieser Hinweis könnte erklären, was den Osmin so faszinierend macht: Es ist ein Überschuß, ein präfabrizierter Reichtum an musikalischer Energie, Buntheit und Fülle. Eingebungen, die Mozart schon »vorher« hatte, mit denen er aber nun diesen Aufseher ausstattet, in dessen Charakter komische Stupidität und musikalische Vielfalt verschmelzen. Aus der Banalität wird die Brillanz des Bösen.

Bei der Charakterisierung dieses grandios-vitalen Kerls war Mozart in Geberlaune. Vieles wirkt ganz unmittelbar komisch: der Wutstau der langen Töne beim »Solche hergelauf'ne Laffen«, der plötzlich in Passagen aufbricht, die von verbiestertem, aber tiefem Ärger kündenden Sekundreibungen beim »uns auf den Dienst zu passen«. Die Wirkung, die solche musikalischen Charakterisierungen hervorrufen, läßt sich ganz unmittelbar empfinden. Ein fanatischer Mann, schwer und doch auch brillant beweglich, gläubig und doch überaus bereit zur Boshaftigkeit, schlau-wachsam und doch einem Schlafmittel (fast) erliegend, bodenständig redlich und doch nicht ganz unverlogen.

Zu alledem tritt aber eben noch jener Reichtum, jener Überschuß hinzu, der sich nicht so ohne weiteres psychologisch entziffern läßt, es sei denn, man deutet systemtreu alles widerstandslos so auf die Person des Osmin um, wie es jene Interpreten taten, die aus dem schönen, ausdrucksvollen Schluß seines Liedchens gleich eine »im Roh-Sinnlichen, Triebhaften« steckenbleibende Liebe heraushörten.

Einen Moment gibt es – in der Rachearie »Ha, wie will ich triumphieren« –, da wird die Osmin-Angelegenheit nahezu mystisch. »Schleicht nur säuberlich und leise, ihr verdammten Haremsmäuse, unser Ohr entdeckt euch schon.« An der Vertonung von »unser Ohr entdeckt euch schon« ist nichts Auffälliges. Aber beim »Schleicht nur säuberlich und leise«, zumal bei der Wiederholung, wenn das Oktavmotiv wie in Engführung zuerst im Orchester erscheint, läßt der erhabene musikalische Einfall (erhaben schleichende Haremsmäuse?) den netten Text weit hinter, tief unter sich. In Mozarts c-Moll-Messe KV 427 oder in Sarastros Mund könnte diese Eingebung sich wahrlich auch behaupten – hier aber gehört sie zu Osmin, macht ihn hintergründig, erzeugt seinen herrlichen Überschuß.

Es wäre nicht nur pedantisch und psychologistisch klügelnd, sondern schlechthin falsch, schlicht auseinanderklauben zu wollen, was sozusagen als real charakterisierende Osmin-Musik zu gelten habe und was jenseits des Charakters von diesem Haremswächter liegt. Zu Osmin gehört wahrscheinlich auch, was nicht sogleich simpel zu ihm zu passen scheint. Seine Vitalität geht eben nicht in irgendeiner These, irgendeiner Adjektivkoppelung so einfach auf. Diese Vitalität umschließt vielmehr triumphierend einen Überschuß an Rachephantasie, der unkontrolliert, ja absurd schäumt (etwa was die Reihenfolge betrifft: erst geköpft, dann gehangen), einen Überschuß an verbiesterter Fremdenfeindlichkeit, aber auch an täppisch-hilfloser, im Selbstgespräch direkt zum Ausdruck kommender Verliebtheit (beiseite: »Gift und Dolch über das Mädchen! Beim Mahomet, sie macht mich rasend. Und doch lieb' ich die Spitzbübin«).

Osmin, gelegentlich »Alter« genannt, wird mit seinem Temperament nicht fertig. Er krankt an Jähzorn – zumal wenn die Dinge sich anders entwickeln, als es sein grobes Gerechtigkeitsgefühl will. Möchte er indessen wohlgesetzt beeindrucken, dann produziert er seriös-baßhafte gestische Quasileitmotive. Langsame, respektheischende Tonfolgen wie »bis du zu gehorchen mir schwörst« (zu Blondchen) oder »Das heiß ich, daß heiß ich gewagt« zu Pedrillo (im Adagioteil des Saufduetts) oder schließlich: »Denn nun hab ich vor euch Ruh'« (in der Rachearie).

Osmins unbeherrschbarer Energieüberschuß sprengt am Ende die Singspiel-Versöhnung. Der erfolgreiche Aufseher ist so entsetzt über die Güte seines Herrn, der den Christen (und seinem geliebten Blondchen) die Freiheit gibt, daß er keine gute Miene zum für ihn böse ausgehenden Spiel macht. Im Singspiel verbindet eigentlich die Musik als gemeinsamer Urgrund die Menschen, die sich lieben oder aneinander leiden. Im Finale sind sie vereint. Das Happy-End verklärt. Osmin aber will da nicht mit von der Versöhnungspartie sein. Er läuft, die allgemeine Harmonie sprengend, fluchend davon. Sollte er, weit über die Grenzen dieser Gattung hinaus, auch ein wenig jenem pedantisch rachdurstigen Juden Shylock nahestehen, den ein christliches Gerichtsverfahren zugrunde richtete und der darum in Shakespeares *Kaufmann von Venedig* früh und allein und verzweifelt die Bühne verließ? Oder dem Beckmesser der *Meistersinger von Nürnberg*, der den Finaljubel der Nürnberger auf seine Kosten nicht zu ertragen vermochte und vorschnell verschwand, während die anderen, nachdem er geopfert worden war, um so jubelnder feierten? Osmins Überschuß verführt zum Spekulieren ...

Don Ottavio

Tenor. Verlobter der Donna Anna. Liebt innig, versucht die verstörte Freundin zu beruhigen, baut auf Vernunft. Es scheint, daß Mozarts Musik ihn ein wenig anders behandelt (und wirken läßt) als die dramatische Konstellation.

Aus: *Don Giovanni*

Leidenschaft«, hat Arnold Schönberg 1914 an Hermann Scherchen geschrieben, »Leidenschaft, das können alle! Aber Innigkeit, die keusche höhere Form der Gefühle, scheint den meisten Menschen versagt zu sein. Das ist ziemlich begreiflich; denn das ihr zugrundeliegende Gefühl muß empfunden sein, und nicht bloß dargestellt werden! Deshalb haben auch alle Komödianten Leidenschaft und nur ganz wenige haben Innigkeit.«[26]

Es ist Don Ottavio, der im *Don-Giovanni*-Kosmos den Glanz und auch die Grenzen der Innigkeit verkörpert. Er liebt innig. Nichts ist ihm wichtiger als Glück und Frieden der Freundin. Donna Annas Not und Unrast bereiten ihm Schmerz. Als Schönberg die »Innigkeit« beschrieb, pries er sie die »keusche« höhere Form eines Gefühls. (Keuschheit bedeutet nicht Unsinnlichkeit!) So umgibt auch den Don Ottavio – zumal in einer Welt von Triebtätern, rasch Entflammten, Rachebesessenen und Exzentrischen – ein Air der Verhaltenheit, der allzu lieben Sanftheit. Allzusehr fehlt es ihm an entschiedener Leidenschaft. Darum wirkt dieser Edelmann, zumal wenn seine noble Gefühlsinnigkeit auch nur um ein weniges schwächer, unintensiver zum Ausdruck kommt, als Mozart sie komponiert hat, nicht nur wie ein spezifischer Mensch mit Vorzügen und Schwächen, sondern oft gleichsam dürr-vernünftelnd, ja im Kontext der glühenden Handlung ein wenig komisch. Die Rasenden blamieren den Rationalen.

Aber gehört nicht zu Don Ottavios reiner Innigkeit mindestens soviel Courage wie zum Leidenschaftsrausch? In Wahrheit verdient dieser aufgeklärte Edelmann des achtzehnten Jahrhunderts, der sich seines Verstandes selbständig zu bedienen versucht, durchaus jenen Respekt, den eine nur temperamentlose, pedantische Natur kaum beanspruchen dürfte.

Seine erste Soloarie folgt erregten Auftritten, in denen Don Ottavio sich gewiß nicht sehr eindringlich entfalten konnte, weil die anderen die Betroffeneren und Aktiveren waren. Angesichts der tief verstörten, ihrer selbst kaum mehr mächtigen Donna Anna erfleht Don Ottavio nun die Seelenruhe der Geliebten. Ihr Frieden liegt ihm, begreiflicherweise, noch mehr am Herzen als die Aufklärung des Überfalls, derer er sich – einem rationalistischen Detektiv gleichend – freilich auch anzunehmen gedenkt. Don Ottavios erste Arie (Mozart komponierte sie für die Wiener Aufführung nach) setzt einen vollkommen reinen, keineswegs »raffinierten« oder »interessant-gebrochenen« (das wäre viel leichter) Seelenton in vollkommen reine Musik. Es ist die Bitte, fast das Gebet, um den Frieden einer, nein zweier Seelen. »Dalla sua pace / la mia dipende« (»Von ihrem Seelenfrieden hängt der meine ab, was ihr gefällt, gibt mir das Leben, was ihr Schmerzen macht, gibt mir den Tod«).

Bevor Don Ottavio dies gleichsam bewegungslose G-Dur-Mirakel anstimmt, war die Handlung weithin wirbelnd und wüst: der Überfall auf Donna Anna, der Duelltod ihres Vaters, ihre fürchterliche Verstörtheit. Don Ottavio mußte sogar erleben, daß seine Freundin ihn nicht erkannte! Dann folgten Rachegetön, die Begegnung mit der angeblich verrückten Donna Elvira, das Parlando mit Don Giovanni – und endlich der Blitzstrahl im Bewußtsein von Donna Anna: Don Giovanni war's! Jener erkennende Blitzstrahl, wie ihn das gewaltige Rezitativ und die von Gefühlssicherheit berstende Arie der Donna Anna mit viel Tremolo und ekstatischem D-Dur spiegeln.

Nach so viel Aktion begegnen wir dem Mitleidsvollen jetzt endlich allein. Es scheint, als ob eine Traumsekunde lang alles stehenbliebe: das Drama, die Zeit, der Herzschlag des Jagenwollens und Rächenmüssens. Ein innig empfindender Mann ahnt, daß sein Leben nur lebenswert ist, wenn die Geliebte das ihre lebenswert findet.

Keine Bewegung im Orchester. Ein stehender Klang aus G-Dur, ein Streicherakkord in halben Noten, langsames Andante. Die Melodie Don Ottavios gleicht einem Gespräch des reinen G-Dur mit sich selbst. Quinte, Terz, Grundton. Dann Sexte und Quart. Zunächst überhaupt keine Dissonanz oder Reibung, die den Friedensausdruck versehren könnte. Don Ottavio verbündet sich mit den einfachsten Klängen, dem Urgestein der Musik.

Das könnte banal sein. Mozart aber komponiert die Simplizität, die ätherische Statik der ersten fünf Takte des »Dalla sua pace« als magisches Wunder. Und fast noch herrlicher wirkt, wie dann die erste sanfte und einfache Dissonanz, der schlichte Septakkord des sechsten Taktes, zum Ausdrucksmirakel gerät. Nach dem, was voranging, wird die zarte Spannung zum Ausdruck des atmenden Reichtums einer liebevollen Seele. Wehe dem Sänger, der das nicht »irgendwie« fühlt; der gar glaubt, da passiere aber verdammt wenig, und darum hurtig über Heiliges hinwegeilt.

Wir hören eine Bitte um Seelenfrieden. Gegenüber allem bisher Geschehenen und Erklungenen ist es eine Oase, eine Insel innig ersehnter und imaginierter Stille.

Dafür also steht Don Ottavios G-Dur. Freilich blieb Donna Annas Verlobter nicht völlig unberührt und unerregt...

Wenn Don Ottavio der Schmerzen, des Zorns und der Tränen seiner Geliebten gedenkt, dann moduliert die Arie, verständlicherweise, ins Moll ab. Aber bei diesem vorhersehbaren, zu erwartenden, gleichsam regelmäßigen Moll (g-Moll in einer G-Dur-Arie) bleibt es nicht. Der Traurig-Besorgte scheint seinerseits nicht nur voller inniger Sympathie – sondern auch verwirrt! Beim »Nichts ist mein eigen, was sie nicht hat« geschieht etwas Seltsames. Die Musik »verliert ... den Boden der Tonart, improvisiert einen enharmonischen Wechsel, gerät in ein h-Moll« (Oswald Jonas[27]), als hätte schmerzliche Unrast auch diesen vernünftigen Edelmann aus der Bahn geworfen!

Die große und scheinbar so graziös-unbeschwerte andere Arie Don Ottavios – man möge sich um die schrecklich mitgenommene Donna Anna kümmern, während er die endgültige Verhaftung des Don Giovanni in die Wege leite – zeugt von einem Temperament, das trotz aller Andantekoloraturen, trotz aller punktierten Entschlossenheit gleichfalls mehr zum Kalmieren, zur Verhaltenheit, zum Langsamerwerden tendiert als zu Ausbruch und resoluter Steigerung. Die schweren Koloraturen der Takte 43–48 von »Il mio tesoro« laufen nämlich, und das ist ebenso verblüffend wie charakteristisch, auf ein auskomponiertes Ritardando hinaus; Brillanz wendet sich auch in dieser effektbedachten Arie, die um Himmels willen kein bloßes Effektstück werden darf, auffällig ins Lyrische, Abwiegelnde. Nur der Schluß – und da geschieht ja nichts Geringeres, als daß Ottavio schwört, er werde mit der Botschaft von Blut und Tod zurückkehren –, nur der quasiheroische Arienschluß demonstriert: für Don Ottavio gibt es, wenn er nur erst einmal über alle Zweifel hinaus ist, durchaus »Essentials«. Er ist und empfindet innig – doch er macht aus der Innigkeit keine bequeme Haltung, die ihn vor allen Anstrengungen sichert.

Wie aber läßt sich erklären, daß der herzlich-innige, bescheidene, liebende Edelmann nicht als eine vielgeliebte Rolle gilt, sondern als schmächtig-zahme Kümmerlingsfigur im Schatten Don Giovannis?

Don Ottavio erfährt im Verlauf der Handlung Zurückweisungen, die entweder mit der Situation zu tun haben, für die er gar nichts kann, oder mit dem Charakter seiner Partnerin, für welchen man ihn auch nicht haftbar machen sollte. So strotzt bereits sein erster Auftritt von Tapferkeit und Sinnlosigkeit: Mit dem gezogenen Degen und Worten edelster Einsatzbereitschaft auf den Lippen erscheint unser Freund, um dem Komtur beizustehen und den Schurken zu vertreiben. Fabelhaft kampfbereit, aber viel zu spät. Wir wissen, was sich mittlerweile alles ereignete und was Ottavio nicht weiß. Seine ungeheuer gutgemeinte Hilfsbereitschaft wirkt etwas überflüssig.

Trifft ihn da eine Schuld? Er ist nicht lächerlich. Wird aber von der Situation lächerlich gemacht.

Daß Mozartschen Helden etwas schiefgeht (man denke an die Mißerfolge Don Giovannis, des Grafen Almaviva und so weiter), muß sie nicht unbedingt als »Schwächlinge« ausweisen oder charakterisieren. Don Giovanni ärgert sich und flucht, Graf Almaviva hat auch keine Lust, sich abzufinden.

Wirkt Don Ottavio vielleicht weichlich, weil er nicht flucht, sondern vernünftig liebend bittet? Möglicherweise übertreibt er auch die ausgleichende, beruhigende Geduld, weil er spürt, daß die Freundin sich kaum mehr zu fassen weiß, kaum mehr bewußt zu reagieren vermag. Wie bestürzend muß es für Don Ottavio sein, wenn die aus ihrer kurzen Ohnmacht erwachte Donna Anna ihn für den Unhold, für den Mörder ihres Vaters hält! Doch auch dieser Handlungszug charakterisiert schwerlich Don Ottavios Austauschbarkeit, sondern vielmehr Donna Annas Seelenzustand. Im wilden ersten d-Moll-Duett, kurz nachdem Donna Anna und

Ottavio den erschlagenen Komtur in seinem Blut gefunden haben, gibt die »verzweifelte« Donna Anna den Ton an. Nur ein Motiv kommt da von Don Ottavio. Es ist freilich das bewegendste: »Laß, Geliebte, was dich so sehr betrübte ... bin Freund nun und Vater dir.«

Wahrlich kein schwächliches, sondern ein glühend-ausdrucksvolles, von Liebe, Sorge und Sehnsucht erfülltes Motiv, ganz dem noblen Charakter des Don Ottavio würdig. Eigentlich hat er es nicht verdient, nun ostentativ Rache schwören zu müssen, obschon er doch so offenkundig zu allem bereit war und ist. Obwohl er sich als Freund und Vater fühlt, tut er es gleichwohl wie ein Untergebener und leistet den befohlenen Eid. Er leistet ihn auch nicht bloß obenhin. Sondern gesteigert, in chromatischer Sequenz! Ich schwöre – »bei deinen Augen«, »bei unserem Bund«. Das »bei unserem Bund« wiederholt die Tonfolge des »bei deinen Augen« einen halben Ton höher – so wie in der *Entführung* Belmonte seine anfänglichen Fragen an Osmin dringlichkeitshalber um eine Stufe steigert oder wie Lohengrin sein »Frageverbot« zuerst in as-Moll und dann, greller, in überraschendem a-Moll wiederholt.

Daß dieser Don Ottavio so schwächlich wirken kann, hängt mit einer Eigenheit zusammen, die in der Realität besser am Platz ist als auf der Opernbühne: nämlich mit seiner prüfenden, dabei übrigens bescheidenen, zurückhaltenden, völlig unironischen Vernunft. Mit seiner eigentlich doch sympathischen Tendenz, von anderen zunächst stets das Beste anzunehmen und auch aus dem, was ihn oder seine Umwelt bedrückt, stets tröstend das Beste machen zu wollen. Nicht Donna Anna, sondern er beschließt im Quartett, wo Don Giovanni Elvira für verrückt erklärt, in einem Beiseite: »Ich gehe von hier nicht fort, wenn ich die Sache nicht kläre.« Keine Vorurteile – wohl aber rationale Klärung. Dann bricht Donna Annas Riesenerzählung und Bezichtigung über den

Verlobten herein. Er erschrickt, er atmet auf. Danach erwägt er: »Wie kann ich jemals glauben, daß ein Edelmann eines so grausigen Verbrechens fähig ist! Die Wahrheit zu entdecken sucht man mit jedem Mittel.« Sein Rezitativfazit: »Ich will sie (Donna Anna) von der Täuschung befreien oder sie rächen.«

Don Ottavio reagiert also selbst hier, nach dem glühenden Rezitativ, nach der brausenden D-Dur-Arie Donna Annas, nicht spontan, rückhaltlos, sondern vernünftig. Er hält selbst hier für möglich entweder, daß die Geliebte irrt (dann muß ihr die Wahrheit klargemacht werden) oder daß sie recht hat (dann allerdings muß Don Giovanni umgebracht werden).

Während dieses Rezitativs ist Don Ottavio allein. Stünde Donna Anna neben ihm, über deren eventuellen Irrtum er so nüchtern räsoniert, dann wäre sein abwiegelndes, »aufklärerisches« Verhalten zwar nicht unsinnig, aber doch eine Kränkung. Einer so glühenden, rasenden Emotion des geliebten Wesens begegnet ein betroffener Mann nicht so nüchtern. Nun lehrt gewiß Don Ottavios G-Dur-Arie, die diesem Rezitativ folgt, daß es ihm emphatisch um den Seelenfrieden der Geliebten geht. Aber auch wenn man seine detektivische Zurückhaltung gegenüber den Worten Donna Annas in diesem Augenblick vielleicht »logisch« verstehen kann, als »psychologisch« kluge Reaktion preisen läßt sich Don Ottavios rationale Bedächtigkeit schwerlich.

Mangelnde Spontaneität kann, wo es um Leid und Affekte geht, eine Schwäche sein. Daß Ottavio tatsächlich erst in der zehnten Szene des zweiten Aktes erkennt: »nach solchen Ungeheuerlichkeiten können wir nicht mehr zweifeln, daß Don Giovanni der ruchlose Mörder von Donna Annas Vater sei«, belegt, wie verlangsamend sein vorsichtig-rationales Verhalten unvermeidbar wirkt.

»Logisch« in einem unverächtlichen Sinne verhält sich Ottavio sogar, wenn er ganz zuletzt – im Sextett nach Don Giovannis Tod – den Himmel zum Brautwerber macht:

»Jetzt, da wir alle, o meine Geliebte, vom Himmel gerächt sind, gib mir Erquickung, laß mich nicht länger leiden.« (Und Donna Anna stimmt überzeugt, mit identischer Kantilene in die Prophezeiung des Geliebten ein.)

Die Don Ottavio manchmal umgebende leise Lächerlichkeit hat wenig zu tun mit den Schwächen eines keuschinnigen Charakters. Sie gleicht eher einem Urteil der Operngattung über Figuren, deren Herzensreinheit zwar groß ist, die aber nicht die Kraft finden zur unmittelbaren emotionalen Expression – weil eben bei aller Liebesfähigkeit in ihnen fast stets jene Vernunft mitspricht, die eher zögert als zupackt, eher hemmt als singt.

Pamina

Sopran. Tochter der Königin der Nacht. Von Sarastro geraubt und dem Einfluß der Mutter absichtsvoll entzogen.

Aus: *Die Zauberflöte*

Liebst du mich nicht mehr?« (Tamino seufzt.) »Papageno, sag du mir, sag, was ist meinem Freund?« (Papageno hat einen Brocken im Munde, hält mit beiden Händen die Speisen zu, winkt fortzugehen.) »Wie? Auch du? Erkläre mir wenigstens die Ursache eures Stillschweigens.« Papageno: »St! (Er deutet ihr fortzugehen.)

Ja, Pamina ist die einzige der »positiven« Figuren des *Zauberflöten*-Kosmos, die nicht weiß, welch ein Prüfungsspiel gespielt wird, mit Tamino und Papageno gespielt wird: auf ihre, Paminas, seelische Kosten! Tamino und Papageno hat man eingeschärft, wofür sie sich heldenhaft anstrengen sollen. Pamina aber sieht den Geliebten und seinen Gefährten Papageno (den sie mag, »du hast ein gefühlvolles Herz, das sehe ich in jedem deiner Züge«) rätselhafterweise verstummen. In ihrer flehenden Bitte, Papageno möge doch die Ursache des Stillschweigens erläutern, liegt sowohl der Vorwurf, man dürfe sie nicht zum Opfer eines abgekarteten männlichen Verhaltens machen, wie auch der Selbstvorwurf, sie müsse irgendwie die plötzlich so lieblose Sprödheit der Männer verschuldet haben.

Pamina ist also Opfer. Opfer von Prüfungsritualen, die sie nicht durchschaut. Daß der Prinz sie trotz seines abweisenden Verhaltens liebt, versichern ihr die drei Knaben erst *nach* ihrem Selbstmordversuch. Vorher fühlte sich niemand bemüßigt, das junge Mädchen, die junge Königstochter, ins Bild zu setzen. Diese Handlungsherbheit wurde in den Dialogszenen allerdings deutlicher durchgehalten als in den Musiknummern. Etwa im Terzett »Soll ich dich Teurer nicht mehr sehn?«, das Pamina anstimmt. Dort nämlich gibt Sarastro zurück: »Ihr werdet froh euch wiedersehn!« Tamino erklärt da zwar seine Liebe – aber sein Schweigen nicht.

Die Eingeweihten ... weihen also die Liebenden nicht ein. Nur den Liebenden. Frauen prüft man nicht – und ebendies wird für Pamina zur allerschlimmsten Prüfung: Wenn sie weiß, um was es geht bei den »Proben«, ist sie nämlich genauso mutig (und beim Anstimmen oder Beginnen sogar initiativer!) wie der Herr der Schöpfung.

Nicht nur im großen Prüfungszusammenhang des zweiten Aktes, auch im ersten ist Pamina Opfer. Sie wurde ihrer Mutter geraubt. Sie wurde Objekt eines Machtspiels, dessen Sinn sich ihr nicht erschloß. Ihre Situation: der Mutter entzogen, einem greulichen Bewacher überantwortet, einem rettenden Freund anheimgegeben sein, der sich plötzlich spröde verhält.

So ist sie Opfer von Absichten, die über ihrem Kopf ausgeheckt und entschieden wurden. Ein Objekt von für sie undurchschaubaren Verhängnissen. Mehr als alle anderen Figuren der *Zauberflöte* fordert sie Mitleid heraus. Weder verfügt sie über Macht und märchenhafte Allwissenheit (wie Sarastro) noch über Prinzensouveränität und hilfreiche Zauberflöte (wie Tamino). Auch nicht über den immer wieder schnell Mut fassenden vitalen Egoismus Papagenos, der freilich das andere »Opfer« dieses Spiels ist, der gleichfalls bis zum – für ihn keineswegs lächerlichen – Selbstmordversuch getrieben wird. Pamina fehlt zur Selbstbehauptung auch der entschiedene Fanatismus ihrer wütenden Mutter.

Die rührende Leidenssituation macht Pamina gewiß »sympathisch«. Doch sie stellt mehr dar als nur ein langweiliges Opferlämmchen, das die bösen Wölfe dieses Märchens beißen. Mehr als eine Suse, die immer nur weint und darum auch beweint wird. Pamina ist nicht nur rührend, sondern interessant. Nicht bloß Opfer, sondern Mensch. Vielleicht der einzige Mensch der *Zauberflöte.* Doch damit täte man Papageno und dem Prinzen ein wenig Unrecht. Also: der menschlichste Mensch.

In gut besetzten, sinngemäß und angemessen inszenierten *Zauberflöten*-Aufführungen kann der »Sprecher« beeindrukken, die Königin der Nacht imponieren, Papageno bühnenbeherrschend und Tamino stücktragend sein. (*Zauberflöten*-Aufführungen geraten freilich nicht unbedingt dann am besten, wenn sie am glänzendsten, perfektesten gemacht sind. Ein Schuß unaffektierter Simplizität, ja herzlicher Vorstadtschmiere schadet kaum.) Doch am weitaus häufigsten ist Pamina die Zentralperson. Diejenige, mit der die Leute im Theater am tiefsten fühlen, über die die Leute in den Zeitungen am enthusiastischsten schreiben. Und das gewiß nicht, weil die Schöne ein Opfer ist. Übeltäter faszinieren erfahrungsgemäß mehr als schlecht Wegkommende. Sondern?

Sondern weil der komponierte Charakter Paminas aufregende Widersprüche lebensvoll umschließt. Sie paßt sich ihren verschiedenen Partnern liebevoll an – und ist doch meist die Entschiedenere, Aktivere! Sie redet von der Mutter nie schlecht und ahnt doch, daß Sarastro etwas Besseres ist als ein Räuber. Sie besitzt die Herzlichkeit einer Kameradin (gegenüber Papageno, mit dessen Liebesschmerzen sie tröstend fühlt) und die Selbstachtung einer Prinzessin, wenn sie der wüsten Drohung aus Vergewaltigung und Erpressung, die ihr Monostatos zudenkt, nicht nachgibt. Daß der Märchenfürst Sarastro, der sie raubte, »streng« sein kann, weiß Pamina. Tamino unterstellt sogar, sie sei vielleicht schon »geopfert« worden ... Sie nimmt immerhin an, im Bezirk der Verfügungsgewalt Sarastros (also wenn auch nicht durch ihn selbst, so doch in seinem Namen) könnte Flüchtenden ein

Martertod bereitet werden. »Dein martervoller Tod würde ohne Grenzen sein«, bedeutet sie Papageno, falls es soweit käme, daß Sarastro ihn und sie bei der Flucht erwischte.

Dies sind die Denk- und Fühlvoraussetzungen des »schüchternen Rehs mit Todesangst«, wie der erste Sklave sie nennt. Aber der dritte Sklave berichtet, wie klug Pamina sein kann! Als Monostatos sich des Mädchens beinahe bemächtigt hatte, »in dem Augenblicke, da er zu siegen glaubte, rief sie Sarastros Namen: das erschütterte den Mohren; er blieb stumm und unbeweglich stehen...«

Also: in äußerster Angst *nicht* den Namen der vielgeliebten, vielgelobten Mutter! Sondern den des strengen Sarastro. Das geschieht im ersten Akt. Im zweiten erklärt es Pamina näher. Der Vater habe schließlich die Eingeweihten sehr geschätzt, Tamino sei liebenswert. Und eben: »Sarastro ist nicht weniger tugendhaft.« Ja, so sehr identifiziert sie sich mit dem mächtigen Manne, der sie gegen ihren Willen gefangenhält, daß sie ihren hochbegreiflichen Fluchtversuch (den Sarastro ihr ja auch keineswegs verübelt) nicht als Notwehr verteidigt, sondern daß sie ihre Verbotsübertretung vielmehr mit den Augen des schroff Verbietenden sieht: »Herr, ich bin zwar Verbrecherin!« Sie will die Wahrheit sagen, »sei sie auch Verbrechen«.

Wenn Papageno, den der hier auffällig vorsichtige Prinz in die Höhle des Löwen geschickt hat mit der angesichts heftiger Lebensgefahr etwas zeremoniellen Begründung, der Diener Papageno solle die »Ankunft« ankündigen – wenn Papageno sein Leid klagt, ihm fehle eine Freundin: dann paßt Pamina sich auch seiner Diktion und seiner Naivität an. Das geht so weit, daß sie kurz nach überwundener Todesgefahr zusammen mit Papageno, der immer von Moment zu Moment lebt, »lacht« und mit ihm das innigleichte Couplet anstimmt: »Könnte jeder brave Mann solche Glöckchen finden...«

Spontaneität, unmittelbare Mitmenschlichkeit, Herzlichkeit und Mut zeichnen also Pamina aus. Sie ist Opfer – aber gleichwohl kein passives Weibchen! Sondern diejenige, die bei der Begegnung mit dem Geliebten stets zuerst ihr Gefühl äußert – also das motivische Material stiftet. Die auch gegenüber Papageno das »Bei Männern, welche Liebe fühlen« anstimmt. Und die sogar am Schluß, bevor sie in entscheidendem Augenblick die Herkunft der Zauberflöte (»aus tiefstem Grund der tausendjährigen Eiche«) enthüllt, Tamino »bei der Hand« nimmt und währenddessen singt: »Ich selber führe dich – die Liebe leite mich!«

So heftig vertraut dieses Geschöpf seinem liebenden Gefühl. So wenig eignet sie sich zum passiven Objekt männlicher Rituale, zu dem man sie macht. Rituale, unter denen sie bis zum Wahnsinn leidet, wenn diese (hergestellten) Verhängnisse sie als vorbehaltlos »Liebende«, also als Ausgelieferte, treffen.

Alles dies kann man auch dem Text entnehmen. Aber wie menschlich-heftig Paminas Leiden sind: das muß man hören. Mozart hat nicht nur in den Duetten und Ensembles versteckt, wieviel er übrighat für das liebevolle Temperament der Pamina, sondern er hat zwei große Soloaugenblicke ihrem überwältigenden Schmerz eingeräumt – und einen letzten Augenblick ihrem überwältigenden Glück. Für Paminas Schmerz stehen die g-Moll-Arie »Ach ich fühl's« und die wahnsinnsnahe g-Moll-Selbstmordaufwallung. Wenn Tamino sie nicht liebe, so werde für sie Ruhe erst im Tode sein, singt das temperamentvolle, hier mit entsprechender Affektgewalt unglückselige Mädchen. Der pochende Herzschlag, die Andantemischung aus Melodie, Chromatik, Koloratur, die trotz relativer Langsamkeit so großen Sprünge (Ruh' im Tode = ein Intervall von anderthalb Oktaven, wie ein Fall in die Tiefe des Grabes): was für ein Ausdruckswunder!

Fast unauffällig verläuft am Anfang des g-Moll-Andantes eine kurze Nebenstimme des Fagotts. Das ist nicht nur ein Begleitakkord, eine Ausfüllung, sondern angedeuteter Kontrapunkt (Takt 4). Kaum der Erwähnung wert wäre diese Einzelheit – wenn es nicht im höchsten Schmerzensmoment wiederkehrte, dieses Fagott, mit einer ausdruckssteigernden Nebenstimme! Nämlich in dem Augenblick, da Pamina den Dolch gegen sich selber erhebt. »Ja des Jammers Maß ist voll! Falscher Jüngling, lebe wohl! Sieh, Pamina stirbt durch dich! Dieses Eisen töte mich! (will sich erstechen).« Da begleitet also wieder die unüberhörbare Tonfarbe des Fagotts (mit den Celli und Bässen zusammen) als ein lebendiger Kontrapunkt die Melodie. Es scheint dies der im *Zauberflöten*-Bereich höchste Schmerzens-Ausdrucksindikator zu sein.

Wir wissen, daß Emanuel Schikaneder den *Hamlet* aufführte und Mozart die Aufführung kannte. Vielleicht dachte Schikaneder bei Pamina wirklich auch an Ophelia. Nicht nur, weil Unglück die beiden jungen Frauen in den Wahnsinn treibt, sondern weil es für beide ein doppeltes Unglück ist. Wie Ophelia sowohl den Geliebten, die Hoffnung Königin zu werden, und den Vater verloren hat, so hält es Pamina nicht mehr aus, Taminos Liebe entbehren zu müssen, wie auch von der Mutter verflucht zu sein.

Nach namenlosem Unglück – namenloses Glück: so will es die stets extreme Steigerung der Opern- und Singspielgattung. Dirigenten und Solisten haben allzuviel Angst vor dem Schiefgehen des »Schwierigen«, vor den »Spitzentönen«, vor den ominösen heiklen Stellen, wo jeder Esel jeden Fehler hört. Die Überleitungsakkorde nach dem »ist würdig und wird eingeweiht« – wenn es heißt, »Die Türe wird aufgemacht, Tamino und Pamina umarmen sich« – sind vielleicht nicht so schwer. Sie müssen nur ganz innig, selig und rein ertönen. (Mozart hat sie auch im langsamen Satz seines B-Dur-Klavierkonzerts KV 595, seines letzten Klavierkonzerts, vorkommen lassen.) Ganz innig, selig und rein muß danach der Dialog des Paares gelingen. »Tamino mein! O welch ein Glück« – »Pamina mein! O welch ein Glück!« Alle brillante Spitzentonkonzentration wird zuschanden, wenn solche Momente, weil sie vielleicht weniger »schwer« sind, auch nur ein bißchen gewichtlos bleiben. Um ihretwillen ist die *Zauberflöte* ein geliebtes Mirakel. Wer aber beginnt auch diesen Andantedialog? Pamina.

Papagena

Sopran. Kinder-liebe Belohnung für Papageno.
Aus: *Die Zauberflöte*

Von Papageno hebt sich diese junge Dame wirklich nur infolge eines kleinen Unterschiedes ab: nämlich dank ihres letzten Buchstabens.

Im übrigen hat man lange Zeit Grund, in Papagena mehr eine märchenhafte Wunscherfüllung für den armen Papageno zu sehen – als einen Menschen. Papagena, Papagenos Vision vom angenehmen Liebesleben, darf am Ende aus Fleisch und Blut sein. Ihr Name fällt nicht aus göttlichem, sondern aus Papagenos Mund. Er möchte sich alle Federn ausrupfen, wenn er bedenkt, »daß Papageno noch keine Papagena hat«. Später darf diese Projektion einer weiblichen Entsprechung leibhaftig ins Spiel. Und zwar nachdem Papageno gefragt hat, warum eigentlich der ganze Qualen- und Prüfungszirkus sein müsse, wenn ihm sowieso »die Götter eine Papagena bestimmten«.

Papagenos gewiß schlichter, aber nicht unlogischer Protest (warum soll ausgerechnet Papageno Spezialist für die Probleme himmlischer Fügung und menschlicher Willensfreiheit sein) setzt den Zweiten Priester in scheinüberlegene Verlegenheit: »Diese neugierige Frage mag deine Vernunft dir beantworten.« Das ist eine ganz ungenügende und unangemessene Auskunft: Wenn irgendeine Instanz dem Papageno nicht klarmachen kann, warum er sich auf die *Zauberflöten*-Abenteuer einlassen mußte, dann – seine Vernunft.

Damit dem Papageno die Wunscherfüllung nicht gleich als Wunscherfüllung erkennbar werde, erscheint Papagena zunächst in Maske. Eine Alte mit Krückstock. Mangels angenehmerer Alternativen, und um noch Schlimmerem zu entgehen, läßt sich Papageno von ihr zum Ehegelöbnis nötigen. Nun verwandelt sich die Alte in eine Junge. Doch er sei ihrer »noch nicht würdig«, befürchtet die Prüfungskommission. Erst nach Papagenos Selbstmordversuch sind der Vereinigung und Vermehrung keine Grenzen gesetzt. Die beiden verziehen sich selig. Am Ende des festlichen Finales sind sie gegen allen Lustspielbrauch längst nicht mehr auf der Bühne. Ihr Happy-End vollzieht sich gewiß ohne Es-Dur-Hymnen.

Gleichwohl die Frage: Ist Papagena überhaupt mehr als eine liebliche weibliche Spiegelung ihres Papageno?

Wenn sie, als altes Weib noch, sich entzieht, Schwüre fordert, dann entwickelt sie ein Eigenleben. Sie muß ein paar Worte sagen, die nötig sind, Papageno zum Äußersten zu bringen, tut dies freilich weniger als Sprachrohr des eigenen Willens, sondern eher als Dienerin der Prüfungshandlung.

Nachdem sie sich »in ein junges Weib, welches ebenso gekleidet ist wie Papageno«, verwandelt hat, spricht sie gar nichts mehr, sondern singt nur noch.

Und was singt sie? Nichts Solistisches. Einzig das Duett mit Papageno.

Nun steckt aber in der Figur des Papageno viel: von Gutartigem bis zum Verlogenen, von der Feigheit bis zum Selbstmordversuch, von der Naivität bis zu grantelnder Verschmitztheit, von heiter-liebesbereiter Schöpfungsseligkeit bis zum Protest gegen das asketisch-geistige »Prinzip«.

Papagena hat von alledem nahezu nichts. Nur eines: aufs Kinderkriegen, auf die Elternschaft freut sie sich genauso wie Papageno. Sonst aber: kein Mollakkord, immerzu wolkenloses G-Dur, keine Chromatik, wenig Modulation. Papagenas weibliche Schöpfungsseligkeit ist wolkenlos, beschwingt, scherzhaft, entzückend. Und wenn sich auch der Eindruck aufdrängt, Papagena spiegele nur eine Eigenheit des (unvergleichlich reicher ausgeführten) Papageno, sie reflektiere nur sein kummerloses G-Dur-Wohlgefallen, seine lustigste Rippe gewissermaßen, so muß man sich bei alledem auch der immerhin gleichfalls vorhandenen Unterschiede vergewissern. »Objekt« des spielerischen Belohnungsrituals scheint Papagena noch ganz zum Schluß: »Nun bin ich dir ganz gegeben« (nicht: Nun will ich dich, nun hab ich dich). Doch stimmt sie nicht die Kantilene an: »es ist das höchste der Gefühle«? Ist sie nicht gut zehn Jahre jünger als Papageno? Nämlich erst achtzehn? Und wird sie nicht vielleicht auch darum zur unverkennbar eigenständigen Gestalt, weil ihr aller Schmerzenshintergrund, aller Vorgeschichtenhintergrund so völlig fehlt, daß sie in einer Weise, die selig lächeln macht, die reine Idee irdisch-leiblichen Glückes verkörpert? Alle Problematischen sind ihre Antipoden.

Die Wiener Staatsbibliothek besitze, so heißt es in Egon Komorzinskys großer Schikaneder-Monographie, einen Brief Emanuel Schikaneders an Mozart mit folgendem Wortlaut:

»Lieber Wolfgang
Derweilen schick ich Dir Dein Pa Pa Pa zurückh, das mir ziemlich recht ist, es wird's schon thun. Abends sehn wir uns bei den bewußten – Weissen.

5. IX. 1790 Dein
E. Schikaneder«[28]

Die Echtheit dieses Briefes ist erfolgreich angefochten worden. Falls aber den Fälschern daran lag, zu zeigen, daß Mozart das Allerheiterste der *Zauberflöte* – nämlich das Papageno/Papagena-Duett – viele Monate vor der übrigen Partitur komponiert haben muß, weil es ihm vor allem anderen wichtig war, die Eintracht der Menschen zu besingen, dann steckte in der »Fälschung« etwas Wahres. Denn der *Zauberflöte* höchstes Anliegen ist nicht die Verketzerung, sondern die Feier des Glückes.

Papageno

Bariton. Vogelfänger, ernährt sich im Bereich der Königin der Nacht. Achtundzwanzig Jahre alt. Wird genötigt, Tamino als Diener zu begleiten.

Aus: *Die Zauberflöte*

Ein heiterer, aber schwieriger Fall, wie so manches, was naiv, komisch und selbstverständlich scheint. Warum lachen wir eigentlich über Papageno? Weil er ein »Naturkind« mit Haaren auf den Zähnen ist, ein Nachkomme des Hans Wurst, ein entfernter Sancho Pansa (Schikaneder kannte nachweislich Cervantes' Roman), ein Enkel des Puppenkomödien-Kasperl, Inbegriff und Symbol des Wiener Volkstheaters? Über dergleichen läßt sich Gelehrtes schwerfällig zusammentragen und nachlesen – aber wahnsinnig komisch berührt es nicht gerade.

Oder wäre Papagenos Geschichte so drollig? Er erschrickt darüber, sich in der Nähe einer fürchterlichen, soeben erlegten Schlange zu finden. Er behauptet nicht direkt, das Untier getötet zu haben; aber er läßt sich ganz gern darauf festlegen. Da Tamino den Eindruck gewinnt, Papageno müsse der Schlangenbezwinger gewesen sein, tut unser Freund Papageno herzlich wenig gegen diesen Irrtum, sondern läßt ihn aufkommen, verwundert und geschmeichelt. Eherne Wahrheitsliebe drückt sich darin nicht aus, sondern eher die rasche Bereitschaft, auch mal als Held zu gelten. Aus Spaß an der Angeberei läßt sich Papageno, wenn schon die Umstände es so günstig fügen, bereitwillig zum Heroen stilisieren. (Bitte die Hand zu heben, wer das, als junger, gutgelaunter Mensch, noch nie getan hat.)

Wenig später steht er als Lügner da, in stummer Verlegenheit. Bestraft wird er unverhältnismäßig streng und hart.

Muß also den Prinzen als Diener auf lebensgefährlicher Mission begleiten. Muß sich an einer Befreiungsaktion und heiklen Prüfung beteiligen, wenn auch seinerseits ganz ohne inneren, lichtsuchenden Antrieb, ohne fabelhaft hehre sittliche Absicht. Wird mit dem Versprechen auf Papagena getröstet, plant aber Selbstmord, da die Erhoffte auszubleiben scheint. Und dies alles: weil er ein bißchen schwindelte, weil er eine Art Leibeigener ohne rechte Rückzugsmöglichkeit, weil er halt Papageno ist.

Die Singspieldinge so betrachten heißt, sie allzu sentimental zu betrachten. Ob Papageno nicht nach altem Bühnenbrauch die realistisch-derbe Kontrastfigur zum reinlich-idealen Prinzen darstellen soll? Verkörpert er nicht die Wahrheit des Sinnlich-Unmittelbaren gegen das Ethos opferbereiter Sublimation?

Oder stünde er gar diesseits aller abstrakten begrifflichen Verfestigung?

Während der Vorbereitung seiner großen Salzburger Inszenierung von 1974, die dann leider so üppig mißlang, grübelte der Regisseur Giorgio Strehler intensiv nach, wie Papageno aufzufassen sei. Als Ausgebeuteter? Als Konkretist? Als Stehaufmännchen? Als Inbegriff des Volksgutes? Strehler durchdachte und verwarf dann alles. Sein Fazit, ebenso tautologisch wie tief: »Papageno ist … Papageno.«

Gegen die Spannungsfülle und Überspanntheit der hochgeistigen Welt, der Systeme und Ideologien vertritt Papageno ganz unmittelbar die heitere, uns Menschen ja auch anvertraute Gnade der Geschöpflichkeit. Während Tamino seufzt und flötet, freut sich Papageno dankbar über Sarastros »gute Küche«. Wenn man schon, so denkt er (und wir empfinden mit ihm), in einem Dreisterne-Restaurant zu Gast sein darf, dann soll man Speisen und Getränke (»Götterwein«) auch ehren – und nicht Trübsal oder Flöte blasen. Wer weiß, was noch geschieht – »der Herr Koch und der Herr Kellermeister sollen leben«.

Ein ziemlich gedächtnislos von Moment zu Moment lebender Papageno auf langwieriger Bildungsreise, bei der er sich von Station zu Station weitermogelt, durch Schaden höchstens vorsichtig, aber nicht klug werdend: Das wirkt elementar komisch und dramatisch. Freilich ist dieses spontan und schlagfertig im Augenblick lebende Naturkind ebenso schnell erschreckbar wie tröstbar. Ein »Glockenspiel« – und er vergißt seinen Widerstand, auf die eben noch so verhaßte Reise zu gehen, ja sich von Tamino sogar in die Höhle des Löwen vorschicken zu lassen. Eine höchst wunderbare Errettung aus schlimmer Not – gleich lacht er wieder. Einige Unannehmlichkeiten beim Erlangen des ersehnten Weibes – und der Liebeslustige gibt diesbezügliche Ansprüche eilig auf: »Ich bleibe ledig.« »Bei einer so ewigen Wanderschaft möcht' einem wohl die Liebe auf immer vergehen.« Aber später will er sich sogar umbringen, weil ihn Amors Pfeil doch getroffen hatte: »Sterben macht der Lieb' ein End', wenn im Herzen noch so brennt.«

Papagenos unbewußtes, unreflektiertes Bestehen auf dem Recht des Menschengeschöpfes, zu lieben, Angst zu haben, gut zu essen, antiheroisch und ein bißchen bequem zu sein, hat etwas Unwiderstehliches. Da wird ein zeitloser, vitaler Menschenanspruch behauptet. So haben die ausgenutzten Dienerfiguren aller Zeiten witzig widerstanden oder mit heiler Haut überstanden, bis hin zu Brechts Matti. Darin steckt ein zugleich bäurisches und großstädtisches Aufbegehren gegen die ätzenden herrschenden Ansprüche schlechthin: manchmal, wie bei Papageno, ohne jede soziale oder proletarische Ideologie, im Namen des vag Plebejischen und Unaustilgbar-Natürlichen.

Freilich, wenn wir hier den armen Papageno (des Wiener Volkstheaters, der ländlich-salzburgischen Hans-Wurst-

Nachfolge) schon mit so gewaltigen historischen Bestimmungen behängen, dann wird zugleich sein eigentümlich Charakteristisches verdeckt. Papageno als die Ewigkeit des Geschichtslosen, die Riesentradition des bloß Momentanen, die Idee des Unideologischen.

Sein Allgemein-Menschliches hat Dialektfarbe. Wer sein Vater, wo seine Mutter ist, das weiß der Geschichts- und Gedächtnislose kaum. Vielleicht stellt es wirklich mehr als ein Kuriosum oder eine Berufskleidung dar, daß der »Animalische« ein Kostüm aus Vogelfedern trägt. Vogeljagd ist in unserem Jahrhundert bekanntlich mehr ein italienischer als ein österreichischer oder deutscher Volkssport. Doch in dem Augenblick, da man sich Papageno als italienischen Buffo vorzustellen versucht, als cleveren Harlekin, da ermißt man unmittelbar die österreichische Bodenständigkeit dieser Figur. Das Auftrittslied verlangt nach einem großen österreichischen Volksschauspieler, der sich zur tiefen Befriedigung des Publikums auf der Bühne einnistet und sie während des ganzen Abends eigentlich nur noch widerstrebend und ausnahmsweise verlassen wird. Im Individuellen des Papageno steckt viel stärkend Kollektives, aber als »Person« ist der Vogelfänger keineswegs furchterregend kräftig. Er lügt nicht mal gern. Wenn Tamino sich für die tapfere Schlangentötung bedankt, antwortet er ausweichend: »Schweigen wir davon still – freuen wir uns, daß sie glücklich überwunden ist.« Daß er den Prinzen zum Teufel wünscht und sich empfehlen will, kann man ihm nachfühlen. Aber er tut das teils beiseite, teils unironisch und erhält dafür die schnippisch-ironische Antwort: »Dich empfehlen kannst du immer, doch bestimmt die Fürstin dich, mit dem Prinzen ohn' Verweilen nach Sarastros Burg zu eilen.«

Übrigens identifiziert sich Papageno auffällig schnell mit den Wünschen seines Vorgesetzten. Er sagt zu Pamina, »wir« sind hier, dir tausend angenehme Sachen zu sagen, dich in

»unsere« Arme zu nehmen. Er ist später auch richtig männlich befriedigt darüber, wie wirkungsvoll man die arme Pamina hat abfahren lassen: »Nicht wahr, Tamino, ich kann auch schweigen, wenn's sein muß. – Ja, bei so einem Unternehmen, da bin ich ein Mann (er trinkt).«

Kein tragisch-arroganter Typ, sondern harmlos, egoistisch, verschmitzt aufs Überleben angelegt. Liebe ist bei Papageno kein personaler Eros, anfangs, sondern ein heftiges, unerfülltes, darum kummerschaffendes Bedürfnis. Aber die Natur und die Eingeweihten meinen es später gut mit ihm. Was zuerst nur wie eine sehnsüchtige Projektion Papagenos schien – sein weibliches Gegenbild –, das wird ihm beschert. So müssen am Ende die Problemheroen des *Zauberflöten*-Kosmos fast ein wenig neidisch danebenstehen, wenn Papageno sich vorbehaltlos darauf freuen darf, das höchste der Gefühle zu genießen und fleißig zur Erhaltung der Art beizutragen.

Pedrillo

Tenor. Diener Belmontes. Hat sich dem Bassa Selim, der ihn gefangenhält, als geschickter Gärtner vertrauenswürdig zu machen verstanden. Doch den instinktiven Haß des Osmin vermochte er nicht – oder nur beim gemeinsamen Saufen – zu besänftigen, zumal dieser mächtige Aufseher ein Auge auf Pedrillos geliebtes Blondchen geworfen hat.
Aus: *Die Entführung aus dem Serail*

Er möchte ja auch so sein, wie die feinen Helden des Singspiels sind, die den Tod kaum fürchten, die sich schwärmerisch für andere opfern. Aber dazu kann sich diese durchaus vernünftige, abwägende und Gefahren ernst nehmende Dienerfigur offenbar nicht aufschwingen. Wenn der sein Leben riskieren muß, hat er einfach Angst.

Gegenüber enthusiastischen Seelen läßt ihn das ein bißchen armselig, kümmerlich, kleinkariert wirken. Er spürt es. In seiner Arie »Frisch zum Kampfe! Frisch zum Streite!« beobachten wir ihn dabei, wie er sich zum Mutigsein förmlich überreden möchte. Da tönt sogar die Trompete mit, wenn unser Freund sich nicht nur klarmacht, daß er in bedrohter Lage zu kämpfen hat, sondern daß er es sogar »frisch« und bedenkenlos tun müsse. Das hohe A und sogar das H, forte hinausgeschmettert, lassen erkennen, daß hier jemand heldentenoral angestrengt versucht, sich selbst zu überzeugen. Zittern und Zagen, wenn auch noch so naheliegend, wären nämlich Feigheit und verabscheuungswürdig. Ganz bestimmt. Nicht weniger als achtmal erwägt Pedrillo: »Nur ein feiger Tropf verzagt.« Am Ende seiner Arie ist theoretisch alles klar. »Frisch zum Streite.« Nur wenn dann die Stunde der Tat gekommen ist, trübt sich die Klarheit doch wieder. »Es ist doch um die Herzhaftigkeit eine läppische

Sache. Wer keine hat, schafft sich mit aller Mühe keine an! Was mein Herz schlägt.« Ein Buffo, der sich lächerlich macht?

Dieser Mangel an Herzhaftigkeit, also dieses Vorhandensein von sogenannter Angst, hindert Pedrillo überhaupt nicht, zwar mit klopfendem Herzen, aber doch besonnen und pünktlich mitzuhelfen beim riskanten Entführungswerk! Er tut sich nicht leicht dabei. Er ist ja nicht reich, nicht schwärmerisch-»absolut«. Die Geliebte wird vom herrischen Aufseher genötigt. Ohne Schlauheit und Realitätssinn wäre er übel dran.

So nutzt er die Schwäche des für Gärtnerei und Architektur schwärmenden Bassa Selim klug aus und weiß sich als geschickter Gärtner verdient zu machen. So fällt ihm ein, daß Don Belmonte als Architekt vorzustellen sei – und er warnt den verliebten Jüngling, nicht durch Unvorsichtigkeiten infolge seelischen Überdrucks die Befreiungsaktion zu gefährden.

Leute wie Pedrillo müssen eifernd auf jeden kleinen Vorteil achten, müssen realistisch hinschauen – selbst wenn sich das unter Enthemmten recht unedelmütig, recht buffohaft, possenartig ausnehmen mag. Pedrillo, der nüchterne Realist, vergleicht gern, wägt Nutzen, Schaden, Vorteil ab. Daß er, bemüht, Osmin betrunken zu machen, den Wein auf Kosten Blondchens ungemein preist – »Wein ist mir lieber als Geld und Mädchen... Meine Flasche macht mir kein schiefes Gesicht, wie mein Mädchen, wenn ihr der Kopf nicht auf dem rechten Fleck steht« –, wir dürfen es ihm so übel nicht nehmen. Hoffen wir, daß es sich nur um Taktik handelt, wenn er den »Wein auf der Zunge« über Liebe und Ehestand stellt.

Später geht unser Freund beim vergleichenden Abwägen freilich verdammt weit. Vor der Entführungsaktion deutet er seiner Geliebten pantomimisch an, er riskiere immerhin, gehenkt zu werden, und daß er sich betrogen fühle, falls Blondchen gar der liebenden Gewalt des Osmin (mit dem er nicht fertig zu werden vermochte) bereits erlegen sei. »Dann wär's ein schlechter Kauf«, kalkuliert der Schlingel frech – und ist mit einer schallenden Ohrfeige für diese vergleichende Warenanalyse noch gut bedient.

Realismus schafft – wenn man unter edlen Seelen weilt – eben auch Leiden. Dabei wäre es im Hinblick auf den Erfolg des Entführungsversuchs ratsam gewesen, die Einlassungen Pedrillos noch ernster zu nehmen. Nachdem er Osmin schlaftrunkbeschwipst gemacht hat, überlegt er: »Nur fürcht' ich, ist's noch zu zeitig am Tage; bis Mitternacht sind noch drei Stunden, da könnt' er leicht wieder ausgeschlafen haben.« (Oh, sein prophetisches Gemüte.) Auch das Entführungssignal, das er singend zu geben vorhat, begründet er recht vernünftig. Er habe jeden Abend gesungen. Und *wenn* er's dann singt, verbindet er die Entführungssituation präzis (»Glock zwölfe stand der tapfre Ritter da«) mit dem Romanzeninhalt.

Die Töne aber, die Pedrillo findet – sich selbst auf einer Mandoline begleitend –, die melodische Zartheit, die ihm da zur Verfügung steht, die harmonisch changierende Unrast der absinkenden, rätselhaft modulierenden und doch volkstümlich einfachen Melodie: das ist etwas Überraschendes. Diese entzückende Romanzeneingebung fügt Pedrillos Charakter eine neue Dimension hinzu. Er ist der sorgenvolle »Realist«, aber darum keineswegs auch die (einzige) unpoetische Figur des Entführungskosmos.

Erster und zweiter Priester

Baß und Tenor. Im Hinblick auf den ersten, zweiten, dritten Priester und den »Sprecher« der *Zauberflöte* herrscht große – aber nicht allzu wichtige – Verwirrung. Sie hat damit zu tun, daß Textbuch und Theaterzettel der Uraufführung nicht klar erkennbar werden lassen, »auf welche Rollen sich die von den einzelnen Priestern zu singenden Teile im ersten Finale und im Duett No. 11 verteilen« (so das Vorwort zum *Zauberflöten*-Band der Neuen Mozart-Ausgabe). Frage: war der »Sprecher« des ersten Finales gar nicht der Sprecher, sondern vielmehr der erste Priester? Dann wäre die berühmte Sprecherpartie nur eine kleine Statistenrolle gewesen. Oder gab Mozart aus Personalnot in der Uraufführung mehrere verschiedene Partien denselben Künstlern, ohne daß wir die von ihnen dargebotenen Rollen als nur *eine* Figur verstehen müßten? Undenkbar wäre auch nicht, daß erster und zweiter Priester sogar die Rollen der Geharnischten übernehmen könnten, was keineswegs den Schluß zuließe, daß deshalb diese beiden Priester mit den Geharnischten identisch wären. – Es liegt nahe, alle diese Figuren weniger daraufhin zu prüfen, *wer* sie spielte und sang, als präzis zu beachten, was Text und Musik über sie besagen. Der Funktion und Würde nach erscheint der Sprecher des ersten Aktes wahrlich eine in sich geschlossene, bedeutungsvolle Figur. (In seinem Buch *Mozart auf dem Theater* meinte Ernst Lert: »Ich möchte nur noch bemerken, daß die Zusammenziehung des Sprechers und des ersten Priesters auf *einen* Darsteller viel dazu beigetragen hat, das Verständnis des Publikums und der Kritik zu verwirren.«) In der Neuen Mozart-Ausgabe singen zweiter Priester und Sprecher das Duett Nr. 11. Es wird aber in einer Fußnote hinzugefügt: »Im Autograph: '1:^{t}' bzw. '2:^{t} Priester«.

Aus: *Die Zauberflöte*

Zweiter und erster Priester (beziehungsweise »Sprecher«) sind während des zweiten *Zauberflöten*-Aktes oft auf der Bühne. Man könnte die beiden als Zeremonienmeister, als Prüfungsaufseher, als Regisseure des Initiationsrituals bezeichnen. Wenn der verzagte Papageno endlich erkennen darf, daß die »Alte«, vor der ihm ein wenig graut, keineswegs alt ist, sondern sich in ein »junges Weib« verwandelt, und er sie sogleich umarmen will, muß einer dieser beiden Zeremonienmeister Papagena »hastig bei der Hand« nehmen und zu ihr sagen: »Fort mit dir, junges Weib. Er ist deiner noch nicht würdig.« Papageno, der daraufhin in nachfühlbarem Ärger flucht: »Eh' ich mich zurückziehe, soll die Erde mich verschlingen«, erfährt erschrocken, welche Folgen im Prüfungsbezirk solche Verwünschungen haben: »Er sinkt hinab«. Und schreit angstvoll: »O ihr Götter!«

Verstehen also die Prüfungspriester gar keinen Spaß? Genau das ist die Frage. Text und Melodie ihres ganze fünfundzwanzig Takte langen Duetts Nr. 11 haben einige Schuld daran, daß die *Zauberflöte* als frauenfeindliches Machwerk gilt. Das heißt:

> Bewahret euch vor Weibertücken,
> dies ist des Bundes erste Pflicht!
> Manch weiser Mann ließ sich berücken,
> er fehlte und versah sich's nicht. –
> Verlassen sah er sich am Ende,
> vergolten seine Treu mit Hohn!
> Vergebens rang er seine Hände,
> Tod und Verzweiflung war sein Lohn.

Das Duett steht unmittelbar vor dem Auftreten tückischer Weiber beziehungsweise Damen. Denn im folgenden Quintett versuchen die drei Damen mit schlimmen Warnungen – »Tamino! dir ist Tod geschworen! Du Papageno! bist verloren!« –, aber auch mit gehässigen Anwürfen gegen Sarastros Priester – »Man zischelt viel sich in die Ohren von dieser Priester falschem Sinn! Man sagt, wer ihrem Bunde schwört, der fährt zur Höll' mit Haut und Haar« – den angstschlotternden Papageno und den männlichen Tamino aus der ihnen prüfungshalber befohlenen Schweigereserve zu locken, was ihnen jedoch nicht gelingt.

Läse man nur den Text des Duetts – der von weiblicher List und Tücke umgarnte Mann, der sich berücken und verführen läßt, bis er am Ende verlassen dasteht, dem schlimmen Los von »Tod und Verzweiflung« ausgeliefert –, achtete man nur auf den Inhalt der Worte, dann käme man nie darauf, was für eine Musik Mozart dazu komponierte. Denn da ist doch eindeutig die Rede von Verlockung, Verführung, Verzweiflung, Tod – als ginge es beispielsweise um Kundry, die Amfortas berückte, was ihn später umfangreich verzweifeln und den Tod herbeiwünschen ließ.

Nur: dergleichen stellt man sich eigentlich in elegischem oder pathetischem Moll vor (Wagner läßt es nicht daran fehlen). Und nicht in flottem, trockenem, gutgelauntem Dur – wie eben bei Mozart. Zumal »Tod und Verzweiflung war sein Lohn« ist eine charakteristische, muntere Wendung, ein »Ohrwurm« fast. Das Orchester wiederholt abschließend diese vier Takte in kaltschnäuzig ungerührtem Stakkato.

Eine Mozartsche Gedankenlosigkeit? Schwerlich. Er wußte sehr wohl, was er hier komponierte, zitierte er doch gerade diesen Text in einem Brief vom 11. Juni 1791 an seine Frau: »Adjeu – Liebe! – heute speise ich bei Puchberg – ich küsse Dich 1000mal und sage in Gedanken mit Dir: Tod und Verzweiflung war sein Lohn!«

Also: es war ihm klar, welche Textworte er vor sich hatte. Trotzdem behandelte er sie unangefochten vergnügt. Dafür gibt es zwei Erklärungen. Entweder meint die Musik es zynisch-ungerührt schadenfroh, ironisch spottend über Tod und Verzweiflung. (Eine sehr gewaltsame Erklärung.) Oder – dies die andere Erklärung – sie meint es heiter. Die beiden Priester wollen ihren Schutzbefohlenen offenbar ein wenig Angst einjagen – dem zwanzigjährigen Prinzen, der sich umstandslos in ein Bildnis verliebt hat, vor allem aber dem egoistischen, verschmitzten Überlebenskünstler Papageno, der sich bisher wirklich nicht allzu standhaft, männlich und verschwiegen aufführte. Das jedoch heißt: die beiden Priester warnen zwar derb, aber in Dur – es ist ihnen nicht bierernst. Sie lächeln. Sie wissen: mit »Tod und Verzweiflung«, das ist schon sehr dick aufgetragen. Doch anders würde Papageno es vielleicht gar nicht kapieren. Ein bißchen erschrecken soll er schon...

Muntere, schmunzelnde Priester, die auch mal handfest eingreifen müssen. »Auf! Sammle dich, und sei ein Mann« – so machen sie Papageno Beine, der nicht sehr glaubwürdig behauptet: »Ich lieg' in einer Ohnmacht!«

Priester, die mit Weltkindern unzimperlich umgehen und lächeln, agieren weniger feierlich als menschlich. Was für ein Trost: auch die Priester der *Zauberflöte* müssen nicht hierarchisch-ägyptisch starr, selbst sie dürfen heiter sein.

Publius

Baß. Präfekt. Chef der kaiserlichen Leibwache. Soll für die Sicherheit des Titus und für die tiefen Töne der Ensembles aufkommen.

Aus: *La clemenza di Tito*

Einer muß ja warnen und Vorsicht walten lassen, wo der Kaiser zu Traumtänzerei und gefährlicher Milde neigt. Einer muß ja jene tiefen Töne liefern, die dem übrigen Solistenensemble des *Titus* (vier Soprane, ein Tenor) sonst fehlen würden: Das ist der Präfekt Publius, seriöser Baß.

Ein unbeirrbarer Beamter. Sieht, was ist – sagt, was er denkt. Ahnt Komplikationen. Etwa: »Wenn er so Kummer leidet, ist er noch Sextus' Freund« – der Titus nämlich, obschon Sextus so sichtbar seiner Tat überführt scheint. Einmal wird Publius sogar diskretionshalber aus dem Zimmer geschickt. Aber nicht zu weit. Seine Arie ist schlicht und fast fad. Realistische Lebensweisheit eines Polizeichefs. Wer zu gut von seinen Mitmenschen denkt, weil er halt selber gut ist – der erkenne Verräter sehr spät.

Eine unkomplizierte Einsicht. Eignet sich zum sonoren Vortrag – am Ende donnern sogar C-Dur-Sechzehntel eine ganze Dezime tief hinunter. Das dröhnt selbstsicher und unanfechtbar, imponierend, rechtschaffen und konventionell wie der ganze Mann.

Sarastro

Baß. Märchenhafte Herrscherfigur. Haupt der Eingeweihten.

Aus: *Die Zauberflöte*

Großer Sarastro«, sagt der Sprecher zu Beginn des zweiten *Zauberflöten*-Aktes, »deine weisheitsvollen Reden erkennen und bewundern wir.«

So ehrfurchtsvoll hat sich die Nachwelt keineswegs über jenen Sarastro geäußert, der im Priesterrat zu wichtigtuerischem Pathos neigt: »Mit reiner Seele erklär' ich euch, daß unsre heutige Versammlung eine der wichtigsten unserer Zeit ist.« Sowie: »Gerührt über die Einigkeit eurer Herzen, dankt Sarastro euch im Namen der Menschheit.«

Sarastros Absicht? Er will den zwanzigjährigen Prinzen Tamino – fast so wie Wagners Gurnemanz den Parsifal – an die »Eingeweihten« binden, auf daß der Jüngling deren Reihen verstärke. Und er will weder dulden, daß die Königin der Nacht – weil sie ein Weib ist! – in Besitz des Symbols der Macht (des »Sonnenkreises« also) komme, noch daß sie, die Witwe, über das Schicksal ihrer Tochter Pamina ehrgeizig verfügen könne.

Sarastros »weisheitsvolle Reden« haben – vor allem in den siebziger Jahren des zwanzigsten Jahrhunderts – heftige Kritik hervorgerufen. Sarastro sei ein langweilig-moralgesättigter Popanz, überdies niederträchtig weiberfeindlich. Im Heft 3 der Reihe »Musik-Konzepte« können die Angriffe Wolf Rosenbergs und anderer gegen den *Zauberflöten*-Text, namentlich gegen die Sarastro-Figur, nachgelesen werden. Emanuel Schikaneders Libretto provozierte den Titel der Publikation: »Ist die Zauberflöte ein Machwerk?« Rosenberg fragt: »Was sollte er« – nämlich Mozart – »mit dieser öden, kaum nachvollziehbaren Figur des Sarastro musikalisch anfangen, einer Figur ohne Konturen, ohne fixierbare Charaktereigenschaften...«[29] Ein Jahr zuvor hatte bereits Wolfgang Hildesheimer in seinem Mozart-Buch heftige Kritik am *Zauberflöten*-Text geäußert. »Was Sarastro zu singen hat, ist nicht innere Erfahrung, sondern Moral, an deren Vollzug aber niemand teilhat, da sie auf der Bühne nicht in Aktion umzusetzen ist. So ist diese Rolle denn auch weder überzeugend darstellbar noch ohne unfreiwillige Komik singbar.«[30]

Ungemein heftige Worte gegen die zentrale Figur eines Mozartschen Hauptwerks, die von Mozart zweifellos nicht »kritisch« konzipiert gewesen war, sondern die im Zusammenhang der Sympathielenkung, wie Handlung und Jubelchöre sie offenkundig beabsichtigen, als positive, glückbringende Herrschergestalt begriffen, ja gefeiert werden soll.

Oder läge gerade in dieser »Positivität« die Schwäche? Das muß man schon fragen dürfen. Denn die Sarastro-Schelte, wie sie die *Zauberflöten*-Kritiker Hildesheimer, Rosenberg und Rainer Riehn (»Sarastros Sprücheklopfen«[31]) vorbringen, wird indirekt unterstützt durch die Art, in der manche *Zauberflöten*-Bewunderer den »göttlichen Weisen« charakterisieren. Aloys Greithers Lob: »Als Bühnengestalt ist Sarastro in seiner absoluten Güte nahezu undramatisch, da er einer Entscheidung zwischen Gut und Böse enthoben ist. Menschlich hat er durch seine ungefährdete Güte an Dimension gewonnen, dramatisch an Möglichkeiten verloren«[32] – klingt zweischneidig. Offenbar verstehen auch die Sarastro-Anhänger diese Figur als hehres Prinzip auf zwei Beinen, jedoch kaum als dramatische Person. Der Jurist Gustav Radbruch ging in seinem Aufsatz »Das Strafrecht der Zauberflöte« so weit, in der *Zauberflöte* »das Strafrechtsdenken der Freimaurerei in Wort und Ton seinen höchsten und letzten Ausdruck«[32] finden zu lassen: Sarastro erfülle alle Forderungen Platos an einen Machthaber, und dem Shakespeareschen Prospero (aus dem *Sturm*) sei er vergleichbar.

Sarastro tritt erst später auf. Während die Protagonisten bei Mozart schon immer relativ rasch persönlich sicht- und hörbar werden, begegnen wir Sarastro erst im Finale des ersten Aktes, und auch da nicht gleich zu Beginn – nachdem wir alle anderen wichtigen Figuren des *Zauberflöten*-Kosmos, abgesehen von Papagena, längst und meist sogar mehrfach erlebt haben.

Daß nun die mächtigste Figur eines Dramas spät erscheint, ist ein stets wirkungsvoller, kolportagenaher Theatereffekt. Je besser ein Auftritt vorbereitet wurde, desto spannender wird er ausfallen – weil auf der Bühne nichts langweiliger ist als die bloße Überraschung.

Auf Sarastro warten wir mit Spannung und beträchtlicher Ungewißheit. Von einigen Figuren, an deren Glaubwürdigkeit zu zweifeln wir einstweilen keinen Anlaß haben, hörten wir, Sarastro sei ein »Bösewicht«, ein »Tigertier«, ein Dämon, der imstande wäre, sich zu verwandeln.

Auch die engelhaft gutartige Pamina, die sich schon einige Zeit in Sarastros Gewalt oder Gewahrsam befindet und ihn darum ein wenig kennen sollte, nimmt beklommen an, es könne ihr »Ende«, also ihren Tod, bedeuten, wenn sie den ersehnten Tamino vor den Augen Sarastros umarmt. Und Papagenos »martervoller Tod«, nämlich im Falle des Erwischtwerdens, würde, laut Pamina, »ohne Grenzen« sein.

Tamino seinerseits weiß ganz genau, daß Sarastro »ein Unmensch, ein Tyrann« sein muß. Allerdings sind auch Gegenstimmen laut geworden. Dem Sprecher ist es gelungen, Taminos Anti-Sarastro-Gewißheit zu erschüttern, weil nämlich der Sprecher aufrichtig, keineswegs nur taktisch-beschönigend Auskunft gab. Und auch die Jubelchöre, die den Fürsten – sechs Löwen ziehen den Triumphwagen! –

empfangen, wirken nicht wie Äußerungen irgendwie beklommener Angst vor einem Despoten, sondern sie signalisieren Bewunderung und Zuneigung. Freilich hat der Sprecher durchblicken lassen, daß es lebensgefährlich sein kann, über Sarastro verstockte Falschheiten zu äußern. »Wenn du dein Leben liebst, so rede, bleibe da! – Sarastro hassest du?«

Der Sarastro, dem wir dann endlich begegnen, ist weder ein »Tigertier« noch ein aufgeklärter Freimaurer, der jeden Gedanken an Gewalt ablehnt. In ihm herrscht vielmehr eine Spannung aus ungebrochenem patriarchalischen Machtbewußtsein, jovialer Heiterkeit (auf Kosten anderer), väterlicher Liebenswürdigkeit und Verantwortung. Dabei ist der Text nicht eindeutig – und die Musik widerspricht manchmal den Texttendenzen.

Wenn Pamina sich empfindsam ihrer Kindesliebe zur Mutter erinnert, reagiert Sarastro ziemlich wütend. »Du würdest um dein Glück gebracht, wenn ich dich ihren Händen ließe« – das ist in schroff punktiertem c-Moll-Rezitativton komponiert, im Crescendo bis zum Forte hin. Ein ziemlich junger Fürst erregt sich so.

Und wie reagiert Sarastro auf die plump-sinnlichen Übergriffe des Monostatos? Er stellt sich da keineswegs »verständnisvoll«, ist wahrlich kein salbadernder Freimaurer, der »die Rache nicht kennt«. Sondern er verurteilt den geilen Mohren sofort zur Prügelstrafe. Wenn dann der verzweifelt Kniende jammert: »ach Herr, den Lohn verhofft' ich nicht«, reagiert Sarastro süffisant ironisch: »Nicht Dank! es ist ja meine Pflicht!« Ganz reinlich entspricht das wohl nicht dem vielberufenen »freimaurerischen Humanitätsgedanken« – obschon später die feierliche Prüfungsstimmung dazu führt, daß die siebenundsiebzig Sohlenstreiche doch nicht verabreicht werden. Im zweiten Akt sagt Monostatos: »Und um einer so geringen Pflanze wegen wollte man meine Fußsohlen behämmern? – Also bloß dem heutigen Tage hab ich's zu verdanken, daß ich noch mit heiler Haut auf die Erde trete.«

Sarastros Überlegenheit gründet vor allem auf seiner Tiefe – so paradox diese Behauptung auch wirken mag. Der Sänger der Partie muß das tiefe F der großen Oktave parat haben. Und zwar im entscheidenden Augenblick: wenn Sarastro seine Liberalität begrenzt. »Zur Liebe will ich dich nicht zwingen«, singt der aufgeklärte Machthaber. Dann aber folgt die für Pamina schreckliche Einschränkung: »doch geb' ich dir die Freiheit nicht.« Beim erstenmal liegt das »doch« angenehm. Beim zweitenmal muß das tiefe F als halbe Note gebracht und ausgehalten werden. Wenn der Bassist das schwer atmend geschafft hat, muß er dieses »doch« sogar noch einmal, nur kürzer, wiederholen!

Also: selbstbewußtes patriarchalisches Herrschertum, verschärft durch Ironie gegenüber den Bösen, gemildert durch Güte gegenüber den Liebenswerten: Das ist der keineswegs langweilig eindeutige Kern von Sarastros begrenzter Toleranz.

Nie zweifelt er auch nur einen Augenblick daran, daß es falsch wäre, irgendeiner Frau, gar einer ehrgeizigen, Gleichberechtigung zuzubilligen als politischem Gegner oder auch nur als verantwortlichem Elternteil! Der Bestand und der Ausbau seiner Macht wiederum lassen ihn pathetisch und beschwörend werden. Als Königsfigur dieses Kosmos ist er von den anderen Personen geschieden. Als väterlich sorgender Mitmensch wiederum verbindet er sich ihnen auch. So singt in »O Isis und Osiris« der Priesterchor immer nur ein wunderbar magisches Echo dessen, was Sarastro zuvor als einzelner vorgetragen hatte.

Besonders deutlich wird der Kontrast zwischen dem, was Sarastro sagt, und dem, was er singt, in dem Unterschied zwischen dem Dialog vor dem Abschiedsterzett und dem Terzett selbst. Als Sprechender ist Sarastro streng. Streng zu

Pamina, die den Prüfungscharakter der Situation ja noch gar nicht durchschaut. Wenn Pamina unter der fürchterlichen Stille leidet und sagt: »wo ist mein Jüngling?«, dann verschärft Sarastro die Angst des Mädchens gnadenlos. »Er wartet deiner, um dir das letzte Lebewohl zu sagen.«

Aber im Terzett mildert Sarastro seine Strenge. »Ihr werdet froh euch wiedersehn!« singt er gleich zu Anfang des Andante moderato. Und am Ende gibt dann das Haupt der Eingeweihten den beiden Liebenden die Verheißung: »Wir sehn uns wieder!« Da wird denn auch Sarastros Tiefe zum Ausdrucksmoment. Des Sängers Töne liegen momentweise eine Oktave unterhalb (!) der Celli und der Orchesterbässe. So als wäre Sarastro der Urgrund dessen, was hier getan und gehofft wird.

Und das alles, die Mischung aus Jugend, aus Meditation, Strenge, tiefer Grundgewalt, patriarchalischer Jovialität, soll, wie Hildesheimer behauptete, nicht ohne unfreiwilligen Humor darstellbar, singbar sein? Nur wenn Sarastro ein Popanz wäre, in sich konfliktlos, langweilig, gütig – dann hätten die Kritiker vielleicht recht.

Natürlich ist es sinnlos, die angefochtene, differenzierte Würde eines Märchenfürsten zu vergleichen mit so realistischen Figuren wie dem Grafen Almaviva. Doch wie lebendig, wie heiter mitmenschlich Mozart den Sarastro belebt hat, das wird beim Vergleich mit gewissen Königsfiguren der barokken Opera seria sinnfällig...

Der Regisseur Jean-Pierre Ponnelle brachte es sogar fertig, Sarastros plakative und sonore Arie »In diesen heil'gen Hallen kennt man die Rache nicht«, die allzu leicht zur antidramatischen Humanitätsnummer gerät (»und ist ein Mensch gefallen, führt Liebe ihn zur Pflicht«), für die Handlung zu retten. Denn Sarastro muß sich mit seinen schönen Bekenntnissen ja nicht unbedingt ins Erhaben-Leere verströmen. Unmittelbar vor dieser Hallenarie hatte es einen

Dialog zwischen Pamina und Sarastro gegeben. Pamina: »Herr, strafe meine Mutter nicht! Der Schmerz über meine Abwesenheit –.« Sarastro: »Ich weiß alles ... weiß, daß sie in unterirdischen Gemächern des Tempels herumirrt und Rache über mich und die Menschheit kocht. Allein, du sollst sehen, wie ich mich an deiner Mutter räche.«

Unmittelbar danach stimmt – zur im Hintergrund gespenstisch herumirrenden Königin der Nacht hin, wie, um sie nachdenklich zu machen, von ihren Plänen abzubringen, zu versöhnen – Sarastro das »In diesen heil'gen Hallen kennt man die Rache nicht« an. Freilich wird die tödlich gekränkte, von Sarastro in ihrer personalen Würde nie ernstgenommene Frau sich dadurch von ihren Racheplänen keineswegs abbringen lassen.

Später hat Goethe in seinem großen Fragment *Der Zauberflöte Zweyter Theil* angedeutet, daß auch Sarastro eine gewisse Schuld zu büßen habe.

»In diesen stillen Mauern«, so Sarastro bei Goethe, »lernt der Mensch sich selbst und sein Innerstes erforschen. Er bereitet sich vor, die Stimme der Götter zu vernehmen; aber die erhabene Sprache der Natur, die Töne der bedürftigen Menschheit lernt nur der Wanderer kennen, der auf den weiten Gefilden der Erde umherschweift. In diesem Sinne verbindet uns das Gesetz jährlich einen von uns als Pilger hinaus in die rauhe Welt zu schicken ...

Mich traf das Los und ich zaudere keinen Augenblick mich seinem Gebote zu unterwerfen. Ja die Ahnung ist erfüllt. Mich entfernen die Götter aus eurer Mitte, um euch und mich zu prüfen. Im wichtigen Augenblick werde ich abgerufen, da die Kräfte feindseliger Mächte wirksamer werden.«

So verläßt Sarastro den Weisheitstempel und die Eingeweihten. Ob er, dem Herzog Vincentio aus Shakespeares *Maß für Maß* ähnlich, einst verkleidet zurückkehren wird, das

Tun der Zurückgebliebenen zu richten? Oder sich endlich zu versöhnen auch mit der Königin der Nacht? Wir wissen es nicht. Goethes Fortsetzung blieb Fragment.

Bassa Selim

Sprechrolle. Ein Mächtiger. Ein zum Islam übergetretener Christ (»Renegat«), in dessen Gewalt sich Konstanze, deren Dienerin Blondchen und Pedrillo befinden. Sucht die Liebe Konstanzes zärtlich-geduldig zu erbitten, während sie immer wieder Aufschub verlangt. Droht der Gefangenen freilich auch mit Martern, die er verhängen könnte. Statuiert am Ende ein humanes Exempel.

Aus: *Die Entführung aus dem Serail*

Ist jemand, der im Singspiel nicht singt, der sein Inneres nicht sinnlich-tönend preisgibt, wie es in diesem Genre doch alle anderen Liebenden oder Ängstlichen oder Hassenden tun, ist also der nur sprechende Bassa (Pascha) Selim »edler«? Nein: nur rätselhafter. Es fehlt ja die Musik, die uns etwas »verraten« oder erklären könnte über sein Inneres. Osmin glaubt seinen Herrn zu kennen: »Der Bassa ist weich wie Butter, mit dem könnt ihr machen, was ihr wollt«, poltert er aufgebracht über den feinsinnigen Chef, der nicht imstande sei, christliches Gesindel und Gelichter zu durchschauen.

Doch Osmin hat recht nur im Hinblick auf die Entführungspläne von Belmonte, Pedrillo und Co. Was indessen den Bassa Selim betrifft, so verwechselt der Aufseher sentimentale Weichheit mit Harmlosigkeit. Butterweich harmlos muß der Bassa nämlich nicht unbedingt sein; Zartheit und Grausamkeit (wie sie sonst auf dem Landgut des Bassa Selim ja ziemlich gewohnheitsmäßig praktiziert zu werden scheinen) schließen sich nämlich keineswegs aus.

Vom Christentum her habe der Bassa »noch so viel Delikatesse, keine seiner Weiber zu Liebe zu zwingen«, erläutert Pedrillo dem Belmonte die relativ günstige Situation von

Konstanze. Auch das scheint des noblen Pascha Selim relative Ungefährlichkeit zu bezeugen. Doch wer weiß, ob es für den Bassa bisher überhaupt nötig war, jemanden zu zwingen?

Wenn der Bassa Selim am äußersten Ende die Großmut selber ist, den Sohn seines Todfeindes freiläßt, die geliebte Konstanze und die Dienerschaft dazu, dann scheinen sich die Aussagen von Osmin und Pedrillo zu bestätigen. Der großmütige Mann spricht sogar ein wenig wegwerfend über seine gute Tat: »Wen man durch Wohltun nicht für sich gewinnen kann, den muß man sich vom Halse schaffen.« Heiter-ironisch tröstet der Bassa den rasenden Osmin über des kratzbürstigen Blondchen Abreise: »Alter, sind dir deine Augen nicht lieb?« Und der Umstand, daß Bassa Selim sogar gültige Reisepapiere zur Hand hat – »(Gibt Belmonte ein Papier) ›Hier ist euer Paßport‹« –, erlaubt durchaus den Schluß, daß es sich um keine nur spontane Geste handelt, sondern um eine wohlvorbereitete, um eine errungene.

So gelassen verhielt sich dieser Mächtige nämlich keineswegs immer. Er nötigte, indem er darauf hinwies, daß er erzwingen könne, aber lieber nicht wolle.

Doch ist das nicht eine etwas trübe Dialektik? Du liebst mich nicht. Ich lasse dich nicht martern, zwinge dich also nicht. Liebe mich eben deshalb aus freien Stücken ... Also: »Sieh, ich könnte befehlen, könnte grausam mit dir verfahren, dich zwingen« – und dann, als wäre das für nicht Zurückliebende eine mögliche Alternative, fortzufahren: »Aber nein, Konstanze, dir selbst will ich dein Herz zu danken haben, dir selbst.«

Das heißt doch, vergröbert ausgedrückt: ich will dich, ich will, daß du mich aus eigenem Antrieb liebst, nicht durch Grausamkeit gezwungen. Aber Liebe *muß* sein ... Konstanze durchschaut das und gibt dem Bassa, nachdem dieser deutlicher geworden: »Morgen mußt du mich lieben, oder –«, seinen Feinsinn grob zurück: »Muß? Welch albernes Begehren. Als ob man Liebe anbefehlen könnte wie eine Tracht Schläge!«

Vielleicht bereitet es dem sanften Bassa Genugtuung, mit der Macht zu spielen. Nachdem es Konstanze entschlüpft ist, daß sie ihn »nie« lieben würde, fragt er: »Und du zitterst nicht vor der Gewalt, die ich über dich habe?« Er deutet ihr nicht nur den Tod an, sondern »Martern von allen Arten«.

»Ihr Schmerz, ihre Tränen«, so gesteht er sich, »bezaubern mein Herz immer mehr.« Es ist, als bereite es diesem Sanften, Liebenden, Mächtigen ein etwas düsteres Vergnügen, von der Ultima ratio der Grausamkeit zu reden und den Kummer, wenn schon nicht die Willfährigkeit einer geliebten jungen Frau zu erleben.

Er muß erkennen, daß selbst die schlimmsten Androhungen seines Zornes auf Konstanzes tapfere Seele überhaupt nicht zu wirken scheinen. Da ändert er sein Vorgehen. »Mit Härte richte ich nichts aus, mit Bitten auch nicht, also, was Drohen und Bitten nicht vermögen, soll die List zuwege bringen.«

Doch das ist eine andere Liebesstrategie. Eine, bei der von Grausamkeit überhaupt nicht oder nur noch direkt (aber jedenfalls nicht als potentielle Drohung, der ein kluges Weib liebend ausweichen kann) die Rede ist. Am Ende gibt es nur noch Eindeutigkeit. Konstanze hat ihre Furchtlosigkeit bewiesen – Belmonte zeigt sich genauso tapfer: nicht um das eigene Leben besorgt, nur für den geliebten Partner bangend. Sie alle haben sich dem Bassa gegenüber durchaus schuldig gemacht. Er hätte also gewissermaßen das Recht, sich zu rächen, zu bestrafen. Aber er fühlt auch, wie tief es unter dem Niveau seines Empfindens, seiner melancholischen Menschlichkeit läge, solch ein Recht stur zu praktizieren. Der Bassa ist kein »Harmloser«, kein Unangefochtener. Er hat der Versuchung, etwas zu erzwingen, Grausamkeit verbal ins Spiel zu bringen, immer wieder nachgegeben, traurig und zornig. Nun – einsam gegenüber zwei Liebenden und darum schuldig Gewordenen – ekelt ihn vor dem Mechanismus von Gewalt und Rache. Jetzt will er heraustreten aus der Totschläger-Reihe. Freilich begründet er seine Milde nicht so hochtönend, sondern eher bitter, verächtlich, fast zynisch. Doch das sollte niemanden täuschen. Die ihn ehrenden Jubelchöre am Ende hat er wahrlich verdient.

Servilia

Sopran. Schwester des mit Titus eng befreundeten Sextus. Wird vom Kaiser vorübergehend zur Gemahlin erwählt. Weigert sich erfolgreich, Kaiserin zu werden, weil sie Annius liebe.

Aus: *La clemenza di Tito*

Wo milde Kaiser herrschen, da können und dürfen die Untergebenen ihrem eigenen Gefühl folgen – falls sie nur mutig genug sind, sich wahrhaftig dazu zu bekennen.

Sehr ernst kann es ohnehin dem Titus mit seinem Entschluß, Servilia zu heiraten (nachdem er die geliebte, aber ausländische Berenice verstoßen hat), nicht gewesen sein. Denn Servilias Bruder Sextus zeigt sich ebenso geehrt wie überrascht und bestürzt, wenn der Kaiser ihm die schmeichelhafte Mitteilung macht, daß seine Familie durch diese Ehe nun der des Kaisers so nahestehen soll. Weder der Bruder Servilias noch ihr Bräutigam wagen freilich, dem Imperator zu widersprechen.

Aber Servilia ist unbeirrt. Daß nichts die Liebe zwischen ihr und Annius zu überschatten vermöge, lehrt unwidersprechlich ein kurzes, innig und wolkenlos die beiderseitige Zuneigung ausdrückendes A-Dur-Duett im Zweivierteltakt – das in der *Titus*-Oper als Nr. 7 erscheint, genauso wie das A-Dur-Duett »La ci darem la mano« aus *Don Giovanni*, welches auch im Zweivierteltakt, auch im Andante, auch in A-Dur und auch als Nr. 7 der Oper komponiert ist. Wer immer sich von der Andersartigkeit und Gleichwertigkeit überzeugen will, die *Titus* mit Mozarts populäreren Meisteropern verbindet, sollte diese beiden Stücke studieren! Daß dieses *Titus*-Duett den Seriarahmen zerbricht, daß Don Giovannis »Reich mir die Hand« ins Dramma giocoso paßt –

darüber mögen sich die Gattungsanalytiker Gedanken machen; über die ästhetisch-melodische Qualität besagen solche Befunde nicht viel. Wohl aber kann man erkennen, welche Form der erfüllten Einfachheit jenseits aller dramatischen Interessantheit Mozart in seinem Todesjahr erfand: Die selige Stille des Duetts, dem sich manches aus *Così fan tutte* an die Seite stellen ließe, ist wahrlich nicht schwächer, sondern nur anders, nämlich trotz bereichernder, entwickelnder Variation statischer komponiert als die wunderbare Paralysierung von Zerlinas ohnehin recht mattem Widerstand.

Servilia steht bedingungslos zu ihrem Gefühl und ihren Absichten. Der Kaiser rechnet ihr das hoch an. Sie verlangt das freilich auch expressis verbis von anderen. Zum Beispiel von Vitellia! In ihrer lyrischen D-Dur-Arie Nr. 21 bringt Servilia die Freundin ihres Bruders so weit, Sextus nicht im Stich zu lassen, sondern zu bekennen, daß sie, Vitellia, es war, die den liebenden Sextus dazu anstachelte, seinem kaiserlichen Freund nach dem Leben zu trachten. Tränenvolles Mitleid, dem keine Taten folgen – singt sie (wie eine bedingungslose Existentialistin, für die nur Verwirklichung zählt, nicht aber Sentiment) –, solches Mitleid sei vergebens, »und wie sehr gleicht es grausamer Härte«.

Mehr als alle anderen Protagonisten des *Titus* ist Servilia beneidenswert mit sich, ihrem Wollen und ihrem Liebesgefühl im reinen.

Sextus

Sopran. Liebt Vitellia bis zur Selbstaufgabe, ist mit dem Kaiser Titus herzlich befreundet. Gerät darum in heftigen »Pflichten«-Konflikt, aus dem er verstört, aber doch heil hervorgeht, denn er ist »hörig«, aber nicht feige.

Aus: *La clemenza di Tito*

Ein infolge übergroßer Verliebtheit schwacher, verführbarer, dabei anständiger und sogar mutiger Charakter: Das macht ihn, wenn schon nicht vorbildlich, so doch interessant. Die Musik, die ihn umgibt, läßt seine Schwächen liebenswert erscheinen.

Rührend, wenn er glaubt, einer vor beleidigter Eifersucht rasenden Geliebten (die ohnehin mehr an Titus denkt als an unseren armen Freund) mit Vernunftgründen beikommen zu können: »Bedenk es doch recht, Geliebte, und überlege! Ach, laß uns Titus nicht töten, das Glück dieser Welt, den Vater Roms, unsern Freund!«

Derartige Huldigungen an die Adresse des ihr verhaßten Monarchen regen Vitellia begreiflicherweise grenzenlos auf – und wieviel exzentrischer ihr Temperament ist als das des Sextus, lehrt bereits der Anfang der Oper, jenes Duett, wo Vitellia, wenn sie ihre Worte beschwörend wiederholt, einen riesigen Ambitus ausfüllt, während Sextus sich dabei zwar auch schwärmerisch, aber gleichwohl weit gemäßigter verhält. (Der Relation Quinte–Oktave bei Sextus entspricht die Relation None–Fastdoppeloktave bei Vitellia.)

Was Vitellia dem bedingungslos Liebenden nicht gewährt, wird ihm zuteil vom Freunde Annius: das Glück problemloser Eintracht (Duettino Nr. 3). Da sind die Wechsel zwischen Forte, Piano und Mezzoforte überflüssig, die zu Beginn des Andanteduetts (Nr. 1) einen wahrlich nicht beständig in sich ruhenden Charakter umschrieben. Was Text und Musik so eindringlich vorführen, die männliche Beeinflußbarkeit des liebenden Sextus – selbst wenn dieser eigentlich besser weiß, was er eigentlich wirklich tun oder nicht tun sollte –, sensibilisiert uns dafür, Belege für die Unselbständigkeit dieser Figur zu suchen und zu finden. So hören wir selbst aus Sextus' edler Adagioarie (Nr. 9) heraus, was Mozart wahrscheinlich nicht in sie hineinlegen wollte: Sextus' Abhängigkeit. Es ist, als folge seine Kantilene der führenden Soloklarinette, als verhalte sich dieser Sextus, wenn er entsetzt bedenkt, was er verliert, falls er Vitellia verlöre, sozusagen »außengeleitet«.

Aber er erfüllt nicht, was Handlung und Geliebte von ihm fordern. Sextus erkennt – genauso wie sein Freund Titus, dessen Gegner er werden und dessen Strafe er verfallen muß –, wie schwer es doch ist, »böse« zu sein. In der Phantasie, befeuert von Vitellia, war ihm das noch irgendwie möglich. Doch wenn dann das Unheil geschehen und des Titus Zorn erweckt ist, zittert Sextus erschreckt und »entstellt« vor dem geliebten, mächtigen Freund. Im ersten Finale steigert die Verzweiflung übers Angezettelte Sextus' dramatische Ausdruckskraft. Die erhabenen Mollintervalle, wenn sich ihm das Bekenntnis seines Schuldbewußtseins entringt – »Erde, tu dich auf, verschlinge mich, und schließe mich Verräter in deinen Tiefen ein« –, deuten die Wandlung eines abhängiginteressanten Charakters in einen tragischen an.

Leicht fällt es ihm nicht, sein Schicksal auf sich zu nehmen. »Soll ich fliehen oder bleiben? In dieser Verwirrung kann ich keine Entschlüsse fassen« – so klingen die Überlegungen eines einstweilen Überforderten.

Dann aber läßt er die Umgebung nicht entgelten, was sie ihm antut. Gefangen verrät er nicht, daß Vitellia die Anstifterin war. Nicht einmal von seiner Liebe zu ihr sagt sich der Schwergeprüfte los. Den Tod vor Augen, leidet er mehr unter der Scham, sich zum Aufstand hergegeben zu haben, als unter Angst. So wird sein Rondo vor Titus zum Ausdruck endlich gewonnener schuldbewußter Sicherheit. Er hat die Geliebte nicht verraten (was nach menschlichem Ermessen seine letzte Chance war); er will nun auch nichts »erflehen«. In reinen, weit ausgreifenden A-Dur-Melodiebögen geht es ihm nicht um Gnade. Sein A-Dur-Rondo wird dramatisch-expressiv nur dann, wenn Sextus andeutet, was er nicht ausspricht: »Könntest du ins Herz mir blicken, wärst du nicht so streng.« Ihn rettet Vitellias Geständnis. Aber er wird nie aufhören, sich Vorwürfe zu machen.

Was innig und rein ist an dieser Rolle, dafür interessiert sich Mozarts Musik mehr als für ihre »Interessantheit«. Charakterisierende Feinheiten fehlen nicht. Doch sie gelten nicht dem ganzen Charakter, sondern nur der rührenden Empfindsamkeit dieses unglückseligen Helden.

Sprecher

Baß. Alter, weisheits- und spannungserfüllter Priester, der Worte und Absichten so tief ernst nimmt, daß eine Aura des Feierlichen ihn umgibt. Verwirrt den Tamino nachhaltig.

Aus: *Die Zauberflöte*

Der Sprecher steht beeindruckend, Worte wägend und widerlegend da wie ein Wegweiser, der Tamino eine neue Welt zeigt. Die Tonlage der *Zauberflöte* ändert sich, wenn der Sprecher erscheint. Ob die Figur mit dem Ersten Priester identisch sei oder nicht, ist eine unentwirrbare Frage, weil einige Angaben sich widersprechen. (Die Neue Mozart-Gesamtausgabe folgert im Vorwort und im Gegensatz zur üblichen Aufführungspraxis: »...die Vermutung, daß bei der Uraufführung im ersten Finale nicht der Sprecher, sondern der Erste Priester – der heute als Sprechrolle fungiert – auftrat, wird nahezu zur Gewißheit.«) Doch ob nun ein Sprecher, Erster Priester oder alter Priester erscheint – mit dieser Szene hört das bisherige *Zauberflöten*-Tempo, hören auch die unreflektierten Temperamentseindeutigkeiten auf, die bisher so viel rapide und bunte Geschehnisfülle schufen.

Eben noch gab es doch nur junge Leute wie den Prinzen, der bedroht war und sich in ein Bild verliebte, wie die gefangene, vom erregten Monostatos gequälte Pamina, gab es heftige Temperamente wie die drei Damen oder gar hektisch exzentrische wie die beleidigte Königin der Nacht. Auch Papageno war nichts weniger als ein mystischer Wahrheitssucher.

Der Auftritt des Priesters wird spannungsvoll vorbereitet. »Zurück«, donnert es von den geschlossenen Toren. Nun aber der Umschwung. Das Allegro hört mit dem Erscheinen des Sprechers auf: Wir sind im Es-Dur-Adagio, im Heiligtum.

Bemerkenswerterweise wird die Musik nun nicht archaisch, altertümelnd oder kirchlich-choralhaft, wie es eigentlich naheläge, wenn ein greiser Priester erscheint, sondern Mozart nimmt ganz selbstverständlich Wagners dramatisches Orchesterrezitativ vorweg. Frei, gelegentlichen (»schnell« oder »langsam«) Vorschriften unterworfen, manchmal den Verlauf symphonisch verdichtend, manchmal nur dialogbegleitend, vollzieht sich, fern allem »Nummernhaften«, ein Dialog, den »Duett« zu nennen falsch, ja Sakrileg wäre. Kein Wunder, daß Wagner, der ein großer Mozart-Kenner und -Bewunderer war, die Sprecher-Szene besonders emphatisch rühmte.

Der Sprecher – und sind nicht, ganz naiv verstanden, Priester oder Schriftgelehrte zunächst einfach Menschen, die Worte beim Wort, also genau nehmen? – erweist sich als Wissender. An ihm und seinen genauen Fragen wird Taminos Sicherheit zuschanden. »Wo willst du kühner Fremdling hin?«, »wie willst du diese finden?«, »erklär dich näher, dich täuschet ein Betrug«, »nun gib mir deine Gründe an!«, »ist das, was du gesagt, erwiesen?«.

Der Alte geht auf den Jungen ein. Nennt ihn »kühn«, billigt seinen Zielen »hohen« Sinn zu. Aber nicht nur Weisheit prägt den Sprecher, sondern auch Kraft. »Dich leitet Lieb' und Tugend nicht, weil Tod und Rache dich entzünden«, donnert er: forte in g-Moll. Tamino läßt sich nicht davon einschüchtern, zunächst. Aber nachdem Tamino mehrfach Sarastro des Bösen bezichtigt hat, reißt dem Alten die Geduld. »Wenn du dein Leben liebst, so rede, bleibe da!« droht er. So jedenfalls müssen wir, muß Tamino noch dies »wenn du dein Leben liebst« verstehen – doch vielleicht war die nötigende Wendung auch ein wenig spiritueller schlimm gemeint: Um der Wahrheit deines Lebens willen, das du liebst, laß dich der Wahrheit zuführen. In das ruhig-meditative Gespräch mischt sich hier ein gefährlicher Unterton. Dieser Jüngling verdammt eine Welt, die er nicht kennt, man muß ihn zwingen, sie zur Kenntnis zu nehmen. Des Priesters Eifer wird dabei so groß, daß er die Belastungszeugin, die seinen Herrn verleumdete, lächerlich macht. »Ein Weib tut wenig, plaudert viel« – der einzige Moment in diesem Gespräch, wo der Sprecher sich, gekränkt, eine Blöße gibt. Die andere »Blöße«, die er sich gibt, indem er Taminos Tatsachenbehauptung anerkennt: »Ja, Jüngling, was du sagst, ist wahr!« – diese vermeintliche Blöße macht ihn vertrauenswürdig. Tamino, nun vollends verwirrt, spürt jetzt nämlich: der will mich nicht belügen – der gibt die Wahrheit zu, auch wenn sie seine Position gefährdet. Nun verzweifelt Tamino: »Wann endlich wird die Decke« (das Dunkel) »schwinden?«

Jetzt aber antwortet ihm jener Priester, der zuerst so intensiv gefragt, dann erregt gedroht, dann den Raub zugestanden, danach den erschrockenen Partner sogleich väterlich »teurer Sohn« genannt hat – jetzt antwortet der Priester mit einem unvergleichlich zwingenden a-Moll-Gedanken: »Sobald dich führt der Freundschaft Hand ins Heiligtum zum ew'gen Band.« Und während Tamino gänzlich verzweifelt, hallt das a-Moll-Motiv in seine unglückliche Seele: gesteigert durch die sanfte Gewalt eines unsichtbaren Chores, Kollektivs, so daß die Auskunft, die eben nicht nur eines alten Priesters Aussage war, sogleich zu mystisch-rätselhafter Objektivität gesteigert erscheint. Dieser Dialog dauert nur wenige Minuten. Wenn man einmal Dietrich Fischer-Dieskau als Sprecher erlebt hat, dann weiß man, daß es im Sprecher sowohl Gespanntheit gibt (der ist nicht nur kampflos »weise«, sondern zugleich tief-ruhig und engagiert, ehrlich und überzeugend) wie auch mystische Wahrhaftigkeit. Jetzt, mit dem Erscheinen des Sprechers, trotzt ein lebendig-geistiges Prinzip in der *Zauberflöte* den Temperamenten.

Susanna

Sopran. Braut des Figaro, Kammerzofe der Gräfin, Musikschülerin des Basilio. Graf Almaviva stellt ihr nach. Sie verbindet in Almavivas Schloß alle mit allen, »indem sie als einzige Person an allen Ensembles (sechs Duetten, zwei Terzetten, einem Sextett und den drei Finales) teilnimmt« (Anna Amalie Abert[34]). Wenn ihr Herz und ihr Temperament hinter ihrer Hurtigkeit verschwinden, dann läßt sich in Susanna vielleicht noch das Colombinen-Vorbild der Commedia dell'arte ausmachen. Vergegenwärtigt sie im Sextett des dritten Aktes träumerisch entrückt ihr Glück, verwandelt sie im vierten Akt eine geplante Eifersuchtsszene in ein Naturbild, ein Liebesgeständnis – dann scheint unsere Colombine der Empfindsamkeit und Frühromantik nah.

Aus: *Le nozze di Figaro*

Susanna, die Reizende, deren Namen man dort, wo *Die Hochzeit des Figaro* geliebt wird, gern den Töchtern gibt – Susanna läßt sich nicht leicht charakterisieren. Es ist, als ob sie kein Individuum wäre, sondern das Genie einer Rasse verkörpere: heitere, gewandte, unsentimentale, liebenswerte und liebesfähige südländische Weiblichkeit. An ihr belästigt nichts Zickiges, plustert sich nichts Sentimentales auf, wirken Liebe und Leidenschaft nicht finster oder egoman, Lachlust und Spottsucht nicht menschenverachtend oder forciert. Sie wäre offenbar – bündelte man alle ihre enorm positiven Eigenschaften zu einer Heiratsanzeige oder einem Stellengesuch – eine ebenso ideale Ehefrau wie Hausgehilfin, Urlaubspartnerin wie Mitarbeiterin. Hält man sich darüber hinaus vor Augen, wie – verliebt in sein eigenes Geschöpf – Beaumarchais selbst die Susanna des *Tollen Tages* beschrieb, dann scheint dieses junge Mädchen eher ein Typ zu sein als ein Mensch, eher Komödien-Idealfigur als unseresgleichen.

Folgendermaßen charakterisiert Beaumarchais Susanna: »Junge, geschickte Person, geistvoll und lustig, jedoch nicht von der fast frechen Fröhlichkeit unserer verdorbenen Soubretten.«

Unauffällige Anmut, die (eben darum) anmutig auffällt. Susanna spricht im zweiten Akt, in ihrer ersten Arie, mit Cherubino und über Cherubino: »Wenn den die Frauen lieben, so wissen sie warum.« Der melodische Gestus, mit dem sie, an dem jungen Mann vergnügt herumnestelnd, ihre Bezauberung kundtut, ist so lebhaft, so charmant, so beschwingt, daß vor allem Susannas Charme unwiderstehlich wirkt. Und wenn sie dann gar noch, zu Cherubino gewandt (als wäre seine Schönheit eine bewußte Veranstaltung), lustig verlangt: »Kleine Schlange, lassen Sie es bitte bleiben, so hübsch zu sein«, dann stellen Susannas Äußerungen eine entzückende Spannung her zwischen Anmut und Übermut.

Gelegentlich werden wir – obwohl in Almavivas Schloß eine gestrenge ständische Ordnung die Menschen längst nicht so deutlich voneinander trennt, wie es im *Don Giovanni* der Fall ist oder auch in der *Zauberflöte* – heftig an gewisse Klassenunterschiede erinnert. Wer da zu befehlen, wer zu gehorchen hat: das ist prinzipiell klar; der wider den Stachel Aufbegehrende weiß sehr gut, was er wagt. Susanna geht »natürlich« mit der Gräfin, dem Grafen, dem blutjungen Edelmann Cherubino nicht um wie von gleich zu gleich. Aber doch selbstbewußt, weil ihrer selbst sicher. Dabei weiß sie sehr wohl: ein »Riechfläschchen«, wie der Graf es ihr anbietet, ist nichts für sie. Solche feudalen Unpäßlichkeiten kommen in der Welt einfacher Frauen (der »donne triviali«) nicht vor. Und sie gesteht der Gräfin, der Graf hätte sie nicht »verführen« wollen – sondern einfach kaufen. »Solche

Umstände macht er mit Frauen meinesgleichen nicht.« (Da übertreibt Susanna ein bißchen – der Graf bemüht sich doch ziemlich ausführlich um sie.)

Die Gräfin selbst, die mit Susanna manchmal umgeht wie mit einer Schwester, vergegenwärtigt sich im Selbstgespräch standesbewußt beschämt: »In welch verhängnisvollen, erniedrigenden Zustand hat mich ein grausamer Gatte gebracht; nachdem er mich ... erst geliebt, dann beleidigt und zuletzt betrogen hat, bringt er mich jetzt dazu, bei einer Dienerin Hilfe zu suchen!« Das klingt hochmütig, ist auch nicht der Gräfin letztes Wort. Gleich in der nächsten Nummer, dem Briefduett, wird sie sich mit Susanna zur schwesterlichen Terz zusammentun. Und es ist auch die Gräfin, die Susanna mit dem Geld dafür ausstattet, Figaro von Marcellina freizukaufen. Diesen Zusammenhang, den sich bemerkenswerterweise nicht einmal der Graf vorstellen kann (Graf: »Aber wenn sie« – nämlich Susanna – »die alte Klägerin bezahlte? Sie bezahlen! Auf welche Weise!«), erfährt man bei Da Ponte/Mozart überhaupt nicht; er wird (versehentlich) schlicht vorausgesetzt, findet sich nur bei Beaumarchais. Ist freilich auch nicht wirklich wichtig. Im Moment des Glückes (Sextett im dritten Akt) strömen die Geldbörsen ja von allen Seiten auf den Hochzeiter Figaro herein.

Wie verhält sich Susanna in einer Welt, wo es einerseits klare Klassenunterschiede gibt, wo jedoch andererseits die Menschen auch über schlimme Schranken hinweg manchmal einander finden, vertrauensvoll miteinander reden und umgehen können?

Ob im Gespräch mit Figaro, mit Marcellina, mit dem Grafen, der Gräfin, mit Cherubino: Susanna ist ein Naturtalent der Anpassung. Aber nicht des Opportunismus. Susanna löscht sich nicht aus, wenn sie auf jemandes Ton eingeht, wenn sie mitspielt. Sie ahnt und ergreift durchaus die Möglichkeit – falls es nötig ist, falls sie etwas besser weiß oder ihr Selbstbewußtsein sie übermütig macht –, Absichten und Äußerungen des Partners zu modifizieren, zu verändern.

So wandelt sie im Duettino Nr. 2 Figaros arglos-muntere B-Dur-Behauptung, warum dieses neue Zimmer angenehm praktisch liege, nicht grell kontrastierend, wohl aber diskret variierend ins g-Moll ab. Wehe den Interpreten, die das nicht spüren! Gleichsam die Dringlichkeit des Allegro-Parlando-Tons steigernd, erläutert Susanna ihrem geliebten Figaro, der lustig demonstriert hatte, wie die Glöckchenbefehle der Herrschaft ins neue Gemach dringen würden, mit welchem Hintersinn ihnen beiden in diesem Zimmer die Glocke schlagen könne. Wenn der Geliebte zu kapieren beginnt, was diese schlanke, nie laute Verschärfung und Verfinsterung des Tones zu bedeuten hat, dann ist Susannas Musik bereits wieder im B-Dur – und Figaro um eine schicksalhafte Information reicher, die er langsam zu verdauen beginnt.

Marcellina und Susanna – beide bestrebt, Figaro zu heiraten – empfinden ehrliche Antipathie füreinander, anfangs. Der jüngeren, attraktiveren Susanna bereitet es einen kindlichen Spaß, die provokante Ältere in Wut zu bringen. Susanna tut das, indem sie Marcellina affektiert höflich nicht nur den Vortritt, sondern auch die Gesprächsführung überläßt; auf diese Weise schnippisch jene Verehrungszurückhaltung demonstrierend, die junge Mädchen betagten Damen schulden. Musikalisch sieht das folgendermaßen aus: Susanna, anfangs stets auf Marcellinas Äußerungen reagierend, imitiert überbescheiden, überhöflich, indem sie entweder (ihre erste und vierte Reaktion) Marcellinas Anfangstöne exakt wiederholt oder (zweite und dritte Reaktion) beflissen an ihre Schlußtöne anknüpft. Das hat giftige Methode. Endlich wird Susanna die Mimikry zu dumm. Bei ihrem ersten Forteeinsatz in diesem Duettino (Takt 24) wählt sie plötzlich einen Ton, der in Marcellinas vorhergehender Äußerung überhaupt nicht vorgekommen war. Sie konversiert nun beträchtlich kecker: »Die Dame von Ehre... Die Geliebte Spaniens.« Während Marcellina offenkundig Nerven und Fassung zu verlieren im Begriffe ist, bereitet es Susanna reines Vergnügen, die Nebenbuhlerin zu verhöhnen. Den Pubertätsjammer Cherubinos wird sie gutmütiger verspotten (aber eben doch verspotten).

Ironisch kostet sie auch die Beschämung des Grafen aus, wenn sie – an Stelle des vom Grafen und der Gräfin erwarteten Cherubino – »molto andante« aus dem Nebenzimmer ins Gemach der Gräfin tritt. Süffisant nimmt sie des Grafen gezogenen Degen zur Kenntnis, zuvorkommend bittet sie, der Erregte möge doch selbst im Nebenzimmer nachsehen, wer sich da verberge.

Viel heitere, spottlustige Souveränität, gegründet auf gesunden Menschenverstand und Schlagfertigkeit, stecken in diesem ebenso anpassungsfähigen wie selbstbewußten Mädchen. Sie glaubt an ihr Glück, obschon sie, die Spontanere, im Moment schneller verzagt als Figaro. Spitzt sich eine Situation unangenehm zu, dann jammert Susanna: »Schlimmer konnt' es gar nicht kommen«, dann fällt sie fast in Ohnmacht, dann klagt sie furchtsam die »grausamen Sterne« an. »Ich habe keine Hoffnung«, flüstert sie Figaro zu, der bereits mit dem von ihm umsichtig organisierten ironischen Huldigungschor anrückt. Brillant, wie Susanna zu Beginn des dritten Aktes den Grafen hereinlegt, indem sie seine anfangs eher düsteren, wegen vormaliger Zurückweisung geschmerzten Mollphrasen aufnimmt, diese in inniges Dur übersetzt. Jetzt, also zum genau richtigen, Vertrauen schaffenden Zeitpunkt, wagt sie es auch, den Standesunterschied zwischen zwei so füreinander geschaffenen Herzen wie demjenigen Almavivas und dem ihren wegzuheucheln. Auf die eigentlich ganz berechtigte Frage, warum sie, wenn sie ihn, den Grafen, liebe, denn dem kupplerischen Basilio gegenüber so zurückhaltend bliebe, reagiert sie zuckersüß überzeugend: »Was brauchen *wir* den Basilio ...« Das leuchtet dem betörten Grafen natürlich völlig ein. Aber das rücksichtslose Mogeln fällt der geschickten Susanna, die hier des Grafen heftige Leidenschaft spüren muß, nicht ganz leicht. Dietmar Holland[35] hat fein beobachtet, daß der Susanna, die auf des Grafen ungestüm wiederholte Fragen (»Kommst du?«, »Ja«, »Läßt du mich nicht warten?«, »Nein«) immer wieder beruhigend antworten muß, sogar eine Fehlleistung passiert. Im Takt 45 des Duettino Nr. 17 verplappert sie sich, indem sie mit »nein« reagiert, wo ein »Ja« angebracht wäre. Der Graf wiederholt das »Nein« erschrocken, worauf Susanna es sogleich ausführlich in ein »Ja« korrigiert. Sie mogelt offenbar mit etwas schlechtem Gewissen. Ludwig Finscher, dessen freundlicher Hilfsbereitschaft ich einige sehr wertvolle Korrekturen und Anregungen verdanke, meint zwar, Susannas (Freudscher) Versprecher sei »seit 1786 allbekannt«, aber die Sensibilität, mit der Holland auf die Umständlichkeit von Susannas Korrektur, auf ihr schlecht verborgenes Erschrecken also, aufmerksam macht: das verdient hervorgehoben zu werden ...

Susanna, eine Virtuosin im Kampf der Geschlechter und im Konflikt der Stände. Wo sie engagiert ist, kann sie glücklicherweise auch mal irren: So mißtraut sie Figaro, wütend, wenn sie ihn zu erwischen glaubt. Was rasche, heftige Eifersucht betrifft, sind diese beiden Verliebten einander wert.

Hinter der cleveren Susanna, die lernen mußte und sehr gut gelernt hat, immer den Kopf oben zu behalten, verbirgt sich eine andere. Das ist die Susanna, die sich nicht aggressiv wehrt, die nicht kokettiert, imitiert, brillant schwindelt, ohrfeigt oder ängstlich erschrickt – im Notfall eben doch bei Figaro Hilfe suchend.

Der anderen begegnen wir erst ziemlich spät, im Sextett

des dritten Aktes. Wie böse (weil den Mutter-Sohn-Grund der Umarmung von Marcellina und Figaro nicht ahnend) war Susanna noch in die Sextettsituation gestürmt, hatte sie gegen die ruhige Harmonie der ihr Ärgernis erregenden Herzlich-Einigen genau die gleichen punktierten Trotznoten gesungen wie der Herr Graf, der mit Recht Wut empfand.

Dann klärte man Susanna auf. So glücklich, so herzlich, so träumerisch einverstanden, wie ihre sanft bewegten Melismen sie nun erscheinen lassen – fast zwei Oktaven umspannt ihre Ausdrucksbewegung am Ende des Sextetts (ab Takt 103) –, erlebten wir die junge Frau noch nie. Empfindsamer als alle anderen bekundet sie im folgenden Rezitativ ihre selige Zufriedenheit. Man ahnt, welche Spannungen sich nun aufzulösen beginnen in diesem tapferen Mädchen.

Eine Intrige will sie allerdings doch noch durchführen – kommt damit aber, aus Verliebtheit, nicht zu Ende. Susanna geht scheinbar zum Stelldichein mit dem Grafen. Sie verbindet dabei das Angenehme mit dem Nützlichen: Der Graf soll düpiert, Figaro – der als Voyeur die eigene Schande lauschend mitzuerleben versucht – für seine Eifersucht beschämt werden. »Einer will lauschen, zum Stelldichein der andere kommen. Das Spiel beginnt.« Ein klarer dramatischer Vorgang: die als Rache gemeinte Liebesszene, die Susanna dem (noch nicht einmal anwesenden) Grafen einzig zur Bestrafung Figaros vorspielt. Aus dieser Racheunternehmung entwickelt sich unversehens eine zarte, echte Liebesbekundung Susannas für Figaro. So deutete Walter Felsenstein das heftige Allegro-vivace-assai-Rezitativ und die dann folgende Andantearie, die sogenannte Rosenarie. In der Tat beginnt das Rezitativ schnell (also nicht so lyrisch empfindsam, wie es meist aufgefaßt wird). Aber ist es nicht doch musikalisch ziemlich simpel, eine relativ harmlose Musik? Die Rachewut wirkt dünn. Man muß viel Seelenleben in die wenigen Mollmomente dieses vierundzwanzig Takte langen, von C-Dur nach F-Dur modulierenden Rezitativs hineinprojizieren. Dann folgt die Rosenarie. In ihr findet, laut Dietmar Holland, der Umschlag statt, »wenn die Serenaden-Begleitung der Streicher abgelöst wird von plötzlich aufsteigenden Figuren der ersten Violinen und somit die Struktur von Singstimmenmelodie, Pizzicato-Begleitung ... zugunsten eines Partiturgewebes allmählich aufgegeben wird. Der Geliebte, von dem an dieser Stelle im Text die Rede ist, wird real und ist Figaro.«[36] Das heißt, solange die Pizzikatobegleitung vorgeschrieben ist, hat der Umschlag von Demonstration zu direkter Bekundung sich noch nicht ereignet. Er geschieht beim wunderbar innigen: »Ich will dir die Stirn mit Rosen kränzen.«

Gegen diese interessante Deutung spricht freilich: ganz am Ende, als Nachspiel, kommen die Pizzikati in ersten Violinen, zweiten Violinen und Bratschen wieder, die vorher »aufgegeben« wurden. Der psychologische Verlauf ist weithin keineswegs einsinnig, eindeutig. Und die Entscheidung, jene pizzikato begleiteten sechsunddreißig Anfangstakte als weniger direkte, bloß vorgegaukelte Liebesmusik zu verstehen, werden viele Sopranistinnen mit Recht scheuen – weil es bei großer Musik doch weniger schlimm ist, ein irgendwie indirekt oder verfremdet Gemeintes versehentlich ganz ernst zu nehmen, als ein vielleicht doch ernst Gemeintes zu desavouieren. Aloys Greither erklärt die F-Dur-Arie der Susanna schlichter: »Susanna singt dieses Liebeslied – das ist die allein in der Musik zum Ausdruck kommende dramatische Kraft der Szene – ihrem wirklichen Geliebten, während er es dem Grafen zugedacht wähnt.«[37]

Tamino

Tenor. Prinz, zwanzig Jahre alt. Bringt nicht nur einen Abenteuer-, sondern auch einen Bildungsroman hinter sich.

Aus: *Die Zauberflöte*

Möglicherweise beruht der Name des Prinzen auf einem Mozartschen Mißverständnis. Siegfried Morenz, der Ägyptologe, jedenfalls behauptete es: Den »Schöpfern der Zauberflöte waren ... Pamino und Tamina als ägyptische Namen zugeflossen. Mozart brachte von seiner Arbeit am Schauspiel Geblers die Erinnerung mit, daß Thamos ein Männername sei, und bewirkte so die Vertauschung der Geschlechtselemente, die ihm natürlich ganz unbekannt waren«[38]. 1773 schrieb Mozart zum Schauspiel *Thamos, König in Ägypten* des Tobias Philipp Freiherrn von Gebler Chöre und Zwischenaktmusiken, also eine Schauspielmusik, die er 1779 beträchtlich erweiterte, die viel aufgeführt wurde – und die einige Wendungen der *Zauberflöten*-Partitur deutlich vorwegnimmt.

Laut Morenz hat nun »eine Vertauschung der Anfangsbuchstaben stattgefunden, und die Namen müßten richtig Pamino und Tamina lauten... Pa-min ist ›der dem Min zugehörige Mann‹, d. h. der Diener des Min, Ta-min entsprechend ›die dem Min gehörige Frau‹«.

Was Gelehrsamkeit doch so alles herausbringt. Aber wie wenig sie verändert.

Beim Studium der Partitur und mancher Aufführungen legt sich der Eindruck nahe, man hätte es mit zwei verschiedenen Taminos zu tun. Der Prinz des ersten Aktes führt Entwicklungen, Zweifel, Zerrissenheiten vor. Der Prüflingsprinz des zweiten indessen gibt sich vorbildlich gehorsam, beflissen, strebsam. Er gehorcht auch auf Kosten der Geliebten. Der spricht sie, die arme Pamina, weil es die »Prüfung« so will, eben nicht tröstend an – obwohl sie immerhin wegen seiner vermeintlichen Sprödheit zum Selbstmord bereit ist. Sondern er fragt noch ganz zum Schluß brav: »Ist mir erlaubt, mit ihr zu sprechen?« Nicht unbegreiflich, daß Pamina bereits im Abschiedsterzett klagte: »O liebtest du, wie ich dich liebe, du würdest nicht so ruhig sein.« Tamino läßt diesen Vorwurf nicht auf sich sitzen. Aber er nimmt – auch auf Kosten Paminas – doch einiges in Kauf. Er verhält sich im zweiten Akt exakt so, wie es von ihm verlangt wird: als pflichtbewußter, disziplinierter Mann, der den eigenen Schmerz überwindet und der den Kummer seiner Geliebten (die weit heftiger leidet, weil sie ja ohne ihr Wissen »geprüft« wird und Taminos Sprödheit für Herzlosigkeit halten muß statt für befohlenes Schweigen), traurig dreinblickend, mitveranlaßt. Tamino braucht seine Nerven hauptsächlich dazu, den recht unheroischen Papageno einigermaßen bei der Stange zu halten.

Der prächtig gekleidete junge Prinz, dessen Schönheit die drei Damen sogleich preisen – er tut in seiner Auftrittsszene genau das gleiche wie Pamina in der ihren: Er fällt vor Angst in Ohnmacht. Aus derselben erwacht, erläutert Tamino dem Papageno, wer er und woher er sei. Wir erfahren, daß er nicht völlig unbefangen in den Bezirk der Königin der Nacht gelangte: Sein Vater, ein mächtiger Fürst, habe ihm schon viel von dieser nächtlichen Königin erzählt.

So scheint Tamino auf die Konfliktsituation, der er sich nähert, ein wenig vorbereitet zu sein. Er ist kein ahnungsloser Prinz auf einer Reise, sondern doch irgendwie neugierig gemacht. Möglicherweise reagiert er auch darum so bereitwillig auf das Bild der schönen Pamina, welches die Königin ihm zeigen läßt.

Taminos Bildnisarie führt das Entstehen einer Liebe, das Werden eines Affekts innig und klar vor. Nur »liegt« diese

Arie so heikel, daß die am Anfang begreiflicherweise meist nervösen Tenöre die Affektkurve, an der wir teilnehmen sollen, nicht immer deutlich erkennbar machen, weil gleich die erste Sexte »dies Bildnis« viel zu laut ertönt. So, als wäre Tamino bereits entflammt, als übte er sich nicht allmählich in die Leidenschaft ein.

Tamino ist ein Augenmensch. Wenn ihm das Bildnis übergeben wird, versenkt er sich visuell. Während die anderen sprechen, schaut er. »Seine Liebe nimmt zu, ob er gleich für alle diese Reden taub schien.«

Die Bildnisarie beginnt in ruhigem Piano. Zwei melodische Kurven, absteigend, als Sequenz. Das muß offenbar distanziert, gleichsam betrachtend, objektiv kommentierend dargeboten werden. Dann aber dringt Affekt ein: »ich fühl es«. Hier erweitert sich die Sext zur Septime, zur ersten Sforzato-Vorschrift: »Götterbild«. Und die Liebe, die »neue Regung«, die Sehnsucht, beginnt zu wachsen. Das alles wird hier ausgedrückt mittels der mehrfach durchlaufenen Spannung einer Septime – »O wenn ich sie nur finden könnte! O wenn sie doch schon vor mir stünde!« –, zudem durch immer lebhaftere Bewegung, immer reichere Harmonisierung und durch ein Forte auf »mein«, mit dem Tamino die Arie beendet.

Tamino: ein schöner, nobler junger Mann. Sarastro übermittelt exaktere Angaben zur Person: »Ein Königssohn, zwanzig Jahre seines Alters!« Anfangs lernen wir keinen Helden kennen, denn die Flucht vor der Schlange verrät wenig Heroismus. Es sei denn, man beeilte sich, die von den Geschossen der drei Damen in drei Teile auseinandergerissene Schlange für eine erotische Metapher zu halten. Zitat: »die Schlange, ein Penissymbol, das in der Freimaurerei zugleich für die Bruderkette und manches andere steht«.

Doch sah man den wohlgekleideten Jüngling nicht vor einer regelrechten Schlange fliehen, die schließlich auch Papageno und die drei Damen genau als solche – und keineswegs als Maskulinum – begriffen (beziehungsweise erlegten)? Daß Tamino ein Augenmensch, ein prüfend Hinschauender zu sein scheint, belegt nach der Bildnisarie auch der Umstand, wie sehr ihn in Sarastros Tempelhain – über die klugen, offenen Worte des Sprechers hinaus, denen er ja zunächst leidenschaftlich widerspricht – die Architektur beeindruckt. Ihm zeigen die schönen Pforten und Säulen, »daß Klugheit und Arbeit und Künste hier weilen«.

Tamino ist kein Schwärmer, sondern ein Aristokrat, der mit offenen Augen durch die Welt geht.

Nicht mit offenen Augen für alles. Der Kummer des – seiner Sprache durch ein Schloß beraubten – Papageno läßt den Prinzen heiter-kühl. Bin leider zu schwach zum Helfen. Um so mehr erschüttert ihn die Vision der Königin der Nacht, die ihm sternflammend prophezeit, er werde Retter, Sieger und zukünftiger Gemahl ihrer Tochter sein. »Ist's denn auch Wirklichkeit, was ich sah? Oder betäubten mich meine Sinnen?« fragt er, von so vielen Eindrücken verwirrt. Allmählich lernt er, sich einzufügen. Er beansprucht, im Ensemble, keine Sonderrolle. Daß er sogar Papageno wie einen Partner gewähren läßt, belegt eine unauffällige, um so zwingendere Einzelheit. Die drei Damen verabschieden sich. Die Abenteuerreise könnte beginnen. »Alle wollen gehn.« Da fällt dem Prinzen etwas ein: »Doch schöne Damen, saget an...« Aber weiter braucht er gar nicht zu singen. Denn in gleicher Weise fährt, als wären die beiden ein Ich, Papageno fort: »...wo diese Burg man finden kann?« Und dann wiederholen sie ihre höchst berechtigte Frage zweimal im Duett.

Tamino hat das Bild der gefangenen Pamina gesehen. Und er hat die Architektur des Sarastro-Tempels auf sich wirken lassen. Die Königin der Nacht hat ihn visionär geehrt und verwirrt. Sarastros Sprecher – wenn Dietrich Fischer-Dieskau die Partie singt, kann es der größte, erschütterndste, musikalisch avancierteste Ausdrucksaugenblick des ganzen

Werkes sein – hat den jungen Mann beeindruckt. Die drei Knaben haben an seine Selbstbeherrschung appelliert.

Zu Beginn der Sprecher-Szene ist ihm alles klar. In einer schönen, konfliktlosen Es-Dur-Wendung begehrt er: »Der Lieb und Tugend Eigentum.« Sowie, natürlich etwas erregter, »Rache für den Bösewicht«.

Allmählich geht es Tamino auf, daß es ja des Sarastro-Reiches Weisheitstempel sind, die ihm imponieren. Anfangs will er dem Augenschein nicht trauen. Sein »So ist denn alles Heuchelei« klingt aber nicht wie hochmütige Abwehr, sondern wie ein Verzweiflungsausbruch. Forte. Verminderter Septakkord. Beklommen ahnt er, vor einem »Rätsel« zu stehen. Die erhaben-ruhig das a-Moll ausschreitende Verheißung des Sprechers versetzt ihn vollends in Ratlosigkeit. »O ew'ge Nacht! Wann wirst du schwinden? Wann wird das Licht mein Auge finden?«

Was für ein Weg! Die Ohnmacht vor der Schlange, die irritierende Heftigkeit des Auftritts der nächtlichen Königin. Nun das bescheiden machende Dunkel so vieler Widersprüche. Dem Verwirrten bleibt nur noch: die Flöte und die Liebe.

Was die Flöte betrifft, so wirkt ihre Kraft sofort: Die wilden Tiere tanzen entzückt zum C-Dur des Flauto-Solo – aber wenn Tamino dann wegen Pamina herumzujammern beginnt, halten die Bestien begreiflicherweise verdrießlich ein.

Endlich, wenn auch in hoher Gefahr – nämlich als Gefangener des Monostatos, der bereits vorher Tamino und Papageno apportiert hatte –, sehen sich die Liebenden.

Und Mozart zeigt: daß die beiden Singspielhelden sich auch in lebensgefährlichen Umständen zueinander bekennen. Mozart zeigt weiter: Pamina ist stets die Spontanere. Sie beginnt das Duett, sie stiftet das motivische Material, welches dann auch Tamino übernimmt. »Er ist's.« – »Sie ist's.« Sie singt als erste: »Es schling mein Arm sich um ihn her, und wenn es auch mein Ende wär!« – was dann Tamino mit der gleichen Phrase beantwortet. Sie ist feuriger.

Später, wenn die Prüfungen hinter dem Paar liegen, dem Mozart ein großes Liebesduett versagte, wird es wieder Pamina sein, die mit dem lyrisch-keuschen F-Dur-Einsatz beginnt: »Tamino mein! O welch ein Glück!«

Sind das Zufälle oder hermeneutische Übertreibungen? Muß nicht unvermeidlich eine von zwei Personen den Dialog beginnen, falls nicht beide zugleich anfangen?

Solche Fragen verraten mangelndes Vertrauen in eine Mozart-Partitur. Würde – mitten im öffentlichen Auftritt des ersten Finales – als erster der Prinz Tamino singen: »Es schling mein Arm sich um sie her, und wenn es auch mein Ende wär'«, dann könnte ein skeptischer Leser, falls daraus irgendwelche Folgerungen abgeleitet werden, antworten, es sei ja naheliegend, daß der Mann, zumal in märchenhafter Vorzeit, als erster das Wort ergreift und daß dann erst die liebende Frau (schüchtern) antwortet. Daraus lasse sich über die Beziehung zwischen diesen beiden Partnern nicht allzuviel ableiten.

Aber wenn mehrmals die liebende Frau entschlossen tonangebend das Wort ergreift, dann ist das weder selbstverständlich noch auch bedeutungslos. Im zweiten Akt verhält sich Prinz Tamino kräftig und besonnener. Doch daß Pamina spontaner, schneller, unbedingter, verliebter reagiert – wo sich überhaupt verschiedene Reaktionen der beiden Verliebten unterscheiden lassen –, daran ist kein Zweifel.

Wir kennen den Weg, der den Prinzen Tamino zu dem Entschluß brachte, jede Prüfung hinzunehmen. Sein Fazit: »Weisheitslehre sei mein Sieg; Pamina, das holde Mädchen, mein Lohn.« Nun kann den Strebenden nichts mehr abhalten oder verunsichern, selbst wenn die drei Damen lügen: »Tamino, dir ist Tod geschworen«, was zumindest den Papageno schon ein bißchen zittern macht. Jetzt tröstet den Tamino freilich auch niemand mehr, wie noch zu Beginn des ersten Aktes die Dritte Dame: »Zittre nicht.« Oder wie die Königin der Nacht: »O zittre nicht, mein lieber Sohn.« Das Zittern scheint während der Prüfungen des zweiten Aktes delegiert an Papageno – die Angst an die ahnungslose, in den Prüfungszusammenhang uneingeweihte Pamina. So wird aus dem verwirrbaren, irrenden Prinzen ein unerschütterlicher, der Weisheit wie der Liebe sich widmender, lichter Singspielheros. (Aber wir verstehen, daß Goethe in seiner Fortsetzung die Ehe Tamino/Pamina mit einigen Komplikationen beginnen läßt.)

Titus

Tenor. Römischer Kaiser, der um jeden Preis aufgeklärt-hilfreicher Herrscher über ihn liebende Mitbürger sein möchte.

Aus: *La clemenza di Tito*

Der milde Monarch. »Puppe der Großmut«[39], wie Alfred Einstein spöttelt und die meisten Kritiker ihm nachschreiben. Oder: »Uns erscheinen die Figuren der ›Clemenza‹ tatsächlich darauf angelegt, die Opera seria ad absurdum zu führen, Nachzügler einer Gattung. Hier sind die Grenzen zwischen dem Erhabenen und dem Lächerlichen beinah verwischt«[40] (Wolfgang Hildesheimer).

Dies alles stimmt freilich nur dann, wenn man die Figuren der *Titus*-Oper an den Menschen des *Don Giovanni* mißt. Doch neben der bezwingenden dramatisch-direkten Charakterisierung der Singspiele oder Buffaopern existieren auch die unauffällige, das Wesentliche in die geschlossene, schöne Form bannende melodische Gestaltung und Zeichnung der Opera-seria-Arien, -Ensembles, -Rezitative. Es gehört weit mehr Musikalität dazu, die zarten Differenzierungen der *Titus*-Geschöpfe zu begreifen und ästhetisch zu erleben, als den *Figaro* zu lieben. Für Cherubino oder Zerlina zu schwärmen, das ist leicht, das kann auch der stumpfste Opernbesucher. Aber zu ahnen, wieviel sublime, zurückhaltend artifizielle Reinheit und Innigkeit in den *Titus* einging – dazu bedarf es empfindsamster Wachheit. Die Wunder des *Titus* entdeckt man, wenn überhaupt, erst spät. Sie sind eine Überraschung für jene älter werdenden Mozartianer, die über Mozarts Meisteropern informiert zu sein meinen und nun Geheimnissen begegnen. Edlen, verhaltenen Geheimnissen, die auch ohne Bläserglanz, ohne depressive Chromatisierung, ohne direkte Dramatisierung auf ihr Daseinsrecht pochen – als Substanz ästhetisch reiner Erfindung, in Melodien versenkt.

Dabei haben wir es freilich mit der Titelfigur des Titus besonders schwer. Milde – im realen Leben etwas so Notwendiges, Beglückendes, Humanes –, Milde ist auf der Bühne meist fad, undramatisch, weichlich. Wenn Coriolan, Shakespeares zweckentfremdeter Aristokrat, während des Wahlkampfes den Plebejern grimmige Wahrheiten gesagt und sie in Wut versetzt hat, dann soll er, bitten seine adeligen Freunde ihn, das Volk, das er braucht, mit ein bißchen Schmeichelei wieder zurückgewinnen beim zweiten Vorstellungsversuch. »Mild, ist die Losung.« Auf falsche Beschuldigung möge er zwar so Auskunft geben, daß seine Ehre keinen Schaden leide, »nur aber milde«, rät Menenius. Grotesk komisch schließt die Szene mit des rauhen Kriegers kreidekehliger Reflexion: »Gut, milde sei's denn, milde« (»Well, mildly be it then. Mildly!«). Der milde Mann wirkt im Drama leicht lächerlich ...

Doch ist Titus wirklich immer nur eine milde Großmutspuppe? Steckt nichts als blasse, pazifistische Edelgipsgesinnung hinter des Kaisers Gutartigkeit?

Er wurde Nachfolger des gestürzten Kaisers Vitellius. Er hat dessen ehrgeiziger Tochter Vitellia Anlaß gegeben, ihn zu lieben – und ihn giftig-eifersüchtig zu hassen, da er nicht mit ihr, sondern mit Berenice zusammenlebt (die nicht einmal Römerin ist, sondern aus Judäa kommt: ihr Vater heißt Herodes, ihre Stiefschwester Salome).

Titus trennt sich (darüber haben Corneille und Racine ihre großen Alexandrinerdramen geschrieben) gleich zu Beginn dieser oft komponierten Opera-seria-Handlung von Berenice. Er wählt statt ihrer Servilia zur Gattin, die Schwester seines Freundes Sextus. Die von des Kaisers Wahl heftig und schmerzlich überraschte Servilia hat den Mut, Titus zu gestehen, ihr Herz sei bereits vergeben. Dem Imperator ist's recht: Was er offenbar nur als politisch notwendige Ehe anstrebte, gibt er ebenso rasch wieder auf, wie er's geplant hatte.

Nun fällt seine Wahl auf Vitellia. Zu spät – denn die konnte es gar nicht erwarten, weshalb sie aus Wut wegen des Verschmähtseins ihren Liebhaber Sextus anstiftete zu einem Aufstand gegen den Kaiser sowie zu einem flammenden Staatsstreich, fast mit Erfolg. Sextus wird überführt, bekennt sich schuldig und reuig, nennt den Namen der eigentlichen Anstifterin aber nicht. Doch Vitellias heftiges Temperament wendet sich jäh auch gegen sie selbst. Sie gesteht ihrem Gatten in spe, die Anstifterin des Staatsstreichs gewesen zu sein. Titus mochte den Freund nicht bestrafen, hinter dessen Tat er ein Geheimnis ahnte und dessen Reue ihm echt dünkt. Nun verzeiht er auch seiner Kaiserin – die ja nicht aus blanker Bosheit handelte, sondern aus vermeintlich verschmähter Liebe.

Diese Handlungskurve läßt sich so nacherzählen, daß sie Titus' Harmlosigkeit und Willensschwäche belegt. Aber gewiß auch so, daß des Kaisers Aufgeklärtheit vor Augen geführt wird: die Verachtung, die er für die Macht, die Achtung, die er für die Mitmenschen hegt.

Wie aber erzählt die Oper des Titus Milde nach?

Wir begegnen Titus als einem, dem gehuldigt wird und der den ihm zustehenden Tribut an Opfer einer Naturkatastrophe (Vesuvausbruch) weiterleitet. Im Rezitativ – belegt es nicht große Vertraulichkeit? – spricht Sextus seinen Kaiser darauf an, ob dieser Berenice den Laufpaß gegeben habe. Titus antwortet: »Ach, Freund Sextus, wie furchtbar war das! Ich hatte nie gedacht... Vorbei! Ich habe mich überwunden, sie ist fort.« (»Che terribil mommento! Io non credei ... basta.«) Mit diesem abbrechenden Ausbruch und einem »basta« drängt also Titus weg, was ihn schmerzlich traf. Ein Mächtiger, der die »Macht« nicht mag? Ein Leidender, der den Schmerz verdrängt? Ein Phantast herrschaftsfreien Miteinanderlebens auf dem Kaiserthron? Sollte ein oft geradezu zwanghaftes Streben nach Harmonie diese Figur prägen? So realitätsblind, nicht zu begreifen, daß man ihm ans Leben wollte, nicht zu ermessen, daß er die Achtung vor dem Gesetz und den Staat gefährdet, wenn er auf alle Übertretungen immerfort »milde« reagiert, ist Titus gewiß nicht. Er macht sich das alles klar.

Er regt sich, im zweiten Akt, durchaus darüber auf, vom Freund, den er für einen elenden Heuchler halten muß, tödlich bedroht worden zu sein. Wir hören das während der achten Szene im Recitativo accompagnato (das, im Gegensatz zu den Seccorezitativen, von Mozart selber stammt): »Es sei, der Schändliche soll sterben!« Doch während Titus so rachsüchtig sinniert, deutet die Musik an, daß er sich selbst fern, entfremdet ist. Sie ist da bis zum Des-Dur ausgewichen...

Titus träumt vom goldenen Zeitalter freier Freundschaft. Was ihm in der Liebe versagt blieb, soll ein edles Vertrauen zwischen edlen männlichen Seelen stiften. Titus läßt uns erfahren, wie anstrengend es ist, mächtig oder gar böse zu sein. Seine erste (Andante-)Arie, deren Begleitachtel unüberhörbar an die Larghetto-Begleitsechzehntel der Hallenarie des gleichfalls aufgeklärten Sarastro erinnern, macht evident, daß Titus sich nicht aus aufgeklärter Vernunft zur Freude des Wohltätigseins entschließt, sondern – weil er einfach nicht anders kann. Alle Machtausübung empfindet dieser Titus als beschwerlich, entwürdigend, hassenswert. Wenn ihm vor dem Kaiserthron immer so freie, offene Seelen begegnen würden, wie Servilia eine ist, die ihm gesteht, sie liebe einen andern sehr, dann »wäre das Herrschen keine Plage, sondern Glück und Seligkeit«. Und Gewissensschnüffelei wäre auch nicht mehr nötig.

Dieser Kaiser braucht direktes Vertrauen wie Lebensluft. Seiner Gegner Bosheit rationalisiert er weg als Zeugnis bedauerlichen Informationsdefizits. Manchmal hat dieses Harmoniestreben etwas vollkommen Zwanghaftes, so als könne Titus keinen Strafvollzug, keine Grausamkeit, kein Blut sehen. (Und das, während die Bestien im römischen Kolosseum auf Verurteilte, die man ihnen dann vorwirft, warten, zum großartig helldunklen Maestosoglanz jenes so reich ausharmonisierten G-Dur-Chores Nr. 24, dem auch die aufregendsten Märsche oder Chöre des *Idomeneo* keineswegs überlegen sind!)

Des Titus Seelenlage hat weniger zu tun mit humanen Errungenschaften, welche die Französische Revolution erreichen wollte (in deren unmittelbarer zeitlicher Gegenwärtigkeit Caterino Mazzolà wie Mozart ihre Oper für die Prager Krönungsfeierlichkeiten ausarbeiteten); sie wirkt eher wie ein Traum vom Paradies. Vom Anschlag gerettet, von Freunden gefeiert, steigen in dieser Seele nicht etwa Haß, Rachsucht, Angst hoch, sondern nur reine, schwebend serenadenhafte Freudentöne. Er sei nicht verlassen und unglücklich, wenn so viele Herzen noch für ihn schlagen, schwärmt Titus in ätherischem F-Dur zusammen mit Patriziern, Prätorianern und dem Volke.

Mozart hat in Titus' zweiter Arie einen auffallend krassen Übergang (Takt 43–44) stehen lassen (Fis-Dur/D-Dur), der vielleicht anzeigt, wie zwanghaft, wie direkt gegeben, wie unvermittelt des Kaisers optimistischer Glücksdrang dominiert. Und wie froh, ja entfesselt wirkt der Allegrojubel seiner dritten Arie (Nr. 20), wenn Titus die Dinge so für sich zu ordnen und zu interpretieren verstanden hat, daß er nun keinen Konflikt mehr auszuhalten braucht. Titus fürchtet die Furcht der anderen. Er verabscheut Treue, die nur der Angst entspringt. Daß er vielleicht doch gezwungen sein könnte, Zwang auszuüben – das ist seine Anfechtung, seine Dunkelheit, sein Moll. Dergleichen nicht zu müssen – das ist sein Happy-End, sein Koloraturvorwand, die Essenz seines Wesens.

Es war bereits davon die Rede, wie er dem Sextus zürnte: berechtigt, aber doch in einem Zustand der Des-Dur-Selbstentfremdung. Wenn sich herausstellt, die erwählte Gattin Vitellia habe nichts Geringeres als einen Mordanschlag gegen ihn eingeleitet, dann reagiert der Milde zunächst wiederum recht ungehalten. Ein Schuldiger folge, so bedenkt Titus erregt, dem andern. Aber Mozart zeigt, wie wenig unser Freund es fertigbringt, energisch zu reagieren. Die Mollkraft bricht zu Beginn des Recitativo accompagnato (Nr. 25, Takt 1–8) regelrecht zusammen – das Forte wandelt sich ins Piano, das a-Moll in F-Dur. Titus sammelt noch ein paarmal den Zorn; aber die Maxime »Alles verstehen heißt alles verzeihen« wächst unaufhaltsam in ihm und gibt dem Kaiser so viel strahlende Selbstsicherheit, daß er sich aus dem Schlußsextett mit Chor als die weithin führende Solistenstimme heraushebt.

Vielleicht ist es nicht überflüssig, die eben gebrauchte Formel, des Titus Seelenlage wirke »wie ein Traum vom Paradies«, auch ein wenig historisch zu konkretisieren. Die Opera seria – darüber ist zu Mozarts Lebzeiten noch nachgedacht worden etwa in Johann Georg Sulzers *Theorie der schönen Künste* (1771 und 1774, zwei Bände) – war auch Fürstenspiegel, das heißt Ermahnung des Fürsten. Und dies zumal dann, wenn sie als Krönungsoper konzipiert wurde. Ivan Nagel geht beim Nachdenken über den Seriatypus sogar so weit, diesen Typus grundsätzlich nicht nur mit Krönungen, sondern mit Staatsgründungen in Beziehung zu bringen. Weil nun aber in Prag Leopold II. als Nachfolger des aufgeklärten Joseph II. gekrönt wurde, bedeutete diese für Prag geschriebene Krönungsoper dem neuen Monarchen recht rückhaltlos, wieviel Milde man von seiner Regierung erwarte! Dieser Zwang zur Milde macht sich als sanfte Seriaspannung in der Gestalt des Titus geheimnisvoll geltend …

Vitellia

Sopran. Exzentrische Tochter eines entthronten Kaisers. Von Sextus heiß und hörig geliebt, leidet sie heftig darunter, sich von Titus verschmäht zu finden.

Aus: *La clemenza di Tito*

Der entschlossen aktiven Vitellia gehört der erste Akt der Oper, dem Titelhelden, der dann auf die Folgen von Vitellias blutigen Intrigen zu reagieren hat, eigentlich erst der zweite. Bereits im Anfangsduett, dessen Text Caterino Mazzolà dem Libretto Pietro Metastasios hinzufügte, nutzt Mozart die Gelegenheit aus, sowohl Vitellia als auch ihren zurückhaltenderen, bedenklicheren, dem Temperament dieser Frau bis zur Hörigkeit ergebenen Freund Sextus deutlich zu charakterisieren.

Deutlich? Das heißt in dieser Opera seria aus Mozarts Todesjahr freilich nicht: dramatisch direkt, eindeutig. Oder: realistisch unverkennbar. Man muß akzeptieren, daß Eile (die aber bei Mozart nichts besagt; Niederschriften besorgte er immer rasch; wie lange er sein Konzept, seine Eingebungen im Kopfe herumtrug, wissen wir kaum) und Spätstilreife den Komponisten dazu bewogen, den Dreiklängen, den leitereigenen Passagen hier mehr zu vertrauen. Titus führt ästhetische Reduktion vor, ein Seriaideal von strenger, verhaltener diatonischer Klarheit. Darunter »leiden« am meisten die konventionellen, nicht von Mozart selbst ausgeführten Seccorezitative, aber auch die ziemlich konventionellen orchesterbegleiteten Rezitative, die keinen Vergleich mit den Accompagnati des *Don Giovanni* oder gar des *Idomeneo* aushalten. Schon die Ouvertüre – zu deren Bausteinen reiner Dreiklang und Tonleiter gehören – führt dieses sublime Einfachheitsideal vor. Wer nur chromatischen Reizen oder geballten Effekten zugänglich ist, wird die meisten *Titus*-Schönheiten verkennen. Oder banal finden. Wer indessen Mozarts spezifische Kompositionsvoraussetzungen hier zu akzeptieren, mitzufühlen vermag, der wird bald nicht mehr verstehen, was er im *Titus* zunächst mißverstand.

Ist denn wirklich so schwer begreiflich, wie Mozart gleich im ersten Andanteduett den liebend-beflissenen Sextus und die dämonisch fordernde Vitellia kontrastiert? »Befiehl mir, was immer dir gefällt, und lenke meine Schritte«, beginnt Sextus. »Du bist mein Schicksal, alles werde ich für dich tun.« Dann wiederholt der Liebende sein Bekenntnis etwas überschwenglicher: »Alles, alles werde ich für dich tun.« Die kadenzierende Bewegung verläuft entsprechend ambitionierter, also im »Ambitus« umfangreicher. Aus der melodischen Bewegung vom Umfang einer Quinte (Takt 10) erwächst der Umfang einer Oktave (Takt 11–13).

Vitellia antwortet unmittelbar. Aber es signalisieren nicht nur die Zweiunddreißigstelvorschläge der Orchesterbegleitung eine heftigere, schneidendere Erregung inmitten der harmlosen F-Dur- oder C-Dur-Landschaft. Auch Vitellia wiederholt über gleichem harmonischen Gerüst ihre Kantilenenbewegung. »Du weißt, daß er« (nämlich Titus dem Vater Vitellias) »ein Reich geraubt hat, das einst der Himmel mir beschieden hatte«, tönt die erregte Frau; und dann singt sie den Satz noch einmal, leidenschaftlich. Doch während sich bei Sextus eine Quinte in eine verhaltene Oktavtonleiter verwandelte, führt die Dame Vitellia weitaus gewaltigere Formate vor. Aus dem Ambitus einer None (Oktave plus Sekunde, Takt 18–21 des Duetts) erwächst hier fast eine Doppeloktave: Vitellias Ausbruch reicht vom zweigestrichenen G bis hinunter zum tiefen A der kleinen Oktave (Takt 22 bis 25).

So exzentrisch ist ihr Temperament. So heftig treibt die Leidenschaft sie an extreme Grenzen in Höhe und Tiefe.

Daß sie sich im Allegroteil dann mit ihrem Freund exakt zusammenfindet, ließe sich, notfalls, psychologisch deuten. Sie hat eben erreicht, daß Sextus eines Sinnes ist mit ihr. Nur die merkwürdige Verhaltenheit am Schluß, wo ein stürmisch-effektvolles Ende des Duetts näherläge, sowie ein paar dissonierende Septimen und kleine Sexten im Orchesternachspiel, die dem Vokalduett bemerkenswerterweise fehlen, lassen einen gebremsten, überschatteten, seltsam gebrochenen Schwung ahnen. Doch letzteres mag sich eher auf die bevorstehende Aktion als auf das Temperament Vitellias beziehen.

Sie ist raumgreifend, nimmt in Besitz, dominiert. Bernhard Paumgartner nennt sie »die wildeste dämonische Frau vielleicht, die je in Mozarts musikalischen Bereich getreten ist«[41]. (Unterstreichen wir das »vielleicht«. Denn die Königin der Nacht und Donna Anna und Donna Elvira haben in dieser Hinsicht ja auch einiges zu bieten.)

Aber nimmt die gleich folgende Larghettoarie Vitellias nicht alle diese Bestimmungen sofort wieder zurück, wie Hermann Abert es beklagt? Daß die Entflammte sich auch als erhaben-ruhige Herrin äußern kann, wenn sie vom Liebhaber rückhaltloses, zweifelloses Vertrauen fordert, wenn sie dem absolut sich Ausliefernden ihrerseits dauernde Treue verspricht (drei Takte lang hält sie ein einziges, verläßliche Treue symbolisierendes D aus) – dergleichen widerlegt ihr Temperament nicht, sondern belegt ihre Klugheit, ihr Faszinosum, welchem Sextus sich ja nicht grundlos ausliefert. Sie geriert sich hier als steife Fiordiligi. Damit erreicht sie, was sie will – nämlich die Tat des Sextus.

Vitellia muß freilich ihre Zielstrebigkeit sogleich bereuen. Im Terzett mit Annius und Publius erleben wir die Wilde – als Gefangene ihrer eigenen Intrigen! Das wirkt, bei Vitellias Beginn des Terzetts, noch bevor die anderen einsetzen, wie ein Wüten gegen sich selber: Die abgerissenen Phrasen scheinen seltsam eng aufeinander bezogen, sich korrespondierend, Schreien gleich, von der Erregung des Orchesters umgeben: »Ich komme ... Wartet ... Sextus! ... Weh mir ... Sextus ... Ist er fort.« Da schürt die Hitze eines Temperamentes das Höllenfeuer einer Not. Natürlich verstehen Vitellias Partner diese verwirrten Schreie überhaupt nicht. Annius und Publius ahnen ja nicht im mindesten, daß Vitellia, nachdem ihr die Werbung des Kaisers verkündet worden ist, keinerlei Grund mehr hat, demselben mit Hilfe des Sextus nach dem Leben zu trachten. Sextus aber ist bereits unterwegs. Was Publius und Annius nicht begreifen, scheint ihnen folglich ein bißchen verrückt. Und diese Verrücktheit Vitellias erklären sie sich hübsch konventionell: »Die übergroße Freude verwirrt ihr alle Sinne.« So einfach also die Mozartschen Oper-seria-Mittel hier auch sein mögen: naive Anwendung finden sie nicht, sondern in diesem Terzett reichen sie durchaus hin, eine zwielichtige, mißverständliche, verängstigte Mischung aus Erregung, Unsicherheit, Angst und scheinbarer Freude zu schildern. Vom hochdramatischen Sopran der Vitellia wird im drittletzten Takt sogar das dreigestrichene D verlangt.

In dem ausladend konzertanten, wahrscheinlich schon vor dem *Titus*-Auftrag komponierten großen »Non, più di fiori«-Rondo wählt Vitellia ebenso exzentrisch das (glücklicherweise am Ende überflüssige) Selbstopfer, wie sie vorher die Opferung des Titus gewollt hatte. Eine eher rhetorisch als dämonisch entschlossene Person, die nun auch ihre Tiefe vorführen muß: ein hochdramatischer Koloratursopran, dem Mozart nicht nur dreimal nacheinander das kleine A abfordert, sondern hier sogar das darunterliegende G.

Wie allerdings die Ehe zwischen dem zwanghaft konfliktscheuen König Titus und der herzhaft konfliktsuchenden Vitellia beschaffen war, darüber fehlt es an Nachrichten.

Zerlina

(Koloratur-)Sopran. Ein Landmädchen. Entzückend natürlich und ziemlich schlau. Wer Zerlina bloß »harmlos« nennt – der ist es wahrscheinlich selbst.
Aus: *Don Giovanni*

Fräulein Zerlina hebt sich aus einer Gruppe junger Bäuerinnen sogleich sicht- und hörbar heraus. Denn Zerlina will ja, bräutlich geschmückt, heiraten – gerade an dem Tage, da Don Giovanni sie erblickt. Fräulein Zerlina verhält sich stets derart unmittelbar, temperamentvoll, liebesfähig, intelligent und naiv, daß zumindest alle männlichen Opernbesucher für dieses entzückend spontane Geschöpf so schwärmen wie die weiblichen für den vornehmen Verführer. Die beiden Arien der Zerlina, vorgetragen zum Zwecke der Versöhnung oder Tröstung ihres Bräutigams, sind innig-lyrische Inseln im *Don-Giovanni*-Meer. Theodor W. Adorno hat in seiner wunderschönen »Huldigung an Zerlina«[42] darauf hingewiesen, daß Zerlina Arien singt, deren Melodien schon liedhaft klingen, daß sie keine reine Rokokoschäferin mehr ist, aber noch keine Citoyenne.

Für die Wiener Fassung des *Don Giovanni* hat Mozart eine große Szene (Rezitativ und Duett) Zerlina/Leporello nachkomponiert und seinem Werkverzeichnis eingefügt. Es ist ein ausführliches Stück, weit über hundert Takte lang, das aber von allen irgendwie repräsentativen *Don-Giovanni*-Aufführungen der letzten Jahrzehnte wie auch von Schallplatteneinspielungen schamhaft verschwiegen wird. Entweder, weil man sich Mozarts (nicht übermäßig inspirierter, aber doch lebendiger, sinnvermittelnder, auf die Schlußwendungen von Leporellos G-Dur-Arie Nr. 20 ausdrücklich bezugnehmender) Nachkomposition geniert oder, wahrscheinlicher, des Verhaltens von Fräulein Zerlina.

Zerlina hat nämlich nicht vergessen, in welche Verlegenheit Leporello sie gebracht, wie rücksichtslos er auf Don Giovannis Geheiß ihren Masetto ausgeschaltet hat. Zerlina, das liebe Landmädchen, schleift also den ohnehin bereits heftig gebeutelten Leporello an den Haaren quer über die Bühne. Sie denkt nicht daran, auf dessen verzweifeltes Schöntun hereinzufallen, stößt ihn als Abschaum zurück, fesselt (!) ihn mit Hilfe eines gerade hinzukommenden Bauern an einen Stuhl. Leporellos Flehen um Mitleid ignorierend, bindet sie den Übeltäter »mit großer Kraft« fest. Der jammert elendiglich über enge Fesselung und Schläge. Zerlina, von Leporello »Furie« geheißen, aber jubelt: »Vor Freude und Vergnügen fühl' ich mein Herz schlagen. So macht man's mit den Männern.« Bevor dann Zerlina mit Masetto und Donna Elvira, die sie herbeiholen wollte, zurückkehrt, ist es dem todesängstlichen Leporello gelungen, samt dem Stuhl, an den er gefesselt war, zu entfliehen.

Seltsam. Strenge Sitten, in deren Licht man auch Zerlinas graziösen Vorschlag an Masetto ein wenig anders sehen könnte. Zerlina singt und sagt da zu dem von ihr betrogenen Geliebten nicht, wie es noch Hermann Levi lieb-prüde übersetzt hat: »Schmäle, schmäle, lieber Junge, wie ein Lamm will ich's ertragen«, sondern sie bietet Masetto, der sich weigert, ihr überhaupt noch die Hand zu geben, sie anzufassen, sie bietet Masetto unzweideutig an: »Batti, batti, o bel Masetto.« Zu deutsch: Schlage mich, verprügle mich nach Herzenslust ... mach mit mir, was dir gefällt. Aber dann: Frieden.

Wiederum: Seltsam. Nicht gerade feministisch, aber raffiniert feminin. Daß sie eine Tracht Prügel in sehr viel höherem Maße verdient als der unselige Masetto, der sie später von Don Giovanni beziehen wird, scheint durchaus einleuchtend.

Weiter: Wenn sie im zweiten Akt ihrem zukünftigen Eheliebsten begegnet, nachdem Don Giovanni den Masetto schrecklich zugerichtet hat, fallen ihr keineswegs nur schöne Trostworte ein. Sondern sie legt die Hand des Geschundenen an ihren Busen. Ein Heilmittel, das bestimmt hilft: »Fühlst du es klopfen hier?«

Was ist dem Verhalten Zerlinas in diesen drei Szenen gemeinsam? Nichts, was auf so aufgeplusterte Begriffe zu bringen wäre wie Fesselungsmanie oder Masochismus. Aber doch eine ungewöhnliche Mischung aus Klugheit und Körperlichkeit. Sie setzt Situationen, in denen sie ist, in die sie sich schuldhaft oder auch schuldlos gebracht hat, um in ein adäquates körperliches Verhalten. Sie setzt also ihren Leib bewußt ein.

Du willst mich nicht mehr berühren? Gut, hau mich zur Strafe durch (womit der Körperkontakt ja, wenn auch auf zunächst schmerzliche Weise, wiederhergestellt und der Friede vorbereitet wäre).

Du hast Schmerzen, weil Don Giovanni dich malträtierte? Gut, hier ist mein Herz, mein Busen – werde an diesem Balsam gesund.

Du, Leporello, warst als steter Begleiter und Helfer deines Herrn ein Teufel. Gut, ich fessele dich hier schmerzhaft und räche mich im Namen beleidigter Mädchen an dir!

So definiert zumindest der Text die Zerlina, falls man die spielerische, die übertreibende Komponente ihrer Worte vernachlässigt und nur beachtet, *wovon* sie singt, aber nicht – *wie* sie es tut.

Bereits in ihrem ersten Auftritt liebt sie es weiterzuträllern, also am Phrasenende melismatisch auf einer Silbe einfach weiterzusingen, aus bloßer Lebenslust. (Masetto übrigens, falls er sich dazugesellt, beschränkt sich auf die zweite Stimme. Keine Frage, wer in dieser Liebesbeziehung die Hosen anhat...) Es ist schon was Besonderes an ihr dran, und sie weiß es wohl auch. Gerissen trifft Don Giovanni sogleich den Punkt: Er versichert Zerlina mehr, als daß sie schön wäre; er gibt ihr deutlich zu verstehen, daß sie etwas Besseres sei. Viel zu schade für einen Bauerntölpel.

Zerlina wehrt sich nicht unmäßig heftig gegen Don Giovannis Edelmanns-Zudringlichkeit. Sie lobt in braver Weise ihren gutherzigen Masetto. Im übrigen vergißt sie ihn umstandslos, denkt nicht daran, zu ihm zu halten. Dabei lassen Mozart und Da Ponte der Treulosen nicht die Chance, später behaupten zu können, sie sei häßlich hinters Licht geführt worden. Vor ihren Augen wird Masetto nämlich mit nackter Gewalt – Don Giovanni weist auf seinen Degen – weggeschafft. Vor ihren Augen veräppelt Leporello Don Giovannis kaum sehr schwer durchschaubare Phrase, er böte Zerlina »seinen Schutz« (wovor eigentlich?) an: Leporello sagt nämlich seinerseits auch einigen Bäuerinnen, »mit denen er scherzt«, solchen »Schutz« zu.

Also: bei erster Gelegenheit verrät, düpiert Zerlina am Hochzeitstag den Gatten.

Don Giovanni hat sie offenbar paralysiert. Das A-Dur-Duett »Là ci darem la mano« ist Ausdruck holdester weiblicher Abhängigkeit. Die Betörte kann immer nur wiederholen, was der Edelmann unwiderstehlich vorgefühlt, vorgesagt, vorgesungen hat – Zerlina freilich führt diese Substanz individuell aus, verziert, trällert weiter. Sie ist also ganz jene Zerlina, wie wir sie unter ihren Freundinnen kennenlernten – spinnt beschwingt fort, was ein Unwiderstehlicher vorgab. Dabei neigt sie sogar, aus dringlichem Lustverlangen, zur Antizipation, »Vorwegnahme« (Takt 24 des Duettino Nr. 7), zu glückseligen Koloraturen oder schwärmerischen Ausweitungen. Völlige Übereinstimmung und Gemeinsamkeit herrscht am Ende des Duetts, beim »Andiam, andiam mio bene«. Umschlungen wendet das ungleiche Paar sich dem Schlößchen zu.

In Zerlinas vergnügtem Weiterträllern liegt herzlicher Überschwang, liegt vitale Phantasie. Wie sie sich im ersten Gespräch mit Don Giovanni immer folgsam seinen Rezitativharmonien einfügte, so paßt sie sich später ihm, seinem liebenden Werben an – und geht darüber hinaus. (Es ist nicht ihr Verdienst, daß sie einigermaßen unbeschädigt am Ende der Oper Masetto in die Arme schließen kann. Oder doch? Vielleicht bilden auch Herzlichkeit, Gefühlsinnigkeit, unwiderstehliche Offenheit ganz zuletzt eine Art Schutz.)

Zerlinas erste Versöhnungsarie scheint unauffällig geprägt nicht von liedhaft reiner Melodie, sondern wiederum von jener schwärmerischen Tendenz zur Erweiterung, Bereicherung (variierte Strophenform). Reizender als die Überleitung zur Wiederholung des »Batti, batti«, als die Auflösung der Melodie in Sechzehntel, als die beruhigt lustig trällernden Koloraturen im raschen Schlußteil kann Musik nicht sein.

Nach der ersten Unterbrechung »liebt« Zerlina den Edelmann hoffentlich nicht mehr so vertrauensselig. Sie empfindet nun eher Angst vor ihm sowie Angst wegen Masetto. Beide, Masetto und Zerlina, haben ziemlich ungute Motive, das Fest Don Giovannis doch zu besuchen. Er, noch immer nicht völlig zufriedengestellt, will doch sehen, ob sie ihm treu war und ist. Sie gibt vor, Masetto, den sie von Don Giovannis Wut bedroht meint, nicht durch allzu widerspenstiges Verhalten gefährden und in Auseinandersetzungen verwickeln zu wollen, denen er doch nicht gewachsen wäre. Manchmal scheint sie jetzt eher in Trance als bewußt entschlossen zu irgend etwas. Vielleicht läßt sich – schön wär's – auch das Angenehme (Don Giovannis Gegenwart) mit dem Sittlich-Rechten (Masettos Gegenwart) verbinden. So willigt man ein, samt dem Edelmann »zu dritt« tanzen zu gehen. Allzu rasch verliert Zerlina dann wieder die Kontrolle über sich selbst.

Immerhin ergibt sie sich dem unverhüllt gewaltsamen Drängen Don Giovannis nicht (mehr) wehrlos. Wenn sie ins

Nebenzimmer weggezerrt ist, schreit sie dort laut und überhaupt nicht heuchlerisch: aus Angst, keineswegs aus Lust. In diesem Augenblick wirkt sie wie ein Opfer. Jetzt stellt sie einen klaren, lebenden Beweis für Don Giovannis Schurkerei dar. Nun herrschen keine Zweifel mehr. Im Finale des ersten Aktes vollendet sich die entscheidende Polarisierung: Jetzt weiß sogar Zerlina eindeutig, wohin und zu wem sie gehört!

Daß Zerlina ihren Busen darbietet, um den armen Masetto zu trösten, daß sie Leporellos Körper heftig drannimmt, um die Ehre betrogener Frauen zu rächen (zumal sie des Don Giovanni ja nicht habhaft wird), daß sie am Ende, wenn Don Giovanni zur Hölle gefahren ist und die Überlebenden sich ihre Zukunft handfest irdisch ausmalen, plant: »Wir gehn nach Hause, um mit Freunden zusammen zu essen« – es paßt zum Bilde dieses phantasievollen, vergnügt trällernden, innigen Landmädchens mit leichten Abgründen.

Anhang

Bibliographische Anmerkungen

1 Cosima Wagner, *Die Tagebücher,* ediert und kommentiert von Martin Gregor-Dellin und Dietrich Mack, Band I, München/Zürich 1976, S. 198

2 Hermann Abert, *W. A. Mozart.* Neubearbeitete und erweiterte Ausgabe von Otto Jahns Mozart, Leipzig [8]1973, Erster Teil, S. 779

3 Anna Amalie Abert, *Die Opern Mozarts,* Wolfenbüttel/Zürich 1970

4 Wolfgang Osthoff, »Die Opera buffa«, in: *Gattungen der Musik in Einzeldarstellungen,* Bern/München 1973, S. 684

5 Mozart, *Briefe und Aufzeichnungen.* Gesamtausgabe, hrsg. von der Internationalen Stiftung Mozarteum Salzburg, gesammelt und erläutert von Wilhelm A. Bauer und Otto Erich Deutsch, Band III, Kassel usw. 1963, S. 268

6 wie Anm. 2, S. 699

7 wie Anm. 3, S. 54, 56

8 in: Wolfgang Amadeus Mozart, *Don Giovanni.* Texte, Materialien, Kommentare, hrsg. von Attila Csampai und Dietmar Holland, Reinbek 1981, S. 19–21

9 Constantin Floros, *Mozart-Studien,* Wiesbaden 1979, S. 97f.

10 Walter Felsenstein, »Donna Anna und Don Giovanni« (1966), in: W. F. und Joachim Herz, *Musiktheater,* Leipzig 1976, zitiert nach: wie Anm. 8, S. 262

11 Alfred Einstein, *Mozart.* Sein Charakter – Sein Werk, Neuausgabe Frankfurt a. M. 1968, S. 459

12 Wolfgang Hildesheimer, *Mozart,* Frankfurt a. M. 1977, S. 302

13 wie Anm. 5, S. 72

14 wie Anm. 5, S. 157

15 wie Anm. 2, S. 703

16 wie Anm. 5, S. 13

17 Walter Felsenstein, »Warum flieht Pamina?«, in: *Jahrbuch der Komischen Oper,* Berlin-Ost 1960/61, S. 53

18 wie Anm. 5, S. 163

19 wie Anm. 8, S. 34

20 wie Anm. 8, S. 36

21 wie Anm. 2, Zweiter Teil, S. 664

22 Rainer Riehn, »›Die Zauberflöte‹ oder Mozart, der dialektische Komponist«, in: Wolfgang Amadeus Mozart, *Die Zauberflöte.* Texte, Materialien, Kommentare, hrsg. von Attila Csampai und Dietmar Holland, Reinbek 1982, S. 245

23 Götz Friedrich, »Die Ausgangssituation im Musiktheater«, in: *Jahrbuch der Komischen Oper,* Berlin-Ost 1960/61, S. 23ff.

24 wie Anm. 5, S. 162

25 wie Anm. 5, S. 167

26 Arnold Schönberg, *Briefe,* hrsg. von Erwin Stein, Mainz 1958, S. 44

27 Oswald Jonas, »Improvisation in Mozarts Klavierwerken«, in: *Mozart-Jahrbuch 1967,* Salzburg 1968, S. 181

28 Egon Komorzinsky, *Emanuel Schikaneder,* Neuausgabe Wien 1951, S. 192

29 Wolf Rosenberg, »Mozarts Rache an Schikaneder«, in: *Mozart. Ist die Zauberflöte ein Machwerk?,* Musik-Konzepte 3, München 1978, S. 10

[30] wie Anm. 12, S. 336
[31] wie Anm. 22, S. 248
[32] Aloys Greither, *Die sieben großen Opern Mozarts* mit einer Pathographie Mozarts, Heidelberg 1970, S. 205 f.
[33] Gustav Radbruch, »Das Strafrecht der Zauberflöte«, in: *Geistige Welt,* April 1946, S. 23–30
[34] wie Anm. 3, S. 80
[35] Dietmar Holland, »Was in unseren Zeiten nicht erlaubt ist, gesagt zu werden, wird gesungen«, in: Wolfgang Amadeus Mozart, *Die Hochzeit des Figaro.* Texte, Materialien, Kommentare, hrsg. von Attila Csampai und Dietmar Holland, Reinbek 1982, S. 26 f.
[36] wie Anm. 35, S. 27
[37] wie Anm. 32, S. 100
[38] Siegfried Morenz, *Die Zauberflöte.* Eine Studie zum Lebenszusammenhang Ägypten–Antike–Abendland, Münster/Köln 1952, S. 43 f.
[39] wie Anm. 11, S. 424
[40] wie Anm. 12, S. 317
[41] Bernhard Paumgartner, *Mozart,* Zürich/Freiburg 1945, S. 438
[42] Theodor W. Adorno, »Huldigung an Zerlina« (1952/53), in: T. W. A., *Moments musicaux.* Neu gedruckte Aufsätze 1928–1962, Frankfurt a. M. 1964, S. 37

Die Gestalten aus: Der Schauspieldirektor

Buff

Baß. Ein Schauspieler. Gesprächspartner und Berater des Schauspieldirektors Frank. Ziemlich illusionsloser Bühnenkünstler. Muß gelegentlich auch singen.

Dieser Buff macht sich über Kunst und Kasse nichts (mehr) vor. »Haben wir nicht gerade mit Stücken, worüber am meisten geschimpft wurde, das meiste Geld eingenommen, und bei jenen, die alle Welt für Meisterstücke hält, leere Bänke gehabt? Mit ›Nathan dem Weisen‹ werden Sie das zweite Mal nicht so viel einnehmen, als die Lichter betragen; den ›Graf Waltron‹ aber können Sie zwanzigmal geben, und werden immer das Haus voll haben. Ergo? Ein Direktor muß auf die Kasse sehen – ergo: die schlechtesten Stücke die besten.«

Buff ist kein Sänger. Wohl aber ein Bühnenmensch, der alles kann – übers Publikum räsonieren, Stücke auftreiben, Darsteller beurteilen, notfalls auch singen. Emanuel Schikaneder könnte sein Vorbild gewesen sein.

Der Notfall, Töne produzieren zu müssen, stellt sich für unseren schlauen Buff natürlich nicht während der Probe-Sprech- und Probe-Singzeremonie her, welche die Haupthandlung des *Schauspieldirektors* ausmachen. Buff ist ja längst engagiert. Doch im Schlußgesang braucht Mozart für sein Solistenquartett erstens die Baßtiefe und zweitens eine Mollvariante im sonst allzu monotonen C-Dur. Das ist Buffs Bewährungsprobe. Warum ausgerechnet der Buffo das Moll vertritt? Vielleicht, weil er sich immer so skeptisch, so illusionslos gab, so einverstanden mit dem, was arme Erdenbürger und Theaterleute den »Lauf der Welt« nennen...

Madame Herz

Sopran. Stellt sich mit einer empfindsamen Arietta dem Schauspieldirektor Frank vor und erwehrt sich ironisch der ganz unverhüllten Superstar-Ansprüche von Mademoiselle Silberklang.

Nachdem drei (Burg-)Schauspielerinnen – Madame Pfeil, Madame Krone, Madame Vogelsang – dem zur Gründung eines Ad-hoc-Ensembles entschlossenen Schauspieldirektor Frank bereits mehrere Sprechtheater-Szenen vorgespielt haben (einen turbulenten Streit; eine Bekundung inniger Treue trotz der »Begierden unsers Herzogs«; einen ehrgeizigen Karriereplan ohne Rücksicht auf Verluste), trägt Madame Herz die erste Gesangsnummer dieser »Komödie mit Musik in einem Akt« vor, deren Text Gottlieb Stephanie der Jüngere verfaßte.

Es ist eine Arietta – bestehend aus einleitendem g-Moll-Larghetto und enorm schwierigem Allegro-Dur-Teil. Mozart braucht nur wenige Vorspieltakte – und die harmlos-alberne Kulissen-Tratsch- oder Theater-auf-dem-Theater-Stimmung ist verschwunden. Wunderbares g-Moll, differenzierte Harmonik, dazu auch ein dunkel tönendes Fagott. Also alles, was später in der *Zauberflöte* zum Indikator höchsten Schmerzes, äußerster Expression dienen wird in den Partien der Pamina sowie der Königin der Nacht.

Madame Herz gibt sich empfindsam, innig, zart. Zum Vorsingen hat sie sich ein Stück ausgesucht, das mit Chromatik rühren und mit Koloraturen imponieren soll. Die Sängerin heißt also nicht nur Herz – sondern setzt auch auf eben dieses. Rührend und sehr geschickt.

Doch wenn dann die andere Sopranistin, Madame Silberklang, forciert ihren Superioritätsanspruch vorbringt, erweist sich, daß Madame Herz nicht nur ein ganz liebes Seelchen ist, sondern auch eine giftige Konkurrentin. Prompt protestiert sie gegen die Ansprüche der eitlen Silberklang, macht sich darüber hinaus »spöttisch« über die Kollegin lustig. Schlagfertig und gehässig, fast immer in höherer, dominierender Lage, blamiert sie die andere mit ironischen Zweideutigkeiten: »Gewiß, ich habe ihresgleichen noch nie gehört und nie gesehn.« Auch nachdem der gutartige Tenor Vogelsang im Eifersuchtsensemble behutsam einen Vergleich vorgeschlagen hat, gibt sie keineswegs nach, sondern mault mehrfach leise, aber unbeirrt: »Ich bin die erste Sängerin«.

In der Rolle steckt also ein hübscher, übrigens keineswegs abwegiger Widerspruch: Die Zartere, Sentimentalere ist zugleich die Boshaftere und Unnachgiebigere. Nicht sie stimmt endlich den versöhnlichen Schlußgesang an, sondern Fräulein Silberklang... Ob Stephanie und Mozart bei der Charakterisierung der Madame Herz wirklich an Mozarts Schwägerin Aloysia Lange gedacht haben? Das würde, was Mozart angeht, an sublime Verwandtenschelte grenzen...

Mademoiselle Silberklang

Sopran. Ungemein selbstbewußt. Kämpft schwungvoll und rückhaltlos um die Spitzenposition in jenem Ensemble, das der Schauspieldirektor Frank gerade zusammenengagiert.

Ihre Konkurrentin hieß »Herz« und exzellierte innig-empfindsam mit großen Adagio- und Larghettokantilenen. In solchem Kontext meint der Name »Silberklang« offenbar weniger die Zartheit des Silbrigen, sondern vielmehr den Glanz, also die harte, schattenlose Brillanz silberner Prachtentfaltung. Man könnte dabei an die Pracht der Königin der Nacht denken – deren Koloraturen von der Silberklang (Es-Dur-Rondo, Takt 66–70) antizipiert werden, wenn auch in etwas bequemerer Lage. Die Sympathielenkung scheint klar: Gemüt/Herz gegen Silberklang/Härte.

Doch so reinlich kontrastiert Mozart nicht. Es bleibt nämlich durchaus zu fragen, ob die forsche Direktheit des jungen Fräulein Silberklang (sie verfügt nicht über die wienerisch-maliziöse Spottsucht der Madame Herz) denn wirklich so viel unsympathischer ist als die Ironie ihrer Konkurrentin. Fräulein Silberklang, die auf Dramatik und Allegro setzt, gleicht einer Rokoko-Callas. Einer temperamentvollen Südländerin in Wien. Sie soll nach Catarina Cavalieri mit ihrer »geläufigen Gurgel« modelliert sein.

Die Rolle hat bei aller vermeintlichen »Härte« zwei unauffällig-rührende Momente: Zum einen fügt sie sich während des großen Streitterzetts (Takt 123 ff.) wunderbar taktvoll in die versöhnliche dreistimmige Melismatik, die über alle Kontroversen hinaus doch ein sympathisch Gemeinsames des Künstlervolks anzeigt. Zum andern stimmt nicht etwa Madame Herz den Einigkeit beschwörenden Schlußgesang an, sondern die »Böse«, die »Harte«. Nämlich Fräulein Silberklang.

Monsieur Vogelsang

Tenor. Existiert hauptsächlich als Gatte (einer selbstbewußten Schauspielerin) und als Ensemblemitglied im Streitterzett und Schlußgesang.

Ein Tenor der zarteren Art. Kommt zwischen eifersüchtigen Primadonnen und heftigen Schauspielerinnen kaum zu Wort. Seine Versuche, zu versöhnen, für Harmonie zu sorgen, werden von niemandem ernst genommen. Er ist wirklich nicht heldisch – dafür brav vernünftig: jeder habe doch seinen eigenen Wert, vermittelt er im Kampf der entfesselten Damen: »pian, piano, pianissimo, pianississimo!«, beschwichtigt er beflissen. Und wenn er im Schlußgesang endlich auch einmal zwanzig Takte lang solistisch hervortreten darf (die Form des Vaudevilles erfordert's, wer weiß, ob er sonst so keck gewesen wäre ...), dann äußert er sich ebenso langweilig wie vorbildlich: »Einigkeit rühm' ich vor allen andern Tugenden uns an; denn das Ganze muß gefallen und nicht bloß ein einz'lner Mann.« Na bitte.

Falls das Ganze dann endlich gefiele: sein Verdienst wäre es schwerlich. Vermittelnde, bescheidene, zurückhaltende Figuren hat man nämlich in Wirklichkeit lieber – als auf der Bühne, als in der Kunst.

Inhalt der Opern

von Karin Heindl-Lau

Idomeneo

I. Akt, Gemächer Ilias im Königspalast; im Hintergrund eine Galerie: Unter den besiegten, nach Kreta verschleppten Trojanern befindet sich auch Ilia, die Tochter des Priamos. Nicht die Gefangenschaft bereitet ihr innere Qualen, sondern ihre uneingestandene Liebe zum Feind, zu Idamante, dem Sohn des siegreichen Kreterkönigs Idomeneo. Als ihr dieser seine Gegenliebe gesteht und als Zeichen seines Wunsches nach friedlicher Koexistenz beider Völker den gefangenen Trojanern die Fesseln abnehmen läßt, rettet sie sich in noch größere Zurückhaltung, die Idamante jedoch als Ablehnung deuten muß. Elektra, Tochter Agamemnons, die nach der Ermordung ihrer Mutter Klytämnestra durch den Bruder nach Kreta geflohen ist, beobachtet voll ahnungsvoller Eifersucht die Szene. Da meldet Arbace den Untergang der kretischen Flotte und damit den Tod Idomeneos. Ohne Hoffnung eilt Idamante an den Strand. – *Abschüssiger Strand am noch aufgewühlten Meer, Schiffstrümmer am Ufer:* Verzweifelt kämpfen die Schiffbrüchigen um ihr Leben, da gelobt Idomeneo dem Gott der Meere, Poseidon, den ersten Menschen, der ihm an Land begegne, zu opfern. Wind und Wellen beruhigen sich. Rasch jedoch weicht die Freude über die glückliche Errettung tiefer Bestürzung, muß Idomeneo doch erkennen, daß er den eigenen Sohn, Idamante, als Opferpfand versprochen hat, während sich dieser seinerseits – angesichts der verzweifelten Ratlosigkeit des Vaters – von jenem verstoßen fühlt. – *Intermezzo: Das Meer ist völlig ruhig. Die Truppen der Kreter, die mit Idomeneo angekommen sind, gehen an Land und lobpreisen Poseidon. Kreterinnen eilen herbei, umarmen ihre glücklich gelandeten Angehörigen und vereinigen sich mit ihnen zu einem großen Reigentanz.*

II. Akt, königliche Gemächer: Arbace rät Idomeneo, Idamante mit Elektra nach Argos zu entsenden und damit die Opferung des Sohnes zu umgehen. – *Der Hafen von Sidon mit Befestigungen entlang der Küste:* In freudiger Hoffnung nimmt Elektra Abschied von Kreta; in der Heimat, fern der Rivalin, wird es ihr sicher gelingen, Idamantes Liebe zurückzugewinnen. Doch kaum sind die Schiffe bestiegen, erhebt sich ein Gewitter und peitscht das Meer gewaltig auf. Entsetzt fliehen die Kreter vor der Rache Poseidons aufs schützende Land.

III. Akt, Garten des Königs: Traurig vertraut Ilia den Lüften und Blumen ihre Liebe zu Idamante an; da kommt dieser selbst, um sich von ihr zu verabschieden: Er will Kreta von dem Untier befreien, das auf Geheiß Poseidons dem Meer entstieg und die Insel verwüstet. In ihrer Angst um den heimlich Geliebten vertraut sie sich ihm an, doch das gemeinsame Glück währt nicht lange: Idomeneo und Elektra entdecken das Paar. Während die Rivalin blind vor Eifersucht Rache schwört, verstößt der hilflos der Wut der Götter preisgegebene Vater den verzweifelten Sohn. – *Großer Platz mit Statuen vor dem Palast, dessen Vorderseite zu sehen ist:* Der Oberpriester Poseidons fordert vom König das dem Meeresgott gelobte Opfer. Erschüttert vernimmt das Volk, daß Idamante, Idomeneos einziger Sohn, der Inhalt des furchtbaren Gelübdes ist. – *Der prächtige Poseidontempel von außen, umgeben von einem weiten Atrium, durch das man in der Ferne den Meeresstrand erblickt:* Idamante, im Kampf gegen das Meeresungeheuer Sieger geblieben, bietet sich dem Vater mutig als Pfand. Als alles zur Opferung bereit ist, stürzt Ilia herein und wirft sich zwischen Vater und Sohn: nicht den Geliebten, die Hoffnung des Landes, sondern sie, die Phrygierin und Erbfeindin der Griechen, soll Idomeneo opfern, um die Götter zu versöhnen. Nun endlich zeigt sich Poseidon gewogen: In das Grollen eines gewaltigen Erdbebens hinein verkündet eine Stimme den Willen der Gottheit: »Idomeneo steig' herab vom Thron, König sei Idamante, und Ilia sei ihm Gemahlin!« Einzig Elektra kann sich über diese glückliche Wendung nicht freuen, lieber folgt sie dem Bruder in die Abgründe immerwährender Leiden und Tränen, als Idamante mit der Rivalin vereint zu sehen. Unter dem Jubelchor der Kreter übergibt Idomeneo dem Sohn die Herrschaft, wie es das Orakel befohlen, und segnet das junge Paar.

I. Akt, Platz vor dem Palast des Bassa am Ufer des Meeres: Belmonte, nach mehreren mißglückten Versuchen seines Bedienten Pedrillo endlich über den Aufenthaltsort seiner von Piraten verschleppten Verlobten Konstanze in Kenntnis gesetzt, versucht an Ort und Stelle, Zugang zu dem von Pedrillo bezeichneten Landhaus eines Bassa Selim zu finden. Er stößt dabei jedoch auf den entschiedenen Widerstand des fanatischen Muselmanen Osmin. Er ist der gegen alle Fremden äußerst mißtrauische Verwalter des Bassa. Kurz darauf trifft Belmonte auf Pedrillo selbst, der seinen Herrn beruhigen kann: Konstanze lebt und konnte sich bislang auch erfolgreich dem leidenschaftlichen Werben des Bassa entziehen. Um Belmonte Zugang zum Serail zu verschaffen, beschließt Pedrillo, ihn dem Bassa als spanischen Baumeister vorzustellen, was ihm später tatsächlich, gegen das erneut aufflammende Mißtrauen Osmins, gelingen soll. Von einem Ausflug zurückgekehrt, bestürmt Bassa Selim erneut Konstanzes Herz. Da offenbart sie ihm in ihrer Verzweiflung, daß sie sich schon einem anderen Mann verbunden fühle. Die Stärke ihrer Gefühle beeindruckt ihn tief, aber desto stärker auch entflammen sie seine eigene Liebe zu ihr. Noch einmal, für eine Nacht, sei die Entscheidung aufgeschoben.

II. Akt, Garten am Palast des Bassa Selim; an der Seite Osmins Wohnung: Nachdem Osmin den Einzug Belmontes in den Palast des Bassa nicht verhindern konnte, möchte er nun wenigstens Blondchen gegenüber beweisen, wer Herr im Hause ist. Doch da kommt er an die falsche Adresse: »als Engländerin zur Freiheit geboren«, kann sie über die orientalische Sitte, eine Frau als Besitz des Mannes zu betrachten, nur lachen. Von inneren Zweifeln hin und her gerissen, reflektiert Konstanze ihr trauriges Los. Als sie der Bassa jedoch erneut bedrängt und ihr schließlich »Martern aller Arten« androht, da bekennt sie sich mutig zum fernen Geliebten und ist zum Äußersten bereit. Endlich kann Pedrillo seinem Blondchen die freudige Nachricht von der Ankunft Belmontes und der geplanten Entführung mitteilen. Jubelnd eilt sie zu Konstanze. Nun heißt es nur noch Osmin zu überlisten, und tatsächlich gestaltet sich die

Sache gar nicht so schwierig: Mit einer Flasche Zypernwein ist der unliebsame Wächter schläfrig gemacht, und die Liebenden können sich ungestört im Garten treffen. Nach der ersten Wiedersehensfreude melden sich jedoch plötzlich Zweifel an der Treue der Mädchen. Blondchen reagiert auf ihre Weise, während Konstanze Belmonte die Frage selbst beantworten läßt. Wieder versöhnt, setzt man die Flucht auf Mitternacht fest.

III. Akt, Platz vor dem Palast des Bassa Selim; auf einer Seite der Palast des Bassa, gegenüber die Wohnung Osmins, hinten Aussicht aufs Meer. Es ist Mitternacht: Pedrillo singt schon ganz ungeduldig die zweite Strophe seines Signalliedchens, da endlich erscheinen die Mädchen und lassen sich über die Serailmauer helfen. Im letzten Augenblick erwacht Osmin, spürt instinktiv, daß etwas nicht in Ordnung ist, und vereitelt die Flucht. Endlich kann er auf Rache hoffen, denn nun werden dem Bassa ja die Augen über die verhaßten Christen aufgehen. In freudiger Erwartung des Lohnes für seine Wachsamkeit berichtet Osmin von der vereitelten Entführung Konstanzes und Blondchens. Als der Bassa erfährt, daß er in Belmonte nicht nur den Geliebten Konstanzes, sondern auch den Sohn seines größten Feindes vor sich hat, zieht er sich mit Osmin zurück, um sich mit ihm über die Todesart für die Gefangenen zu beraten. Während sich Belmonte und Konstanze auf den nahen Tod einstimmen, gelangt Bassa Selim zu der Erkenntnis, daß es ein weit größeres Vergnügen sei, eine erlittene Ungerechtigkeit durch Wohltaten zu tilgen, als Laster mit Laster zu vergelten, und gibt Konstanze und Belmonte, aber auch Pedrillo und Blondchen frei.

Der Schauspieldirektor

Schauspieldirektor Frank ist mit der Aufstellung einer Wandertruppe beschäftigt, die in Salzburg Spielerlaubnis erhalten hat. Der geschäftstüchtige Buff entwickelt dem an seiner Rechtschaffenheit und am »guten Geschmack« schon fast zugrunde gegangenen Impresario eine gewinnbringende Taktik, der zufolge es gilt, möglichst billige Kräfte anzuheuern, die Vorstellungen sensationell anzukündigen, bei der Wahl des Stücks weniger auf den künstlerischen Rang als auf Publikumswirksamkeit zu achten und die Kritiker durch Bestechung zu günstigen Urteilen zu animieren. Noch bevor der zögerliche Frank den vorgeschlagenen Praktiken zustimmen kann, wartet Eiler mit einem verlokkenden Angebot auf. Als Gegenleistung für ein Engagement seiner als Sängerin erfolglosen Freundin, Madame Pfeil, verspricht er, das Unternehmen zu finanzieren. Zum Beweis ihres Könnens führt Pfeil, die Frank vergeblich von ihren Qualitäten zu überzeugen sucht, zusammen mit Eiler eine Szene aus dem »Aufgehetzten Ehemann« auf. Da naht auch schon die nächste Kandidatin, die sich als große Tragödienspielerin rühmt und in Franks Truppe unterkommen will. Mit einer Szene aus »Bianca Capello« gelingt es ihr, Frank von ihrem Talent zu überzeugen. Obwohl sich Buff gegen das weitere Spielen von Tragödien ausspricht, wird Madame Krone zusammen mit ihrem Partner Herz engagiert. Auch die nächste Aspirantin, Madame Vogelsang, die sogleich mit Buff eine Szene aus der »Galanten Bäuerin« vorführt, erhält als komische Aktrice ihr Engagement. Nun beginnen die Gesangsproben. Herz hat, kaum ist er selbst unter Vertrag gekommen, sogleich seine Frau vorgestellt. Mit ihrer »Ariette« vermag sie Frank ebenso zu entzücken wie danach Mademoiselle Silberklang, die ein »Rondeau« zum besten gibt. Als nun auch Vogelsang ihren Mann vorführt, entsteht ein heftiger Streit um die Höhe der Gagen. Als Frank droht, auf die Errichtung einer Truppe zu verzichten, wird der Streit durch versöhnliche Gesten beigelegt und durch ein Loblied auf die Moral des Künstlers besiegelt. (Vgl. Fußnote S. 307.)

Le nozze di Figaro

I. Akt, ein noch nicht vollständig möbliertes Zimmer: Bestürzt über die Unbekümmertheit, mit der Figaro das ihnen vom Grafen gemeinsam zugewiesene Zimmer einzurichten beginnt, klärt Susanna den Ahnungslosen auf. Hier, zwischen den Schlafzimmern der Herrschaft, bietet sich sicher bald eine Gelegenheit für Almaviva, die seinen Nachstellaktionen bei Susanna zum Erfolg verhelfen wird. Figaro will in Zukunft auf der Hut sein.

Aber auch Doktor Bartolo, der Figaro noch immer nicht dessen Beihilfe zur Vermählung seines Mündels mit dem Grafen verziehen hat, und Marcellina, die ihrerseits gern Figaro geheiratet hätte, setzen alles daran, die bevorstehende Hochzeit Figaros mit Susanna zu hintertreiben. Nach einem heftigen Wortgeplänkel mit der wesentlich jüngeren Rivalin muß Marcellina allerdings zunächst beleidigt das Feld räumen. Da stürzt Cherubino herein und bedrängt Susanna, sie möge doch die Gräfin dazu bewegen, sich bei ihrem Gemahl für die Rücknahme seiner Entlassung zu verwenden. Vor dem unvermittelt eintretenden Grafen kann sich Cherubino gerade noch hinter einem Sessel verstecken, wird dadurch jedoch unfreiwillig Zeuge von Almavivas Werben um Susanna. Als nun auch noch Basilio hinzukommt, erreicht das Versteckspiel seinen Höhepunkt: Während Cherubino in den Sessel wechselt, verdeckt durch einen geschickt drapierten Morgenrock, verbirgt sich nun der Graf hinter dem Möbel und muß so mit anhören, wie sich Basilio genüßlich in Andeutungen über eine Liaison Cherubinos mit der Gräfin ergeht. Natürlich hält dies Almaviva nicht in seinem Versteck, und gleich darauf wird auch Cherubino entdeckt, der nun, zum Offizier befördert, endgültig das Schloß verlassen soll. Inzwischen hat Figaro sämtliche Bediensteten zusammengerufen, um mit ihnen für die Aufhebung des »ius primae noctis« zu danken und dabei den baldmöglichsten Hochzeitstermin für sich und Susanna zu erbitten. Zwar zeigt sich der Graf gewogen, verlangt aber zur optimalen Gestaltung der Feierlichkeiten einigen Aufschub. Seinen Ärger darüber läßt Figaro nun seinerseits an Cherubino aus, den er mit der Schilderung der künftigen »Freuden« des Offiziersstandes nicht wenig erschreckt.

II. Akt, ein prächtiges Zimmer mit einem Alkoven: Der Gräfin sind die ehelichen Ausbruchsversuche ihres Gemahls nicht verborgen geblieben; dennoch hofft sie, mit Figaros und Susannas Hilfe, Liebe und Treue Almavivas zurückzugewinnen. Tatsächlich haben beide einen Plan bereit: Basilio soll dem Grafen ein Billett überbringen, in dem von einem heimlichen Stelldichein der Gräfin die Rede ist, während Susanna ihn zum Schein des Abends in den Garten bestellt, wohin allerdings der als Mädchen verkleidete Cherubino geschickt werden soll. Begeistert geht man sogleich ans Werk: Cherubino hat eben probeweise den Reifrock der Gräfin über die Uniform gezogen, da kehrt unerwartet der durch Basilios Billett alarmierte Graf von der Jagd zurück und findet das Zimmer seiner Gemahlin verschlossen. Schnell sperrt die Gräfin Cherubino in ihr Ankleidekabinett und läßt Almaviva ein. Da sie jedoch den Schlüssel zum Nebenzimmer nicht preisgeben will (in das sich angeblich nur Susanna zurückgezogen haben soll), zwingt Almaviva sie, mit ihm zu kommen, um Aufbruchwerkzeuge zu holen. Glücklicherweise war Susanna noch vor des Grafen Ankunft mit Wäsche für die Verkleidungsaktion Cherubinos zurückgekommen und kann nun den Pagen befreien; ihm bleibt nur der Sprung aus dem Fenster, während sie sich im Kabinett verbirgt. Alles scheint sich wider Erwarten zum Guten zu wenden, als der vor Eifersucht rasende Graf statt Cherubino Susanna im Nebenzimmer findet und beide ihm schelmisch gestehen, das Ganze sei zum Scherz arrangiert worden. Da lenkt der Gärtner Antonio erneut den Verdacht auf Cherubino: Jemand sei eben aus dem Fenster der Gräfin mitten in die Blumen gesprungen, dem liebestollen Pagen nicht unähnlich, und habe dabei dessen Offizierspatent verloren. Zwar gelingt es Figaro noch einmal, den Verdacht zu zerstreuen, doch gegen die Anschuldigungen Doktor Bartolos und Marcellinas, Figaro habe ihr die Ehe versprochen und müsse dieses Versprechen nun einlösen, es sei denn, er könne sich freikaufen, scheint auch er machtlos.

III. Akt, ein reicher, zur Hochzeitsfeier geschmückter Saal mit zwei Thronsesseln: Während Susanna und die Gräfin erneut auf ihren Plan zurückgreifen, den Grafen im Schutze der Dunkelheit in den Garten zu locken (diesmal soll ihn dort jedoch die als Susanna verkleidete Gräfin erwarten), nimmt die Kontroverse Figaro/Marcellina eine unerwartete Wende: Anhand der wenigen Einzelheiten, die Figaro zu seiner in geheimnisvollem Dunkel liegenden Geburt weiß, erkennt Marcellina in ihm ihren und Doktor Bartolos unehelichen Sohn. Sehr zum Ärger des Grafen sind nun sogar zwei Hochzeiten zu feiern, Figaros Hochzeit mit Susanna und Doktor Bartolos mit Marcellina, die sich aufgrund der Ereignisse schließlich auch für den Ehestand entschieden haben. Als der Graf den sich noch immer im Schloß versteckt haltenden Cherubino erneut demaskiert (er hatte sich unter die der Gräfin huldigenden Mädchen gemischt), scheint sogar eine dritte Hochzeit perfekt, nämlich die Barbarinas, Tochter des Gärtners Antonio, mit dem stets zu neuen Liebesabenteuern und Verkleidungskomödien aufgelegten Cherubino. Während Susanna dem Grafen heimlich die mit einer Nadel versiegelte Einladung zum abendlichen Rendezvous im Garten zusteckt, nehmen die allgemeinen Hochzeitsfeierlichkeiten ihren Anfang.

IV. Akt, schmaler Korridor; dann dichter Garten mit zwei praktikablen Lauben (das vorletzte Bild wird meist in der Dekoration des letzten Bildes gespielt): Durch Barbarina, die verzweifelt die Nadel von Susannas Billett an den Grafen sucht, erfährt Figaro den Inhalt desselben und schwört erbitterte Rache im Namen aller gehörnten Männer, wozu er Basilio, Doktor Bartolo und Marcellina als Zeugen in den Garten ruft. Tatsächlich erscheint bald darauf die Gräfin in Susannas Kleidern und wird sogleich von Cherubinos Liebesbezeugungen attackiert. Auch Almaviva hat sich inzwischen im Garten eingefunden und macht eifrig der vermeintlichen Susanna den Hof, mit wachsendem Zorn beobachtet von Figaro, der sich nun seinerseits, als er die Verkleidungskomödie durchschaut, der »Gräfin« zu Füßen wirft. Susanna versteht in solchen Sachen jedoch keinen Spaß und belohnt den »Treulosen« mit einer kräftigen Ohrfeige. Almaviva, erneut auf der Suche nach Susanna, stößt auf das Paar und glaubt natürlich seine Gemahlin mit Figaro in flagranti erwischt zu haben. Erst das Hinzutreten der Gräfin kann den Rasenden beruhigen: Beschämt bittet er sie um Vergebung, und unter dem Jubel aller wird der »tolle Tag« mit fröhlichen Hochzeitstänzen beschlossen.

Don Giovanni

I. Akt, Garten vor dem Hause des Komturs, Nacht: Während Leporello vor dem Palast des Komturs Wache hält, versucht drinnen sein Herr Don Giovanni die Tochter des Hauses zu verführen.

Donna Anna weiß sich jedoch zu wehren und verfolgt den Flüchtigen auf die Straße, wobei sie verzweifelt versucht, ihm die Maske vom Gesicht zu reißen. Durch die Hilferufe seiner Tochter alarmiert, eilt der Komtur herbei und fordert den Verführer zum Duell auf, in dem der Ältere unterliegt. Inzwischen hat Donna Anna ihren Verlobten, Don Ottavio, geholt, aber er kommt zu spät: An der Leiche des Vaters läßt sie ihn blutige Rache schwören. – *Straße:* Kaum ist der Morgen angebrochen, begibt sich Don Giovanni erneut auf Liebesabenteuer. Die Auserkorene entpuppt sich jedoch als verflossene Geliebte, und so muß Leporello wieder einmal einspringen, indem er den Rückzug seines Herrn mit der wortreichen Erklärung deckt, Donna Elvira könne ihr Schicksal zusammen mit nicht weniger als 2063 Damen aus allen Bevölkerungsschichten Italiens, Deutschlands, Frankreichs, Polens und natürlich Spaniens beklagen. Doch schon naht neue Beute in der jungen Bäuerin Zerlina, die mit ihrem Bräutigam Masetto und Freunden auf dem Weg zur Hochzeitsfeier ist. Sogleich nutzt Don Giovanni die Gelegenheit: Leporello soll die ganze Gesellschaft, natürlich inklusive Bräutigam, zur Feier des Tages aufs Schloß bringen, währenddessen er die Braut mit den schmeichelhaftesten Versprechungen zu erobern sucht. Zerlina droht bereits schwach zu werden, da tritt Donna Elvira dazwischen und führt die junge Bäuerin mit sich fort. Im selben Moment tauchen Donna Anna und Don Ottavio auf, denen Don Giovanni eben seine Dienste anbietet, als Donna Elvira zurückkehrt und beide vor dem Heuchler warnt. Noch einmal meint dieser die Situation meistern zu können, indem er Donna Elvira für verrückt erklärt und sich mit ihr entfernt, doch ein Wort, eine Geste müssen ihn Donna Anna als Mörder ihres Vaters verraten haben. Nun erst erzählt sie ihrem Verlobten die ganze Wahrheit jener verhängnisvollen Nacht, und Don Ottavio gelobt erneut, Rache zu nehmen. – *Garten mit zwei Pforten, die von außen zu schließen sind; zwei Lauben; dann glänzend erleuchteter, für ein Ballfest hergerichteter Saal:* Ungeachtet aller bisherigen Niederlagen freut sich Don Giovanni auf das Fest mit Zerlina, doch schlägt auch gleich sein nächster Versuch, Zerlina in eine der Lauben zu ziehen, fehl. Während des Tanzes dann scheint die Gelegenheit günstig:

Masetto wird von Leporello so abgelenkt, daß Don Giovanni die junge Bäuerin unbemerkt in ein Nebenzimmer abdrängen kann. Ihre Gegenwehr ist jedoch so heftig, daß er sie wieder freigeben muß. Seine List, Leporello als vermeintlichen Wüstling hinzustellen, hilft ihm allerdings vor der Übermacht der Ankläger wenig: Unvermittelt sieht er sich dem Rächerterzett Donna Elvira, Donna Anna und Don Ottavio gegenüber, die sich mit Masken Zutritt zum Schloß verschafft hatten und nun das göttliche Strafgericht auf den sich erneut der irdischen Gerechtigkeit Entziehenden herabwünschen.

II. Akt, Straße: Leporello hat wieder einmal genug von seinem Herrn. Dieser versteht es jedoch, ihn mit einem Beutel Geld zurückzuhalten. Um bei seiner neuesten Angebeteten, der Kammerzofe Donna Elviras, schneller ans Ziel zu kommen, tauscht Don Giovanni mit Leporello den Mantel und läßt diesen sogar seine Stelle einnehmen, als sich Donna Elvira klagend auf dem Balkon zeigt und er sie mit einem rührenden Ständchen erneut zu betören sucht. Tatsächlich gelingt die Täuschung: Donna Elvira eilt geradewegs in die Arme des vermeintlichen Geliebten und flieht mit ihm zusammen vor Don Giovannis fingiertem Straßenlärm in die schützende Dunkelheit. Kaum hat Don Giovanni seine Kanzonette für die Kammerzofe beendet, erscheint Masetto mit einer Schar bewaffneter Bauern, glaubt sich jedoch Leporello gegenüber und läßt seine Mitstreiter in alle Richtungen ausschwärmen, während er, von Don Giovanni allein zurückgehalten, eine ziemliche Tracht Prügel einstecken muß. So findet Zerlina den Armen und pflegt liebevoll seine Blessuren. – *Dunkle, im Erdgeschoß gelegene Vorhalle mit drei Türen im Hause Donna Annas:* Leporello ist nicht recht wohl in seiner Haut oder besser im Mantel Don Giovannis. Als er sich eben von Donna Elvira unbemerkt zu entfernen sucht, treten ihm Zerlina und Masetto und dann Donna Anna und Don Ottavio in den Weg. In dem Glauben, Don Giovanni sei reumütig zu ihr zurückgekehrt, verteidigt Donna Elvira ihren nächtlichen Begleiter heftig. Als sie jedoch die Täuschung bemerkt, stimmt auch sie in die allgemeinen Verwünschungen auf Diener und Herrn ein. – *Umfriedeter Kirchhofplatz mit dem Standbild des Komturs; Nacht, Mondschein:* Auf dem Friedhof treffen sich Don

Giovanni und Leporello wieder. Beide erzählen ihre Erlebnisse, da beginnt plötzlich die Statue des Komturs zu sprechen und warnt Don Giovanni vor weiteren Freveltaten. Übermütig läßt dieser den steinernen Herrn durch Leporello zum Mahl bitten und nimmt ebenso ungerührt dessen zustimmendes »Ja« zur Kenntnis. – *Gemach im Hause Donna Annas:* Dem Drängen Don Ottavios, endlich die Verlobung einzulösen, antwortet Donna Anna mit der Bitte, damit so lange zu warten, bis des Vaters Tod gerächt ist. – *Saal im Hause Don Giovannis mit einer gedeckten Tafel:* Das Mahl ist serviert. Noch einmal versucht Donna Elvira den Geliebten zur Umkehr zu bewegen. Als sie sich verhöhnt zur Tür wendet, weicht sie entsetzt zurück: Draußen steht die Marmorstatue des Komturs. Auch er fordert Don Giovanni auf, sein bisheriges Leben zu bereuen und sich zu bessern, doch dieser bleibt seinem Wesen treu: Ein trotziges »Nein« auf den Lippen, wird er von den Flammen der Hölle verschlungen. Donna Anna, Don Ottavio, Donna Elvira, Zerlina und Masetto, die Don Giovanni nun endgültig der irdischen Gerechtigkeit übergeben wollen, finden nur noch den verängstigten Leporello vor, mit dem sie sich, ehe jeder seiner eigenen Wege geht, zum letztenmal in der moralischen Verurteilung Don Giovannis vereinigen.

Così fan tutte

I. Akt, Kaffeehaus: Im heftigen Widerstreit um die weibliche Treue im allgemeinen und die ihrer Bräute im besonderen verabreden Guglielmo und Ferrando mit ihrem Widersacher, dem alten Zyniker Don Alfonso, eine Wette, die Fiordiligis und Dorabellas Integrität beweisen oder endgültig in Frage stellen soll. – *Garten am Meeresstrand:* Während die beiden Damen, nichts Böses ahnend, von ihren Geliebten schwärmen, bereiten diese die Intrige vor: Ein fingierter Abruf ins »Feld der Ehre« soll ihnen die Möglichkeit geben, sich verkleidet ins Haus der Schönen und damit in deren Herz zu schleichen. – *Vornehmes Zimmer im Hause der Schwestern:* Zutiefst in ihren Trennungsschmerz versunken, klagen die Schwestern Despina ihr trauriges Los, doch diese sieht die Situation weit realistischer: warum nicht die Unbeständigkeit der Herren mit gleicher Münze zurückzahlen? Als Don Alfonso sie um Mithilfe bittet, zwei jungen Freunden, die unsterblich in ihre Herrinnen verliebt seien, zu einem Rendezvous zu verhelfen, ist sie sofort dabei. Nicht so die beiden Damen! Mit flammender Rede verweist Fiordiligi die alle Register der Bewunderung ziehenden Fremden des Hauses. Ungerührt ob so viel Standhaftigkeit bereiten Don Alfonso und Despina den nächsten Angriff auf die Tugend der Mädchen vor. – *Garten des Hauses:* Traurig hängen Fiordiligi und Dorabella ihren Gedanken an die fernen Geliebten nach, da stürzen die beiden – in ihrer exotischen Verkleidung natürlich nicht als solche zu erkennen – in den Garten, sich wüst entschlossen zeigend, mit Gift ihrer Verzweiflung ob der verschmähten Liebe ein Ende zu bereiten. Von Despina und Don Alfonso, die enteilen, um einen Arzt zu holen, mit den vermeintlichen Toten allein gelassen, können sich die beiden Damen kaum des aufkeimenden Mitleids erwehren, und so ist die Freude über die heilende Wirkung von Dr. Eisenbarts alias Despinas Magnetismus denn zunächst auch groß. Als die beiden zur völligen Genesung dann allerdings einen Kuß verlangen, schlägt die kaum gewonnene Sympathie sogleich wieder in wütende Ablehnung um.

II. Akt, Zimmer der Damen: Despina gibt so schnell nicht auf, und nach einigem Hin und Her gelingt es ihr tatsächlich, die Schwestern davon zu überzeugen, daß ein Rendezvous abends im Garten noch kein Treuebruch sein muß. – *Garten am Gestade des Meeres:* Nach anfänglicher Verlegenheit, in der Don Alfonso für die sich zurückhaltend gebenden Herren und Despina für ihre noch immer zögernden Herrinnen die Initiative ergreifen, kann Guglielmo einen ersten Sieg erringen: Ohne größeren Widerstand läßt Dorabella das Medaillon um ihren Hals mit dem Bild Ferrandos gegen ein Schmuckherz vertauschen. Auch Fiordiligi hat heimlich Feuer gefangen, aber sie, die ernsthaftere der beiden Schwestern, ist bereit, um ihre Treue zu Guglielmo und gegen die aufkeimende Liebe zu dem Fremden zu kämpfen. Neugierig tauschen die Freunde ihre Erlebnisse aus; voll Stolz auf seine Wirkung bei Frauen einerseits und auf seine »Penelope« andererseits läßt Guglielmo den vor Eifersucht rasenden Ferrando mit seinen widerstreitenden Emotionen zurück. – *Zimmer der Damen:* Inzwischen ist Dorabella von ihrem neuen Verehrer so hingerissen, daß sie sogar bereits von Heirat spricht, und auch Fiordiligi fühlt sich zu dem Fremden mehr hingezogen, als sie sich selbst gegenüber zugeben möchte. Aber sie will im Kampf gegen sich selber noch nicht aufgeben; in ihrer Verzweiflung beschließt sie, zusammen mit der Schwester den Geliebten in Soldatenkleidern aufs Feld zu folgen. So findet sie Ferrando, dessen stürmischen Liebesbezeugungen sie sich schließlich doch ergibt. Nun ist es Guglielmo, der vor Eifersucht rast. So machen's alle, »così fan tutte«, ist der ganze Kommentar des alten Zynikers Don Alfonso zur Niederlage der Freunde, die laut Despina sogar in einer Doppelhochzeit gipfeln soll. – *Festlich erleuchteter Saal; eine geschmückte Tafel für vier Personen:* Das Hochzeitsmahl ist angerichtet, und der Notar verliest den Ehekontrakt. Da kündigt ein Trommelwirbel die unerwartete Rückkehr der am Morgen ins Feld gezogenen Soldaten an. Rasch verwandeln sich die ins Nebenzimmer abgeschobenen Liebhaber wieder in Guglielmo und Ferrando und schließen ihre aus Angst vor Entdeckung zitternden Bräute in die Arme. Lange läßt sich denn auch die Situation nicht verheimlichen: Zwar entpuppt sich der Notar als verkleidete Despina, aber die Eheverträge lassen keinen Zweifel zu. Als sich dann auch noch Guglielmo und Ferrando als die Verführer des Tages demaskieren, ist die Verwirrung ebenso groß wie am Ende die allgemeine Versöhnung.

Die Zauberflöte

I. Akt, das Theater ist eine felsige Gegend, hie und da mit Bäumen überwachsen; auf beiden Seiten sind gangbare Berge nebst einem Tempel: Tamino, ein »javonischer« Prinz, hat sich auf der Flucht vor einer giftigen Schlange in das Territorium der »sternflammenden Königin« verirrt und wird gerade noch rechtzeitig von deren drei Damen gerettet. Könnte dieser schöne Jüngling nicht Pamina aus der Macht Sarastros befreien? Sogleich eilen die drei zu ihrer Herrin, um ihr alles zu berichten. Während Tamino aus seiner Ohnmacht erwacht, nähert sich fröhlich Papageno, um der Königin der Nacht seinen neuesten Vogelfang zu präsentieren und dafür Zuckerbrot und Wein einzutauschen. Diesmal jedoch bekommt er ein goldenes Schloß vor den Mund und Wasser und Steine zum Essen als Lohn dafür verpaßt, daß er sich Tamino gegenüber als Schlangentöter gebrüstet hatte. Als der Prinz das Bildnis Paminas in Händen hält und gelobt, alles zu ihrer Rettung unternehmen zu wollen, teilen sich die Berge, und die Königin der Nacht tritt vor den Jüngling, um sich selber seiner Hilfe zu versichern. Gemeinsam mit Papageno soll er in die Burg Sarastros eindringen und die Tochter befreien. Zum Schutz in des Tyrannen Reich erhalten Tamino eine Zauberflöte und Papageno ein Glockenspiel, beides Instrumente, die auf wundersame Weise das Gemüt von Mensch und Tier umzustimmen vermögen. Außerdem sollen ihnen drei Knaben sozusagen als Schutzgeister den rechten Weg weisen und mit Rat zur Seite stehen. – *Prächtiges ägyptisches Zimmer:* In Sarastros Reich versucht sich indessen der Mohr Monostatos, der eben einen Fluchtversuch Paminas vereitelt hat, dem Mädchen heimlich zu nähern, da taucht plötzlich Papageno auf, der sich als erster wieder von seinem Schreck, dem leibhaftigen Teufel begegnet zu sein, erholt und Pamina sofort die freudige Nachricht von ihrer baldigen Befreiung erzählt. Beglückt preisen beide die Macht der Liebe. – *Das Theater verwandelt sich in einen Hain. Ganz im Grunde der Bühne ist ein schöner Tempel, worauf die Worte stehen: »Tempel der Weisheit«. Dieser Tempel führt mit Säulen zu zwei anderen Tempeln; rechts auf dem einen steht »Tempel der Vernunft«; links steht »Tempel der Natur«:* Inzwischen haben die wundersamen drei Knaben Tamino in den Tempelbezirk Sarastros geleitet und ermahnt, standhaft, duldsam und verschwiegen zu sein. Auf die Frage des aus dem Tempel der Weisheit tretenden Priesters, was der Eindringling denn hier suche, bricht aus Tamino seine ganze angestaute Angst um Pamina und gleichzeitig sein von der Königin der Nacht geschürter Haß gegen Sarastro hervor. Dem hält der Priester entgegen, daß Sarastro Pamina zwar der Mutter entführte, aber aus gerechten Gründen, und daß Pamina seiner im Heiligtum harre. Um schneller zu ihr zu finden, beginnt Tamino auf seiner Zauberflöte zu spielen, lockt mit dem Klang zunächst jedoch nur wilde Tiere an, die ihn allerdings sogleich friedlich umtanzen. Doch auch Pamina und Papageno haben Taminos Zauberflöte gehört und machen sich eilends auf die Suche nach ihm, werden jedoch von Monostatos überrascht und aufgehalten. Allein auch er ist gegen Zauberdinge machtlos und muß sich dem Klang von Papagenos Glöckchenspiel ergeben. Da kündigen laute Jubelrufe die Ankunft Sarastros an. Während Papageno sich zitternd verkriecht, tritt Pamina diesem mutig entgegen und gesteht auch spontan ihre Fluchtabsicht, die sie mit den Nachstellungen des Mohren erklärt. Dieser hat mittlerweile Tamino aufgespürt und führt ihn triumphierend der Versammlung vor. Auf diese Weise können sich auch die beiden Liebenden erstmals in die Arme sinken, werden von den »Eingeweihten« jedoch sogleich wieder getrennt, da sich Tamino erst reinigenden Prüfungen unterziehen muß.

II. Akt, das Theater ist ein Palmenwald, alle Bäume sind silberartig, die Blätter von Gold, achtzehn Sitze von Blättern: Sarastro hat die gesamte Priesterschaft zusammengerufen, um ihr den Willen der Gottheiten Isis und Osiris kundzutun: Um als Gemahl Paminas in den Kreis der »Eingeweihten« aufgenommen werden zu können, muß sich Tamino erfolgreich den harten Prüfungen des Ordens unterziehen. Verzweifelt versucht Pamina, den Geliebten vor den drohenden Gefahren zu warnen, doch dieser ist entschlossen, seinen Weg zu gehen. – *Nacht. Der Donner rollt von weitem. Das Theater verwandelt sich in einen kurzen Vorhof des Tempels, wo man Reste von eingefallenen Säulen und Pyramiden sieht:* Im Vorhof des Tempels bereiten zwei Priester Tamino und Papageno auf die Prüfungen vor. Papageno ist die ganze Sache nicht recht geheuer, und so ist er auch erst dann bereit, den Prinzen zu begleiten, als ihm eine Papagena zum Lohn in Aussicht gestellt wird. Da tauchen die drei Damen der Königin der Nacht aus den Tiefen des Tempels auf und warnen die beiden eindringlich davor, Sarastro zu vertrauen, werden jedoch, bevor sie Unheil anrichten können, vom Abgrund verschlungen. – *Das Theater verwandelt sich in einen angenehmen Garten; Bäume, die nach Art eines Hufeisens gesetzt sind; in der Mitte steht eine Laube von Blumen und Rosen, worin Pamina schläft. Der Mond beleuchtet ihr Gesicht. Ganz vorn steht eine Rasenbank:* In den Gärten Sarastros nähert sich Monostatos erneut der schlafenden Pamina, wird jedoch von der ihre Tochter zur Rache rufenden Königin der Nacht gestört. Sosehr Pamina ihre Mutter liebt, Sarastro töten und dadurch den Sonnenkreis, den Paminas Vater vor seinem Tode freiwillig den »Eingeweihten« übergeben hat, an die Mutter zurückgewinnen: das bringt sie nicht über sich. Monostatos, der das Rachekomplott belauscht hat, sieht nun endlich seine Stunde gekommen. Liebe oder Tod, das sind die Alternativen, die er Pamina anbietet, als unvermittelt Sarastro dazwischentritt, den Mohren davonjagt und Pamina beruhigt: nicht Rache, sondern Verständnis und Verzeihen herrschen in »diesen heilgen Hallen«. – *Das Theater verwandelt sich in eine Halle, wo das Flugwerk für die drei Knaben gehen kann. Ganz vorn sind zwei Rasenbänke:* Für Tamino und Papageno hat der zweite Teil ihrer Prüfungen begonnen, wobei das Schweigegebot bestehen bleibt, was Papageno allerdings wenig kümmert: Munter plaudert er mit Tamino fort und beginnt auch sogleich mit der auf seine Bitte nach Wasser herbeigeeilten Alten ein fröhliches Gespräch, dem Blitz und Donner ein jähes Ende bereiten, als die Alte sich als Papagena zu erkennen geben will. Während Tamino auf seiner Flöte bläst und damit Pamina den Weg zu sich weist, wendet sich Papageno dem durch die drei Knaben reichlich gedeckten Tisch zu. Da Tamino jedoch auf alle Fragen Paminas standhaft schweigt, glaubt diese sich nun auch von ihm verraten und wendet sich traurig ab. – *Das Theater verwandelt sich in das Gewölbe von Pyramiden:* Noch einmal versucht Pamina den Geliebten vor den »Schreckenspforten«, den letzten Prüfungen, zu warnen, doch er ist zum Äußersten entschlossen. Nicht so Papageno, der nun allein durch die Gewölbe irrt, für einen Becher Wein und ein Mädchen bereit, allem »Höheren« zu entsagen. Wieder taucht die Alte von vorher auf, und wieder wird sie ihm entrissen, als sie sich ihm als Papagena zu erkennen geben will. – *Das Theater verwandelt sich in einen kurzen Garten:* Halb wahnsinnig vor Verzweiflung, trägt sich Pamina mit dem Gedanken, ihrem traurigen Leben mit dem von der Mutter für Sarastro bestimmten Dolch ein Ende zu bereiten, da greifen die drei Knaben ein und bringen sie zu Tamino, damit sie die härtesten Prüfungen mit ihm zusammen bestehen kann. – *Das Theater verwandelt sich in zwei große Berge; in dem einen ein Wasserfall, worin man sausen und brausen hört; der andere speit Feuer aus; jeder Berg hat ein durchbrochenes Gitter, worin man Feuer und Wasser sieht. Die Szenen sind Felsen, jede Szene schließt sich mit einer eisernen Tür:* Im Schutze der Zauberflöte, die einst Paminas Vater aus der tausendjährigen Eiche geschnitten hatte, bestehen Tamino und Pamina die Feuer- und Wasserprobe und überwinden so gemeinsam Verzweiflung und Todesnot. – *Das Theater verwandelt sich in den vorigen Garten:* Ohne seine Papagena will und kann Papageno nicht weiterleben, und so müssen erneut die drei Knaben eingreifen und das Paar endgültig zusammenführen. Unter der Leitung von Monostatos versucht die Königin der Nacht mit ihren drei Damen, noch einmal in den Tempel einzudringen und Pamina mit Gewalt zu entführen, wird jedoch von Sarastro überrascht und diesmal endgültig der Vernichtung preisgegeben. – *Man hört den stärksten Akkord, Donner, Blitz, Sturm. Sogleich verwandelt sich das ganze Theater in eine Sonne. Sarastro steht erhöht; Tamino, Pamina, beide in priesterlicher Kleidung. Neben ihnen die ägyptischen Priester auf beiden Seiten:* »Die Strahlen der Sonne vertreiben die Nacht, zernichten der Heuchler erschlichene Macht.« Tamino und Pamina sind in den Kreis der Eingeweihten aufgenommen, Volk und Priester, Natur und Kultur sind wieder vereint.

La clemenza di Tito

I. Akt, Gemächer der Vitellia: Vitellia, Tochter des durch flavische Truppen ermordeten Kaisers Vitellius, kennt nur noch die beiden Gedanken: entweder als Gattin des derzeitigen Kaisers Titus die Macht wiederzugewinnen oder ihn, sollte er sie verschmähen, ermorden zu lassen. Sextus, ein Freund des Kaisers und Vitellia in schwärmerischer Liebe ergeben, soll nun diese Tat ausführen, da Titus offensichtlich seine frühere Geliebte Berenice, Tochter König Herodes' Agrippa I. von Judäa, zur Kaiserin erwählt hat. Als jedoch Annius, der seinerseits Servilia, die Schwester des Sextus, liebt und mit diesem befreundet ist, berichtet, Titus habe Berenice zur endgültigen Abreise aus Rom bewegt, schöpft Vitellia neue Hoffnung für sich und verlangt von Sextus einen einstweiligen Aufschub des Attentats. – *Ein Teil des Forum Romanum, großartig geschmückt mit Bögen, Obelisken und Trophäen; vorn der Kapitolspalast und eine Prachtstraße, die zu ihm ansteigt:* Die Senatoren Roms und Abgesandte der eroberten Provinzen sowie eine große Volksmenge feiern Titus als Vater und Schutzgott Roms. Wieder allein, teilt Titus seinem Vertrauten Sextus den Entschluß mit, dessen Schwester Servilia statt Berenice heiraten zu wollen. Als Annius den Freund zögern sieht, rühmt er wortreich die Wahl des Kaisers und wird so von diesem dazu auserkoren, für Titus bei der eigenen Geliebten zu werben. Bestürzt muß Servilia erkennen, daß Annius in seiner Loyalität gegen den Kaiser tatsächlich bereit ist, so weit zu gehen, seine und ihre Liebe zu opfern. – *Ruheplatz in der kaiserlichen Wohnung unter dem Palatinischen Hügel:* Publius, der Präfekt der Prätorianergarde, hat Kunde von einem geplanten Attentat auf den Kaiser erhalten und warnt diesen. Da tritt Servilia herein und bekennt sich mutig zu ihrer Liebe zu Annius; überwältigt von ihrer Offenheit, gibt Titus sie frei. Blind rasend vor Eifersucht gegen die neue Rivalin, entringt Vitellia dem heftig widerstrebenden Sextus den Schwur, Titus zu vernichten. Da bringen Publius und Annius die Nachricht, daß der Kaiser sie zur Gattin erwählt habe. – *Kapitol:* Mehr denn je von schweren inneren Kämpfen erschüttert, stürzt sich Sextus wie von Sinnen in das brennende Kapitol, um endlich die grauenvolle Tat zu vollbringen.

II. Akt, Ruheplatz in der kaiserlichen Wohnung unter dem Palatinischen Hügel: Annius, bei dem der Freund und künftige Schwager Zuflucht sucht, weiß tröstende Nachricht: Titus lebt und ist nicht einmal verletzt. Würde sich Sextus ihm reumütig zu Füßen werfen, könnte er sicher mit Begnadigung rechnen. Er hat jedoch Angst, dabei die Geliebte zu verraten, und will lieber aus

Rom fliehen. – *Großer Audienzsaal mit Thron, Tisch und Sessel:* Als Titus erfährt, daß Lentulus statt seiner getroffen wurde, als er eben, in Purpur gekleidet und mit Lorbeer bekränzt sich bereits als Kaiser fühlend, vom Kapitol Besitz ergreifen wollte, und daß Sextus es war, der den Dolchstoß führte, bricht für ihn eine Welt zusammen. Zutiefst erschüttert stehen sich beide gegenüber: Sextus, voll Abscheu gegen sich selbst und nur noch von Sühnegedanken beseelt, und Titus, von den Überlegungen zerquält, ob Recht und Gesetz die Begnadigung des einstigen Vertrauten erlauben. Aber auch Vitellia findet keine Ruhe: Soll sie um der Krone, der Macht willen Sextus für sich in den Tod gehen lassen? Heftig ist der innere Kampf, ehe sie sich dazu entscheidet, dem Kaiser alles zu offenbaren. – *Ein prachtvoller Raum, der in ein riesiges Amphitheater führt. Durch mehrere Bögen blickt man ins Innere. In der Arena stehen die Verurteilten bereit, den wilden Tieren vorgeworfen zu werden:* Noch einmal appellieren Annius und Servilia an die Großmut des Kaisers, doch erst das Geständnis Vitellias, Sextus aus verletzter Eitelkeit und Eifersucht zum Morden angestiftet zu haben, bringt die Wende: Titus verzeiht allen und verhilft so der »clemenza« zum Sieg über die Staatsräson.

Die Inhaltsangabe zum *Schauspieldirektor* wurde dem 4. Band von *Pipers Enzyklopädie des Musiktheaters* entnommen.

Register

zusammengestellt von Uwe Steffen

Abbildungsnachweis: *Idomeneo:* Fotos von Wilfried Hösl; Nationaltheater München 1996, Inszenierung: Andreas Homoki; Bühne und Kostüme: Wolfgang Gussmann; Idomeneo: Nigel Robson; Idamante: Rainer Trost; Ilia: Rebecca Evans; Elettra: Eliane Coelho. *Le nozze di Figaro:* Figurinen von Rudolf Heinrich, Bayerische Staatsoper München 1967/68. *Die Entführung aus dem Serail:* Figurinen von Rolf Christiansen, Nationaltheater Weimar 1950. *Don Giovanni:* Fotos von Wilfried Hösl; Nationaltheater München 1995; Inszenierung: Nicholas Hytner; Bühne und Kostüme: Bob Crowley; Don Giovanni: William Shimell; Donna Anna: Sheri Greenawald; Donna Elvira: Angela-Maria Blasi; Leporello: Lucio Gallo; Zerlina: Alison Hagley; Masetto: René Pape. *Così fan tutte:* Figurinen von Gudrun Wassermann-Buschan, Duisburger Oper 1940. *Die Zauberflöte:* Figurinen von Lore Haas, Städtische Bühnen Dortmund 1983. *La clemenza di Tito:* Figurinen von Sophia Schröck, Bayerische Staatsoper München 1962. Alle Figurinen sind Besitz des Theatermuseums der Universität Köln.